5G智媒大传播丛书

郝雨 主编

中国原生新媒体演进

XINMEITI

基于技术创新的历史观察

任占文 —— 著

上海大学出版社

图书在版编目(CIP)数据

中国原生新媒体演进:基于技术创新的历史观察/任占文著.
—上海:上海大学出版社,2020.11
(5G智媒大传播丛书)
ISBN 978-7-5671-3989-3

Ⅰ.①中… Ⅱ.①任… Ⅲ.①传播媒介-新闻事业史-研究-中国 Ⅳ.①G219.29

中国版本图书馆 CIP 数据核字(2020)第 207571 号

责任编辑　黄晓彦
助理编辑　李夕冉
封面设计　缪炎栩
技术编辑　金　鑫　钱宇坤

5G 智媒大传播丛书
中国原生新媒体演进
任占文　著
上海大学出版社出版发行
(上海市上大路99号　邮政编码200444)
(http://www.shupress.cn 发行热线 021-66135112)
出版人:戴骏豪

*

江苏句容排印厂印刷　各地新华书店经销
开本 890mm×1240mm　1/32　印张 8.75　字数 252 000
2020 年 11 月第 1 版　2020 年 11 月第 1 次印刷
ISBN 978-7-5671-3989-3/G·3156　定价 40.00 元

版权所有　侵权必究
如发现本书有印装质量问题请与印刷厂质量科联系
联系电话:0511-87871135

前　　言

1994年的4月20日,我国通过一条64K国际专线接入互联网,成为第77个得到正式承认的拥有全功能Internet国家。1995年5月17日原邮电部借"国际电信日"宣布将为普通民众提供互联网接入服务,同月瀛海威前身(北京科技有限责任公司)正式成立,作为第一家民营ISP公司不仅试水互联网接入业务,同年9月推出"瀛海威时空"为民众提供浏览新闻信息、收发邮件、论坛交友,甚至游戏等服务,其官方网站www.ihw.com.cn更被称为国内第一家大型中文网站。[①]之后两年,王志东、丁磊、张朝阳、马云等互联网ICP先行者粉墨登场,依托万维网(WWW)技术,面向中国老百姓日常生活各类信息传播需求,相继推出电子邮件(E-mail)、网络论坛、即时通信软件、门户网站、垂直网站等一系列新兴媒体形"中国版",催生163邮箱、天涯社区、QQ、四大门户网站、淘宝网等一大批至今耳熟能详的原生新媒体产品,深刻地改变国人生活方方面面。

本书将20世纪90年代中叶至今,由新兴互联网ICP公司主导,依托个人电脑(PC)与智能手机等新终端,根植万维网(WWW)、移动互联网等网络技术,服务国人日常生活信息传播需求的各类新媒体形态统称为原生新媒体。所谓"原生"意在从时间、技术、主体、资本构成、主要功能等方面对现有"新媒体"概念进一步细分。技术决定论者通常视技术为按照自身逻辑发展演进的客观存在,但就原生新媒体而言从发明到创新再到扩散,国家意志、资本运作、地缘政治变化、市场竞争等社会要素在其间发挥着重要作用。以往从时间、技术角度提出新型媒体、新兴媒体等新媒体相关概念,虽然能够彰显其作为"新发明"具

[①] 短史记©.中国第一家互联网公司,曾粗暴对待它的网民[EB/OL].IT之家,[2018-8-22]. https://www.ithome.com/html/it/378369.htm

备传播新特性,但一定程度遮蔽其作为"技术创新"背后资本、市场等社会因素影响,忽略新媒体社会性、地方性。

2017年创刊的《互联网历史:数字技术、文化与社会》(Internet Histories: Digital Technology, Culture and Society)杂志第一期提出互联网研究不仅应重视其全球性,更应重视"技术、使用与地方经验",新媒体作为互联网社会应用重要组成部分,"使用色彩""地方意味"更加浓厚。原生新媒体概念的提出便是对此呼应,意在凸显各类新媒体形态在我国发展演进的"地方经验"与"使用特色"。目前原生新媒体演进史料大部分散见于国内各种互联网史、新媒体概论等书籍或文章中,散见于各类网站、微信公众号、新浪微博等原生新媒体产品中。现有原生新媒体演进研究多侧重介绍梳理某个原生新媒体形态发展历程"是什么",很少系统分析原生新媒体作为一个整体"如何演进",很少深入挖掘原生新媒体"从何而来",很少从理论维度深入探讨给国人生活带来"怎么样"影响。

本书将原生新媒体视为由底层硬件设备、中层网络技术、顶层网站或APP等社会应用构成的有机整体,借鉴中观史、社会史、媒介史研究范式,从技术创新扩散视角出发,参考罗杰斯创新扩散模型,从三个层面依次分析原生新媒体"从何而来""如何演进"两个核心问题,在此基础上依据熊彼特创造性破坏理论,解读原生新媒体演进对国人日常生活乃至人本身带来"怎样的"影响,与兰克史学为代表重史料、强调客观再现的历史书写有很大不同,也与方汉奇先生倡导的"打深井"式史学研究范式有很大不同。本书尝试在传统史料挖掘整理外,引入深度访谈、自身民族志、网络民族志等社会科学方法,政治经济学、传播学等相关理论,重点分析原生新媒体"从何而来""有何影响"两个核心问题。

研究范式转变与原生新媒体自身特性有着密不可分的关系,原生新媒体作为互联网社会应用的重要组成部分,其演进历史是一部互联网社会应用变迁史,也是一部传播手段不断发展的媒介史。本书聚焦那些对我国社会生活产生重要影响的原生新媒体形态,引入新范式、新概念、新方法,围绕原生新媒体"从何而来、如何演进、产生怎么样影响"三个问题,尝试勾勒原生新媒体在我国20多年演进发展历程,以期能在现有研究之外呈现一些新视角、做一些新补充。

任占文

2020年仲夏

目　录

第一章　原生新媒体的快速崛起 ………………………………………… 1

　　第一节　ICT 技术创新催生原生新媒体 ………………………… 4
　　第二节　原生新媒体演进研究的学术基础 …………………… 17
　　第三节　原生新媒体演进研究的问题与内容 ………………… 27
　　第四节　原生新媒体演进研究的视角与方法 ………………… 36

第二章　原生新媒体演进研究的理论工具 …………………………… 48

　　第一节　"创造性破坏"概念的经济学原意 ………………… 49
　　第二节　基于政治经济学视角的新解读 ……………………… 54
　　第三节　技术创新对传播的创造性破坏影响 ………………… 56
　　第四节　技术创新对人的创造性破坏影响 …………………… 58

第三章　原生新媒体演进研究的框架模型 …………………………… 64

　　第一节　从知识考古历史视角厘清原生新媒体含义 ………… 64
　　第二节　基于"创新—发展"过程模型搭建研究框架 ……… 80

第四章　原生新媒体技术架构的生成 ………………………………… 87

　　第一节　微型计算机实现人与终端相互嵌入 ………………… 88
　　第二节　万维网推动数字化社会网络形成 …………………… 109
　　第三节　资本运作驱动技术创新与扩散 ……………………… 122

第五章　原生新媒体技术架构的扩散 ………………………………… 127

　　第一节　我国计算机事业受到苏美双重影响 ………………… 128
　　第二节　国有企业主导互联网基础架构建设 ………………… 143

第三节　新兴互联网企业主导互联网内容服务……………150

第六章　PC时代原生新媒体形态创新扩散………………………156
　　第一节　电子邮件开启人际交流革命………………………157
　　第二节　搜索引擎重塑信息获取模式………………………173
　　第三节　垂直网站构建数字生活形态………………………180

第七章　手机时代原生新媒体形态创新发展……………………186
　　第一节　原生新媒体基础架构与内容生产模式创新………186
　　第二节　微博作为商业化运作原生新媒体的多重想象……193
　　第三节　微信成为承载普通民众日常生活新媒体平台……200

第八章　原生新媒体的创造性破坏影响…………………………212
　　第一节　资本与技术重塑我国传媒格局……………………213
　　第二节　原生新媒体融入普通人日常生活…………………221
　　第三节　原生新媒体加速后人类时代来临…………………229

第九章　原生新媒体演进历史书写的反思………………………234
　　第一节　原生新媒体研究具有广阔空间……………………234
　　第二节　原生新媒体推动研究范式创新……………………239
　　第三节　对原生新媒体研究的若干思考……………………243

参考文献……………………………………………………………256
后　　记……………………………………………………………270

第一章 原生新媒体的快速崛起

一部互联网发展史，本质就是一部创新史，是技术创新、商业创新和制度创新三个层面相互交织、相互促进的联动过程，最终形成一部网络时代的人类文明进化史。整个互联网发展的历程，前30年主要由技术创新引领，后30年商业创新转变为绝对的主角，最近10年制度创新的重要性日渐显现，成为最大的能动性。

——方兴东①

我国互联网作为"舶来品"，其孕育、诞生、发展的历史不仅是一部创新史，更是一部创新扩散史、一部从学习借鉴到自主创新的演进历史。② 互联网（Internet）作为一种基于计算机的信息采集、加工、存储、检索人机系统，③由底层基础架构（infrastructure）、中层操作平台（platforms）、顶层社会应用（practices）三个层面组成，如图1-0-1所示。

其中基础架构和操作平台（包含终端设备、操作系统、TCP/IP协议等互联网软硬件设备与技术）演进与技术创新紧密相连，最初主要由科研机构、高等院校主导，之后各类商业企业开始充当领导者角色并逐渐汇聚为一个庞大的信息通信技术（ICT, information and communications technology）产业，④不仅催生各类原生新媒体，而且成为推动原生

---

① 方兴东,钟祥铭,彭筱军.全球互联网50年：发展阶段与演进逻辑[J].新闻记者,2019(7)
② 吴世文,章姚莉.中国网民"群像"及其变迁——基于创新扩散理论的互联网历史[J].新闻记者,2019(10)
③ 中华人民共和国计算机信息系统安全保护条例[A]//中央网络安全和信息化领导小组办公室,国家互联网信息办公室政策法规局.中国互联网法规汇编.北京：中国法制出版社,2015：17-20
④ 信息通信（ICT）产业包含ICT制造、ICT服务、无线与移动等诸多板块，各类软硬件是其核心部分。2016年全球ICT产业收入高达超过5.2万亿美元，仍在快速增长。参见中国信息通讯研究院.2017年ICT深度观察[M].北京：人民邮电出版社,2017：108。

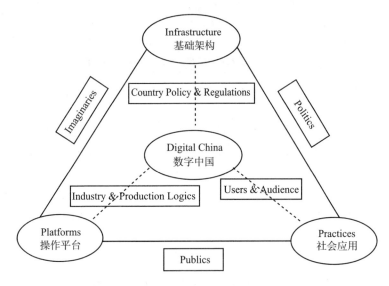

图1-0-1 我国互联网构成及研究维度①

新媒体演进的技术引擎;各类应用(日常生活中主要形态为原生新媒体)层出不穷则是互联网(万维网和移动互联网)技术创新与商业创新交互作用的产物,特别是20世纪90年代中叶以来新兴互联网公司在商业资本资助下推出门户网站、搜索引擎等原生新媒体形态,对人类社会信息传播、普通人日常生活产生深刻影响,互联网三个层面(乃至其概念)的演进构成了一部技术创新与扩散史、一部时代文化与思想史、一部网络社会孕育与演化史。②

就我国而言,1994年全功能接入国际互联网后,资本与互联网成为影响我国传媒生态两大新变量,③在互联网(尤其是万维网)技术创新扩散、资本运作(商业创新)、政策利好(制度创新)等多重因素作用

---

① 2017年6月26日美国密西根大学传播学副教授Aswin Punathambekar在浙江大学等联合举办的"第九届国际前沿传播理论与研究方法"研讨班,做了"Sound, Listening, and Citizenship: Inter-Asian Perspectives"讲座,此图根据Aswin课程内容演化而来。
② 方兴东,钟祥铭,彭筱军.草根的力量:"互联网"(Internet)概念演进历程及其中国命运——互联网思想史的梳理[J].新闻与传播研究,2019(8)
③ 张洪忠.资本影响下的中国传媒业[M].北京:北京师范大学出版社,2014:154

下,我国原生新媒体应时而生,深刻地改变原有社会结构、运行方式和动力机制,在政治、经济、文化、社会生活等诸多领域引发广泛而深刻影响,逐步构建起一个强连接的网络社会。① 网络技术在扩大人类认知与行动自由度的同时,也创造出新的规则与限制,②阿里巴巴、百度、腾讯等数字媒体公司(digital media companies)作用更无法被忽视,这些互联网内容供应商(Internet Content Provider,ICP)逐步形成新的媒介生态系统(即原生新媒体形态集群),对建构当代中国媒介景观发挥重要作用。③ 互联网技术创新扩散与商业资本运作不仅构成我国原生新媒体发展两大支柱,也成为研究原生新媒体演进及影响的两个重要维度。

原生新媒体研究作为互联网研究的重要组成部分,量化研究多、思辨研究少,应用研究多、理论研究少,个案研究多、中观与宏观研究少。"互联网历史学"(Internet Historiography)和"网络历史学"(Web Historiography)作为近几年国际新媒体理论研究领域方兴未艾的话题,包含互联网发展史、网站史、网页史、互联网使用社会史、互联网文化形态变迁等诸多分支,④从不同视角切入对互联网发展历程进行多方位、深层次刻画。原生新媒体作为互联网社会应用的重要组成部分,其历史属于互联网使用的社会史范畴,更适用于中观史研究视角。

中观史认为史学研究重点不是曾"发生了什么",而是"如何发生""为什么发生"和"有多大意义"。"发生了什么",只反映了历史的一个片断、简单的事实判断,而"如何""为什么"与"意义"则反映了一定的历史时空范围中复杂的过程、因果与价值等联系。这种一定时空范围中的历史联系,就是中观史学的认识对象。⑤ 本书借鉴并使用社会史研究范式,从中观史视角出发,将原生新媒体视为我国社会媒介化转

---

① 方兴东,陈帅. 中国互联网 25 年[J]. 现代传播,2019(4)
② 薛可. 新媒体:传播新生态建构[M]. 上海:上海交通大学出版社,2017:333
③ Balbi,Gabriele. Changfeng,Chen. Jing,wu. Plea for a (new) Chinese Media History[J]. Intercation:Studies in Commmunication & Culture,2016(3)
④ 杨国斌. 中国互联网的深度研究[J]. 新闻与传播评论,2017(1)
⑤ 吕锡生. 历史认识的理论与方法[M]. 南京:南京出版社,1990:124

向的重要推手与典型表征,[1]聚焦原生新媒体的技术架构与传播形态两个层面,结合20世纪90年代中国特定的时空环境与代表性原生新媒体产品,以勾勒我国原生新媒体技术架构与具体形态发展演化历程,探讨我国原生新媒体"从何而来""怎样演进""有何影响"三个重要理论议题,尝试在新媒体理论研究方面做出一些新的探索。

第一节 ICT技术创新催生原生新媒体

> 20年前互联网刚刚对中国公众提供商业服务,每小时费用高达几十元人民币。互联网真的能够形成人类社会基本构成要素吗?当时谁会相信这样的断言? 20年前人类建造起来的信息传播网络不仅是完备的,也是有效的。广播、电视、报纸、杂志、电报、电话一应俱全,整个网络计算机不过是加入了一个技术维度,它真的这么重要吗?
>
> ——高钢[2]

互联网(Internet)作为冷战时代美苏争霸催生的新技术起源于美国,[3]1969年阿帕网(Advanced Research Projects Agency Network,ARPAnet)诞生标志着人类迎来互联网时代。[4] 20世纪70年代末80年代初,以美国为首的西方发达国家为摆脱两次石油危机带来的严重经济衰退,大力推动以计算机和互联网为代表的信息技术革命。1985年美国科学基金网(National Science Foundation Network,NSFnet)主干网应运而生,互联网开始从军事领域拓展到科研、教育等民用领域。90年代初为了将信息资源转换为推动经济发展、社会进步的主要动力,美国

---

[1] 侯东阳,高佳.媒介化理论及研究路径、适用性[J].新闻与传播研究,2018(5)
[2] 高钢.体制内@中国网络媒体纪事·序一[M]//孙光海.体制内@中国网络媒体纪事.上海:上海三联书店,2014:2
[3] 方兴东.迎接互联网50年 站在世界看中国[J].汕头大学学报:人文社会科学版,2017(11)
[4] Abbate, Janet. Inventing the Internet [M]. Cambridge: The MIT Press, 1999:40

参议员戈尔于1991年率先提出"高性能计算法案"(High Performance Computing Act),建议将政府部门、商业机构、高校研究所已有的数百个计算机网络通过美国研究教育网(National Research and Education Network,NREN)连接起来。同年冷战趋于落幕,越来越多的公司接入互联网,①美国政府正式将美国科学基金网主干网交由私营公司经营,互联网服务开始商业化。② 1992年戈尔提交"信息基础设施与技术法案"(Information Infrastructure and Technology Act),提倡将小型企业与家庭用户纳入其中;1993年戈尔担任美国副总统后进一步推动国家新技术设施体系(National Information Infrastructure,NII)建设,俗称"信息高速公路"(Information Super-Highway, ISHW),③将互联网建设上升为国家战略。随着互联网高速发展,美国政府越来越认识到单靠政府力量很难满足互联网发展需求,1995年美国政府正式决定将美国科学基金网主干网交由Sprint、MCI和ANS三家公司管理,④互联网服务商业化全面展开,不再依赖美国国防部高级研究计划署和美国国家科学基金会资助,⑤三家公司成为最早一批互联网服务供应商(Internet Service Provider,ISP),为广大民众提供互联网开通、维护、维修等服务。

20世纪90年代之前,互联网仅应用于政府部门、科研院所、高等院校等特定领域,1993年美国政府提出EDI(Electronic Data Interchange)计划,奠定了互联网内容商业化基础,⑥互联网开始面向普通民众提供信息服务。1994年网景(Netscape)诞生开启互联网内容商业化

---

① Naughton, John. A Brief History of the Future: The Origins of the Internet [M]. London: Phoenix,2000:169 – 184
② 刘瑛.因特网与社区[M]//杨伯溆.因特网与社会:论网络对当代西方社会及国际传播的影响.武汉:华中科技大学出版社,2002:47
③ 张海峰.美国"信息高速公路"建设计划的产生背景、进展、社会经济影响及评价[J].世界研究与发展,1994(6)
④ 互联网商业化由服务商业化与内容商业化两部分构成,互联网服务商业化源自Sprint、MCI等美国公司,互联网内容商业化始于雅虎、易贝等美国ICP企业。
⑤ 网络通信观察.网络协议传奇(二):政府之手[EB/OL].[2018 – 11 – 07]. https://www.sohu.com/a/273827354_100279668
⑥ 王伟.电子仲裁协议的形式与效力研究[M]//杨柏.全球化与经济发展.北京:经济管理出版社,2011:75 – 80

之路。1995年世界第一个门户网站雅虎(Yahoo!)诞生,亚马逊(Amazon)、eBay等垂直网站纷纷上线,商业企业开始主导互联网内容生产,①这些新兴互联网企业成为最早一批互联网内容供应商(Internet Content Provider,ICP),面向普通民众提供各类信息服务。互联网进入以商业化、私有化、更广泛接入为标志的现代互联网阶段,②并借由后冷战时代全球化浪潮从美国向全球快速扩散。

上述时空背景下,1994年4月我国全功能接入互联网,步入互联网商业价值发展新时期。③ 1995年5月17日原邮电部借"国际电信日"宣布将为普通民众提供互联网接入服务,同年6月20日中国公用计算机互联网(Chinanet)正式面向民众提供互联网接入服务,我国互联网服务商业化正式展开。④与美国互联网服务商业化、内容商业化均由私营公司主导不同,我国互联网服务运营被纳入基础电信业务范畴,其商业化主要由电信、联通、移动等国有企业(ISP)完成,互联网内容运营则被纳入增值电信业务范畴,其商业化则主要依靠BAT等新兴互联网公司(ICP)实现。⑤ 1996年6月汪延等创办"利方在线"(新浪网前身);1997年1月张朝阳在国外风投资助下创办爱特信网(搜狐网前身),同年6月丁磊自筹资金创立网易公司,等等。这些新兴互联网公司以雅虎、亚马逊等国外互联网内容供应商为效仿对象,相继推出具有中国特色的电子邮件、搜索引擎、门户网站、微博、微信等原生新媒体形态,⑥成功打造163邮箱、搜狐网、百度搜索、新浪微博、腾讯微信等一大批具有广泛影响的原生新媒体产品,几乎改变了普通人日常生活的

---

① 方兴东,钟祥铭,彭筱军.全球互联网发展50年(1969—2019)(下)[J].互联网天地,2019(11)。
② 参见维基百科互联网历史年表对互联网史的分段,转引自方兴东,钟祥铭,彭筱军.全球互联网发展50年(1969—2019)(上)[J].互联网天地,2019(10)。
③ 陈建功和李晓东将我国互联网分为三个阶段:学术推动期(1980s—1994)、商业价值发展期(1994—)、社会价值凸显期(2006—)。
④ 闵大洪.中国网络媒体20年(1994—2014)[M].北京:电子工业出版社,2016:4
⑤ 传统媒体主导的各类数字化新型媒体、各类政务媒体等新媒体主要承担宣传、服务功能,虽然有一些也会涉及互联网内容商业化建设,但并不是互联网内容商业化主导力量。
⑥ 宫承波.新媒体概论:第4版[M].北京:中国广播电视出版社,2012:46-151

方方面面。我国迈入以网络、网民、信息、数据、数字共享主义、智能化生活等为特征的信息文明时代。① 原生新媒体演进研究不仅具有丰富互联网史研究的重要史学价值,而且对理解日渐数字化、媒介化的社会生活具有重要理论意义,为身处信息文明时代的我们理解 20 世纪 90 年代中叶以来中国社会巨变提供了一个重要"窗口"。

一、原生新媒体是平台不是媒体

新媒体作为一个时间性、技术性概念,从技术角度切入研究新媒体、新技术对政治、经济、社会、文化等社会要素影响占据新媒体研究主体。② 任何以"新"作为标签的学术生产,都可能包含着权力结构自我复制和再生产,③ 上述研究虽然聚焦新媒体的传播新特性及影响,但潜意识中常视新媒体为"中性"新型传播工具,没有将新媒体置于特定时空环境与社会情境中予以考察,没有充分关注新媒体在传播偏向、构成环境、延伸人体等方面新特质,④ 许多冠以"新"的研究实为原有模式的复制与再生产。本书将新媒体的考察置于 20 世纪 90 年代全球化浪潮从美国向全球扩散这一特定时空背景中,从 ICT 技术创新扩散切入分析新媒体技术架构演进,从资本运作角度分析新媒体形态演进,进而结合具体新媒体产品分析新媒体对普通民众乃至整个社会产生的复杂影响。新媒体不再是独立于时空与社会的技术存在,而是技术创新与社会要素交互作用的产物,带有特定历史时空烙印。

就我国而言,20 世纪 90 年代互联网技术创新扩散、商业资本全球扩张、社会主义市场经济体制正式确立等因素相互作用,孕育出以

---

① 王战,成素梅.信息文明时代的社会转型[M].上海:上海人民出版社,2019:19
② 宫承波.新媒体概论:第 4 版[M].北京:中国广播电视出版社,2011:2;匡文波.到底什么是新媒体[J].新闻与写作,2012(7)
③ 潘忠党,刘于思.以何为"新"?"新媒体"话语中的权力陷阱与研究者的理论自省——潘忠党教授访谈录[J].新闻与传播评论,2017(1)
④ 商娜红,刘婷.北美环境学派:范式、理论及反思[J].新闻大学,2013(1)

BAT为代表的本土新兴私营互联网企业,①相继推出基于微型计算机(PC)、智能手机的各类网站与APP,与之前"新媒体"概念在内涵、外延、内容等方面均存在很大不同。② 本书将上述中文网站或APP称为原生新媒体,以强调其源于互联网技术创新、源于商业资本运作、源于中国本土实践的"原生"特性,以及作为技术与社会互动建构产物的"非中性"特质。

从阿帕网到物联网,从水平网站到智能手机APP,互联网发展就像"蜂巢"或"蚁群",不同集团基于各自利益展开有意识行动,③传统媒体互联网实践催生报刊电子版、新闻网站等新媒体形态,商业化互联网公司互联网实践催生门户网站、搜索引擎等新媒体形态,政府机关、企事业单位、民间组织等互联网实践催生政府部门官方网站、政务微博等新媒体形态。如果仅关注技术维度、不考虑运营主体与资本构成等社会因素影响,极容易遮蔽新媒体发展演进的复杂性。

彭兰从互联网基础架构(终端与传播技术)出发提出"原生新媒体"概念,又从主体与资本构成维度将原生新媒体细分为两类:一是传统媒体主导的各类原生新媒体,如新闻网站等;二是商业化的互联网公司主导的新媒体,如门户网站、搜索引擎等。④ 本书在此基础上进一步从技术架构、外在形态、目标市场、运营主体等方面进一步加以细分,提出内涵与外延更为具体的原生新媒体概念。本书中的"原生新媒体"特指20世纪90年代中叶万维网(WWW)引入我国以来,以BAT为代表的新兴私营互联网企业借助西方互联网技术、商业资本、新媒体运营模式等,推出面向华文圈(尤其是大陆地区)的本土化新媒体,主要形态为各类网站、手机APP。原生新媒体作为现代互联网衍生

---

① 虽然阿里巴巴、腾讯等部分新兴互联网公司注册地在国外,资本构成也非常国际化,但其主营业务、创办者及运营团队均在国内,所以本书也将其纳入本土新兴互联网公司范畴。
② 学界对新媒体概念的界定多以时间与技术为基础,如彭兰《新媒体导论》一书认为新媒体概念80年代与计算机技术发展分不开,90年代与互联网普及有关,详见该书第2-3页;宫承波《新媒体概论》(第4版)从时间、技术两个维度对新媒体概念进行仔细梳理,详见该书第3页。
③ 白利鹏.历史复杂性的观念[M].北京:中国社会科学出版社,2009:41
④ 彭兰.新媒体导论[M].北京:高等教育出版社,2016:6

的新事物,①与报社、电台、电视台等传统媒体均没有太大关联,与国外新媒体在技术基础(ISP)、具体形态与内容生产等方面均存在差异明显,与传统"媒体""新媒体"概念更是相去甚远,冠以"原生"两字旨在强调其原创性与独特性。

长期以来,我国新媒体历史书写聚焦传统媒体主导的各类新媒体,从20世纪六七十年代卫星电视、有线电视等"新媒体",到90年代报纸电子版、手机报等"新媒体",相关研究构成我国新媒体研究主体。20世纪90年中叶以来我国新兴互联网企业推出的各类原生新媒体形态及产品一直没有得到应有重视。② 本书重点梳理这类原生新媒体架构、形态的演进历程,进而挖掘其对普通人日常生活产生的重要影响。

"互联网历史学"(Internet Historiography)和"网络历史学"(Web Historiography)作为近年来国际传播学界方兴未艾话题,③引发越来越多国外学者关注:2017年《互联网史:数字技术、文化与社会》(*Internet Histories:Digital Technology,Culture and Society*)杂志的创刊为相关研究者提供了一个交流平台,推动互联网史研究国际化、深入化;同年出版的《洛特里奇全球互联网历史手册》(*The Routledge Companion to Global Internet Histories*)将许多具体研究以专题形式组合在一起,④涵盖美国、欧盟、中国等不同国家和地区的互联网发展情况,两者出版标志着国际互联网史研究迈入新阶段。⑤

我国互联网史研究始于21世纪初。2006年搜狐IT频道推出《搜狐IT史记》,以讲故事形式串联起2003—2006年中国互联网的一系列

---

① 方兴东,钟祥铭,彭筱军.全球互联网50年(1969—2019):发展阶段与演进逻辑(上)[J].互联网天地,2019(10)
② 闵大洪.从边缘媒体到主流媒体——中国网络媒体20年发展回顾[J].新闻与写作,2014(3)
③ 杨国斌.中国互联网的深度研究[J].新闻与传播评论,2017(1)
④ Goggin,Gerard. McLelland,Mark. The Routledge Companion to Global Internet Histories[C]. Routledge,2017:8
⑤ 吴世文.互联网历史学的前沿问题、理论面向与研究路径——宾夕法尼亚大学杨国斌教授访谈[J].国际新闻界,2018(8)

大事,其轻松诙谐的写作方式与传统历史书写有很大不同,故自称"歪史"。① 2009年出版的《沸腾十五年:中国互联网(1995—2009)》,采用"编年史+专题研究"形式,每年围绕一个主题展开:1995年为互联网商业化元年、1996年为海归归来……虽然名为互联网史,实则主要讲述腾讯、搜狐等互联网企业创办人的故事,从中可以清晰地看到美国ICT技术、人才、资金对我国互联网演进的重要影响。② 2014年国家互联网信息办公室与北京互联网信息办公室联合撰写的"中国互联网20年"丛书出版发行,该丛书从网络安全、网络产业、网络大事记、网络媒体四个方面对我国互联网20年发展历程做出梳理。方兴东"光荣与梦想·互联网口述系列丛书"拟对胡启恒、田溯宁、张树新、张朝阳等我国互联网先驱进行采访,目前已经出版钱华林、许榕生等专家访谈专著。③ 中国互联网信息中心(CNNIC)发表的《中国互联网络发展状况统计报告》《中国网民搜索行为调查报告》《中国社交应用用户行为研究报告》等报告为研究我国互联网史提供了权威数据。

新媒体作为互联网社会应用的重要组成部分,其历史与互联网发展史紧密相关。鉴于商业化互联网公司主导的"原生新媒体"与传统媒体主导的"数字化新型媒体"在技术架构、产品形态、内容运营等方面有许多相似之处,以往研究者们常将两者视为一个整体,④如彭兰的《中国网络媒体的第一个十年》,从传统新闻学研究范式出发,着力梳理新闻网站1994—2003年十年间新闻业务的发展演变历程,兼及经营管理、舆论监督等内容,方汉奇称赞其为全景式、全程式记录,具有重要文献价值。⑤ 该书虽涉及新浪、搜狐等原生新媒体产品,但侧重介绍论述其如何开展新闻业务,怎样同传统媒体新闻网站竞争等内容;第八章

---

① 搜狐IT频道.搜狐IT史记[M].北京:世界图书出版公司,2006:2
② 林军.沸腾十五年:中国互联网(1995—2009)[M].北京:中信出版社,2009:35
③ 方兴东.光荣与梦想·互联网口述系列丛书:钱华林篇[M].北京:电子工业出版社,2018;方兴东.光荣与梦想·互联网口述系列丛书:许榕生篇[M].北京:电子工业出版社,2018
④ 详见彭兰《新媒体导论》、宫承波《新媒体概论》等新媒体著作。
⑤ 方汉奇.中国网络媒体的第一个十年·序[M]//彭兰.中国网络媒体的第一个十年.北京:清华大学出版社,2005:Ⅱ

"网络媒体经营之路拓宽"将电子商务、网络游戏等原生新媒体作为"副业",仅从媒体多元化经营角度予以简要介绍,①就全书而言原生新媒体所占篇幅极少且没有阐明其作为一种新社会形态与经济形态的传播意义。② 闵大洪《中国网络媒体20年(1994—2014)》一书由1994—2014年21篇年终稿组成,全书体例近似于"编年史+大事记",以时间为线索串联我国网络媒体20年间诸多重要事件,涵盖内容更加广泛。虽然作者认为商业网站(原生新媒体形态之一)占据主体地位,③但全书仅1998年一节介绍门户网站新闻活动、2002年一节论及博客推动门户网站发展、2010年与2011年两节提及微博相关内容,全书仍然聚焦于传统媒体运营的数字化新型媒体。

虽然人民网、新华网等传统媒体主导的数字化新型媒体不断面向市场转型,但其首先且始终是党报体系延伸,市场化是为了赚取市场利润、更好地贴近受众、做好意识形态宣传工作,是实现宣传目的手段。④新兴互联网企业主导的原生新媒体作为商业资本与ICT技术结合的产物,攫取最大市场利润是其宗旨。两类新媒体在学习对象、运营主体、资本构成、业务范畴、形态演进、主要功能等方面均存在诸多差异,见表1-1-1所示。

由表1-1-1可知,我国新兴互联网公司主导的原生新媒体自20世纪90年代中叶出现以来,在万维网技术创新扩散、商业资本推动、国家政策引导等多方因素的共同作用下,从无到有、从小到大,运营主体、业务范畴、形态演化等方面与传统媒体鲜有关联,与之前的"媒体""新媒体"概念相去甚远,更富有"原生"色彩。

---

① 彭兰.中国网络媒体的第一个十年[M].北京:清华大学出版社,2005:51-56,83-86,116-120,146-148,266-272
② 彭兰.新媒体导论[M].北京:高等教育出版社,2016:1
③ 闵大洪.从边缘媒体到主流媒体——中国网络媒体20年发展回顾[J].新闻与写作,2014(3)
④ 邓力.失衡与再平衡:中国新闻网站上市现象研究[M].北京:人民出版社,2017:6-8,42

表1-1-1 传统媒体与新兴互联网企业主导的新媒体

类型 差异	传统媒体主导的数字化新型媒体	新兴互联网企业主导的原生新媒体
学习对象	《米德尔塞克斯新闻》《纽约时报》电子版等国外传统媒体创办的新媒体	雅虎、谷歌等硅谷新兴互联网企业发明与运营的新媒体
运营主体	报业集团、广电集团	搜狐、百度等国内新兴互联网企业
资本构成	国有资本掌握控股权	国外资本、民营资本掌握控股权
业务范畴	以新闻信息传播为主业,也会涉猎娱乐、消费等领域	以人际交流、信息获取、娱乐消费为主营业务,也会涉及新闻信息传播
形态演进	电子报刊→新闻网站→"两微一端"	电子邮件/BBS→门户网站/搜索引擎/垂直网站→微博→微信
主要功能	宣传报道	通过为普通民众提供信息服务赚取商业利润

1995年至今短短20多年时间,传统媒体及其新媒体不论作为一个整体还是具体到某一媒体,在同新兴互联网企业(ICP)主导的原生新媒体竞争中屡战屡败,成就远低于预期,①我国新兴互联网企业主导的原生新媒体已成为社会最基础构成要素之一,在许多方面产生创造性破坏影响:②门户网站出现改变以往完全由传统媒体垄断的信息传播格局,③BBS和聊天室孕育出独特网络文化,依托各类商业网站个人主页开启we media传播新模式,④微博、微信等社会化媒体更是放大个体力量,个人成为传播节点乃至中心。⑤ 本书将原生新媒体置于20世纪90年代以来我国特定时空环境与社会情境中,将其视为一个由技术架构、传播形态构成的有机整体,结合代表性产品梳理原生新媒体演进发展历程及对普通民众日常生活、社会信息传播产生的创造性破坏影

---

① 孙坚华.新媒体革命:为什么传统媒体屡战不胜[M].北京:电子工业出版社,2016:15
② 夏铸九.信息化社会与认同的运动[M]//卡斯特.网络社会的崛起:第3版.夏铸九,王志弘,译.北京:社会科学文献出版社,2006:6
③ 张洪忠.资本影响下的中国传媒业[M].北京:北京师范大学出版社,2014:41
④ 闵大洪.中国网络媒体20年(1994—2014)[M].北京:电子工业出版社,2016:30-31
⑤ 彭兰.社会化媒体:理论与实践解析[M].北京:中国人民大学出版社,2015:29-39,80-83

响,以期能填补现有原生新媒体史研究存在的一些不足之处。

二、原生新媒体推动学术研究创新

大众媒体时代,居间技术既是中介又是连接者,"普通民众—媒体—世界"关系表现为"人→(技术—世界)"诠释学关系,人类通过各类传播技术建构的"拟态环境"以了解世界。Web1.0时代,新闻网站基本延续了大众媒体的上述特征,门户网站虽不采编新闻,但通过新闻编辑同样扮演着把关人与议程设置者角色;Web2.0时代,博客、微博、微信等社交媒体带来新的传播革命,"普通民众—媒体—世界"关系转化为"(人—技术)→世界"新型关系,"复眼观看"成为数字革命时代的生存方式。[①] 近年来人工智能(AI)、传感设备等新技术正逐渐嵌入普通人的身体与生活,具身性技术逐渐占据主导地位,[②]百度、阿里等新兴互联网公司再一次扮演了重要角色。

关注我们生活的时代,记录新媒体技术革新带来的巨大变革,无论对生活在当下的我们,抑或希望未来了解这个时代的人们都具有重要意义。具体而言,梳理我国原生新媒体演进具有以下三重意义:

1. 尝试新的路径,推动我国原生新媒体研究多元化

米尔斯认为:"社会科学家彼此间正儿八经的区别并不是出现于那些只观察而不思考和只思考却不观察的人之间;他们区别在于思考什么、观察什么以及——如果存在的话——思考与观察联结是什么有关。"[③]现有新媒体研究多遵循拉扎斯菲尔德与哥伦比亚学派开创的实证主义传统,[④]使用量化研究方法测量短期的、个人的、可测量的内容。[⑤]薛可的《新媒体:传播新生态建构》(2017)采用数据分析或数学

---

① 黄旦."千手观音":数字革命与中国场景[J].探索与争鸣,2006(11)
② 孙玮.赛博人:后人类时代的媒介融合[J].新闻记者,2018(6)
③ [美]米尔斯.社会学的想象力:第2版[M].陈强,张永强,译.北京:生活·读书·新知三联书店,2005:35
④ 张宁.断裂与延续:《人际影响》的影响[M]//卡茨,拉扎斯菲尔德.人际影响:个人在大众传播中的作用.张宁,译.北京:中国人民大学出版社,2015:4
⑤ 陈阳.大众传播研究方法导论:第2版[M].北京:中国人民大学出版社,2015:45

建模方法,对新媒体传播模型、传播效果等内容进行研究,①就是一个典型例子,这类研究数量庞大不再一一列举。量化研究推动我国新媒体研究走向繁荣的同时,也带来直接跳过宏观研究而进入微观研究这类"只见树木不见森林"的问题,②原生新媒体研究作为新媒体研究重要组成部分同样如此。

原生新媒体演进历史书写以现有新媒体量化研究与质化研究为基础,结合大量一手资料,以技术创新与资本运作为线索,勾勒我国商业互联网企业主导的原生新媒体技术架构、传播形态发展演化历史,不仅能够弥补单纯从技术角度研究原生新媒体演进存在的不足,而且能突破传统结构功能主义忽视技术,以至解释复杂新现象时越来越无力的窘境,③推动我国原生新媒体研究更加丰富与多元。

2. 细分研究对象,推动我国原生新媒体史研究走向深入

我国民众使用最多的新闻资讯渠道是商业门户网站、搜索网站、视频网站、电脑弹窗,④使用最多的社交媒体是 QQ、微信、默默、阿里旺旺、新浪微博,⑤使用最多的搜索引擎是百度、搜狗、360。⑥ 它们不同于雅虎(Yahoo!)、谷歌(Google)、推特(Twitter)、亚马逊(Amazon)、脸书(Facebook)等国外同类新媒体,也不同于新华网、人民网等传统媒体主导的数字化新型媒体。特别在许多新范畴、新领域,传统媒体主导的新媒体在尝试进入时常常不知从何下手,⑦这种情况在移动互联网时代尤为突出。

---

① 薛可.新媒体:传播新生态建构[M].上海:上海交通大学出版社,2017:332-334
② 郑永年.技术赋权:中国的互联网、国家与社会[M].北京:东方出版社,2014:125
③ 孙玮.从新媒介通达新传播:基于技术哲学的传播研究思考[J].暨南学报:哲学社会科学版,2016(1)
④ 中国互联网信息中心.2016年中国互联网新闻市场研究报告[R/OL].[2017-01-12]. http://www.cac.gov.cn/2017-01/12/c_1121534556.htm
⑤ 中国互联网信息中心.2016年中国社交应用用户行为研究报告[R/OL].[2017-12-29]. http://www.199it.com/archives/669038.html
⑥ 中国互联网信息中心.2016年中国网民搜索行为调查报告[R/OL].[2018-01-10]. http://www.199it.com/archives/674001.html
⑦ 彭兰.关系—意义—服务—平台:新媒体的"新链条"与"新土质"[M]//谭天.媒介平台论.北京:中国人民大学出版社,2016:1

新世纪伊始,学界和业界一些研究者便开始关注新闻网站(传统媒体主导的新媒体形态)与商业网站(新兴互联网企业主导的原生新媒体形态)的差异,余彦君《谁将主宰未来的网络新闻传播?——传统媒体网站和商业网站比较》(2000)较早关注到两者不同,认为传统媒体新闻网站代表传统媒体、商业网站代表新媒体,前者在品牌、资源等方面占优势,后者在商业化运作、新闻意识等方面占优势。[①] 付松聚与周立顺《传统媒体网站与商业网站之比较》(2007)对两类网站在新闻角度、报道梳理、编辑特性、网页设计等方面差异做出细致分析。[②] 类似研究虽然数量不多,但明确将商业网站作为新闻网站并列的研究对象,对两者差异做出了许多有益探索,原生新媒体作为独立研究对象开始进入研究者视野。

孟伟在《理解新媒体》(2018)一书中追踪 BBS、论坛、电子邮件、博客、播客、SNS、微博、微信等原生新媒体形态发展历程,粗线条地勾勒出我国原生新媒体形态演进的轨迹。彭兰在《社会化媒体:理论与实践解析》(2015)一书中对博客、SNS、微博等社会化媒体发展历程进行详细考证,为移动互联网时代原生新媒体演进研究奠定了扎实基础。[③] 此外,宫承波《新媒体概论》(第 4 版)等著作与文章中也有大量关于原生新媒体形态的资料。本书在现有研究文献基础上,重新界定原生新媒体概念,从技术架构与传播形态两个层次梳理其演进发展历程,不仅能够彰显原生新媒体演进背后技术创新、商业创新、制度创新的交互作用,弥补已有原生新媒体研究只重视技术的不足,而且有助于将现有新媒体史研究中碎片化的原生新媒体史相关资料加以整理、补充、完善,勾勒出原生新媒体形态发展演化脉络,推动我国新媒体史研究更加细化、专业化。

---

① 余彦君.谁将主宰未来的网络新闻传播——传统媒体网站和商业网站比较[J].新闻与传播研究,2000(4)
② 付松聚,周立顺.传统媒体网站与商业网站之比较——以人民网和新浪网为样本[J].青年记者,2007(2)
③ 孟伟.理解新媒体[M].北京:中国广播影视出版社,2018;彭兰.社会化媒体:理论与实践解析[M].北京:中国人民大学出版社,2015

3. 深挖社会元素,揭示原生新媒体演进的政治经济学意义

如果冷战尚未结束,西方国家仍然对我国维持严格技术与物资禁运,很难想象我国互联网(Internet)会在如此短时间内实现跨越式发展;如果美国政府没有推出"信息高速公路计划",没有完成互联网商业化,雅虎、谷歌等新媒体不会凭空出现,搜狐、百度等本土互联网企业推出的各类原生新媒体产品也就无从谈起;如果党的十四大没有提出建立社会主义市场经济,没有为新兴互联网企业提供种种政策利好,我国原生新媒体不可能短短20多年便达到目前的发展规模。

历史(实践)逻辑是理论逻辑最为重要的对标物,社会科学一切学术都应以实践检验作为最高标准。① 没有历史(或现实)支持的理论研究是空洞的,没有理论指导的理论(或现实)研究是没有方向的。② 一味讲究所言必出"经典"、研究必循"经典"逻辑,③常会落入削足适履、生搬硬套的窠臼。本书虽然借用罗杰斯《创新的扩散》一书中的"创新—发展"过程模型,描述我国原生新媒体如何在技术创新扩散与商业资本驱动下,借助国家提供的制度性利好快速演进发展的过程,但诞生于美国经验主义学术传统的"创新—发展"模型虽然能够很好地勾勒"过程",但无法深入探讨"为什么"会诞生、带来"怎么样"影响两个重要问题。本书通过引入熊彼特创造性破坏概念,进一步深挖我国原生新媒体兴起背后的政治力量、资本运作等因素影响,以期呈现我国原生新媒体的发展演化历程"是什么",从而更好地解释"为什么"会兴起、带来"怎么样"影响两大问题。

---

① 喻国明.传播学的学术创新:原点、范式与价值准则——在"反思传播学圆桌论坛"上的发言[EB/OL].[2018-03-05]. http://xueshu.blogchina.com/910262326.html
② 吴国盛.技术与生活世界·总序[M]//[美]唐·伊德.技术与生活世界:从伊甸园到尘世.韩连庆,译.北京:北京大学出版社,2002:1
③ 喻国明.传播学的学术创新:原点、范式与价值准则——在"反思传播学圆桌论坛"上的发言[EB/OL].[2018-03-05]. http://xueshu.blogchina.com/910262326.html

第二节　原生新媒体演进研究的学术基础

  每一次媒介技术的重大突破及其大规模商业化应用的发展，都催生出新兴媒体形态。工业化时代的造纸和印刷技术及其大规模商业化应用，催生了纸质印刷新媒体（报刊）。电子传输技术及其商业化应用首先催生了广播新媒体，而后电子声画技术及其商业化应用催生了电视新媒体……互联网技术的产生及其商业化应用的发展，颠覆了工业化时代的印刷媒介技术和广播电视媒介技术，推动了互联网时代的新媒体的兴起和发展。

——刘友芝①

  技术发明只有经过商业化推广才能成为技术创新进而产生广泛的社会影响，②互联网技术发明也不例外。经由民用、商用推广后孕育出门户网站、搜索引擎等多种新媒体形态，进而深刻改变普通人日常生活的方方面面。③ 就我国而言，自 1994 年全功能接入互联网以来，以 BAT 为代表的新兴互联网公司，抓住后冷战时代全球化浪潮下互联网技术与商业资本向全球扩散的契机，借助社会主义市场经济体制改革提供的制度性利好，在互联网技术创新扩散与 VC（风投）等商业资本运作下，推出搜狐网、新浪网、百度搜索、QQ、微信、微博等原生新媒体产品，推动了普通民众信息获取、人际交流、购物消费等日常生活诸多方面发生改变，甚至重塑了整个社会信息传播结构，"技术"与"资本"成为研究原生新媒体研究的两大关键词。

一、原生新媒体形态的理论梳理

  形态作为事物形状或表现，同英文 form、pattern 含义基本相同，④

---

① 刘友芝.新媒体运营[M].北京:中国人民大学出版社,2018:2-3
② [美]罗杰斯.创新的扩散:第 4 版[M].辛欣,郑颖,译.北京:中央编译出版社,2002:107
③ 刘友芝.新媒体运营[M].北京:中国人民大学出版社,2018:3
④ 吴光华.汉英大词典:第 3 版[Z].上海:上海译文出版社,2013:1830

新媒体作为一个技术性概念,其形态便是新媒体技术的具体表现形式。宫承波《新媒体概论》(第4版)"新媒体形态论"用大篇幅介绍了新媒体的主要形态:一是网络媒体,主要包含门户网站、搜索引擎、技术通信、网络社区、SNS、博客、网络出版、网络广播、网络视频、维客、威客、掘客十二种形态;二是移动媒体,主要包含手机短信、手机彩信、手机彩铃、手机出版、手机广播电视、手机微博、手机新闻客户端七种形态;三是互动性电视媒体,主要包含数字电子、IPTV两种形态;四是新型媒体,主要包含户外彩屏、楼宇电视、车载移动电话三种形态。① 匡文波将新媒体形态分为三大类:一是网络媒体,包含搜索引擎、网络电视、各类网站等六种形态;二是手机媒体,包含手机报纸、手机电视、手机图书等五种形态;三是互动式交互媒体。②

与两位研究者从终端入手进行分类不同,彭兰《新媒体导论》从新媒体运营主体与技术手段出发,将新媒体分为数字化传统媒体与原生新媒体两大类,其中数字化传统媒体将与传统媒体相关的各类新媒体几乎都囊括其中:

数字化传统媒体 $\begin{cases} 数字化报刊:报刊光盘版、网络版、手机版、电子书版 \\ 数字化广播:网络广播、手机广播 \\ 数字化电视:IPTV、有线数字电视、数字卫星电视 \\ 传统媒体的社会化媒体应用 \end{cases}$

将"基于全新的传播技术与相应终端而形成的新媒体"称为"原生的新媒体",③包含网络媒体与手机媒体两阶段;又根据运营主体将网络媒体细分为传统媒体主导的网络媒体和商业化互联网公司主导的网络媒体两类:

原生的新媒体 $\begin{cases} 网络媒体 \begin{cases} 传统媒体主导:新闻网站等 \\ 商业化互联网公司主导:商业网站等 \end{cases} \\ 手机媒体:短信、彩信、微博、微信、互动电视APP \end{cases}$

本书在上述研究基础上,参照匡文波《手机媒体:新媒体中的新革

---

① 宫承波.新媒体概论:第4版[M].北京:中国广播电视出版社,2012:46-149
② 匡文波.到底什么是新媒体[J].新闻与写作,2012(7)
③ 彭兰.新媒体导论[M].北京:高等教育出版社,2016:3

命》关于手机新媒体形态分类,从中剥离出商业互联网公司主导的手机媒体形态,进而重构原生新媒体的概念、内涵与外延。

方东兴《中国互联网 25 年》一文从互联网领域技术、商业和媒体层面变革两个角度着手,将中国互联网发展细分为三个阶段,详见表 1-2-1。

表 1-2-1 中国互联网发展三阶段[①]

阶段	弱联结阶段	强联结阶段	超联结阶段
技术特性	PC 互联网	移动互联网	智能物联网
时间节点	1994—2008 年	2008—2016 年	2016 年至今
代表性应用	门户(邮件、搜索、新闻)	博客、微博、微信	云、短视频、VR、AI
联结主体	电脑互联	人与人互联	物与物互联
普及率	0~20%	20%~50%	≥50%
治理主要矛盾	技术和产业治理	内容治理体系	社会综合治理体系

表 1-2-1 中所列代表性互联网应用(即新媒体形态)与商业互联网公司主导的原生新媒体外延高度重叠,说明原生新媒体概念能很好地概括互联网社会化应用(即新媒体)中最具代表性、最有影响力的新媒体形态。

二、新媒体技术与形态研究演变

新媒体作为一个技术性概念,涉及计算机、手机等终端设备,数字技术、移动通信技术等众多技术,技术创新及对新媒体形态的影响一直是新媒体研究的重要内容。1960 年,ARPA 信息处理技术办公室第一任主任利克莱德提出"人机共同做决定、控制复杂情况"[②]"或许只有在很少的场合(我们才需要)所有的或绝大部分计算机能够在一个集成网络里相互合作,即便如此,在我看来,开发集成网络操作功能也是很

[①] 方兴东,陈帅. 中国互联网 25 年[J]. 现代传播,2019(4)
[②] Licklider. Man-Computer Symbiosis[J]. IRE Transactions on Human Factors in Electronics, 1960(3):4-11

重要的"等前瞻思想,①为 internet(互联网)到 Internet(因特网也译作互联网)的发展指明了方向。阿帕网时代许多电脑不兼容,资源共享只能在同类型电脑间实现,为了解决不同电脑、不同网络间数据传输问题,工程师们发明 TCP/IP 协议,推动各类数据资源大规模、大范围共享。从 E-mail、FTP 到 BBS、RSS,信息分享成为 Web1.0 时代新媒体最重要的技术特征。这一时期关于新媒体技术特质的研究主要集中在计算机相关领域,如 1980 年中国科学院声学研究所主办的《网络新媒体技术》(原名《微计算机应用》)正式创刊,30 多年来刊载大量新媒体技术论文,几乎涵盖新媒体技术架构的方方面面。

20 世纪 90 年代中叶我国全功能接入互联网之后,《中国计算机用户》《软件世界》《现代计算机》等计算机专业杂志纷纷关注新媒体相关技术,李小平《进入 Internet 之一:如何在 Internet 上使用 FTP》最早对 FTP 含义、Client/Server 模式、虚拟文件服务、文本与二进制传输等内容做了详细介绍;②限于当时网络通信较差,许多人无法登陆 FTP,吴红、王远世《用电子邮件请求匿名 FTP 服务》专门探讨了借助当时应用广泛的 E-mail 登陆 FTP 的方法与策略。③ E-mail 的引入掀起了国人的通信革命,不仅计算机相关领域学者给予高度关注,图书情报领域专业人士很早也开始从事相关探索。段宇锋《开发利用信息资源的新手段:E-mail》重点介绍了电子邮件的信息查询与获取功能,深入分析了其优势与不足。④ 沈艺《用 E-mail 访问 Internet 信息资源》介绍了通过 E-mail 获取 Internet 多种信息资源(如专业数据库、Web、FTP、Gopher、Archie 等)的方法并给出操作步骤。⑤

雅虎的崛起开创了一种全新互联网技术的商业化模式,通过提供信息分类服务、集纳 E-mail 等成熟技术,"门户网站"迅速成为技术与

---

① 万赟. 互联网的起因[EB/OL]. [2008-03-10]. http://blog.sciencenet.cn/home.php?mod=space&uid=39023&do=blog&id=17656
② 李小平. 进入 Internet 之一:如何在 Internet 上使用 FTP[J]. 中国计算机用户,1996(1)
③ 吴红,王远世. 用电子邮件请求匿名 FTP 服务[J]. 现代计算机,1996(6)
④ 段宇锋. 开发利用信息资源的新手段:E-mail[J]. 情报杂志,1996(4)
⑤ 沈艺. 用 E-mail 访问 Internet 信息资源[J]. 情报探索,2000/(2)

应用的融合平台,互联网由此走入普通人生活。我国三大门户网站(搜狐、新浪、网易)从模仿雅虎起家,相关研究早期主要集中在《互联网周刊》《上海微型计算机》《软件工程师》《电脑爱好者》等计算机类杂志。陆黛《新浪网探秘》最早从媒体视角对新浪网新闻的刊载、编辑做了详细介绍。① 王影和李忠志认为虽然民众通常视商业网站为传统媒体新闻报道的转载平台,相关政策对其新闻采编权也有严格限制,但商业网站一直尝试在政策允许的范围内,拥有或者共享新闻采编权限。② 此外学者们还对门户网站的技术架构、业务运营、融资等问题进行广泛的研究,如郑素侠和谢建晓从手机短信、网络游戏、网络广告等方面探讨门户网站的盈利问题,等等。③

2005年帕夫利克《新媒体技术:文化和商业前景(第2版)》的出版标志着新媒体技术研究从纯技术走向社会文化,书中关于媒体技术发展梳理、电子出版市场营销、法律法规与政府调控等内容占据大量篇幅,该书立足技术但不局限于技术,对于探讨技术文化生成具有重要启示意义。④ 王宏、陈小申《数字技术与新媒体传播》(2010)尝试在新媒体形态与新媒体技术间建立关联,上篇介绍了新媒体七种形态,下篇介绍了计算机网络、数字图像、数字音频、数字电视相关技术,两者仍停留在"两层皮"阶段,没能有机结合在一起。⑤ 张向宏《互联网新技术在媒体传播中的应用》(2010)介绍了新媒体内容生产常用的音频播放、搜索引擎、信息存储、网络安全等技术。⑥

随着2004年前后Web2.0技术的成熟与应用,贴吧、微博、微信等社会化媒体(social media)影响力快速壮大。常立基于对"百度贴吧"

---

① 陆黛.新浪网探秘[J].新闻记者,1999(9)
② 王影,李忠志.商业网站的"新闻原声":从搜狐新闻看中国商业网站的新闻整合力[J].采·写·编,2003(2)
③ 郑素侠,谢建晓.从三大门户网站的"财报"看网络媒体的赢利模式[J].新闻实践,2003(8)
④ [美]帕夫利克.新媒体技术——文化和商业前景:第2版[M].周勇,译.北京:清华大学出版社,2005
⑤ 王宏,陈小申.数字技术与新媒体传播[M].北京:中国传媒大学出版社,2010
⑥ 张向宏.互联网新技术在媒体传播中的应用[M].北京:清华大学出版社,2010

技术特征、运行机制的分析,解读"贴吧"的传播学意义及对传统媒体的启示。① 石雯对百度搜索引擎商业化模式进行分析与解读,② 朱玉从使用满足理论入手对"百度知道"优点和缺陷进行分析。③ 陈禹安认为各类社会化媒体普及使得 UGC 成为新的发展趋势,传统媒体在不知不觉中逐渐放弃独立判断而成为网络的应声虫,有被渠道化的风险。④ 池见星进一步指出新媒体环境下受众向内容制作者转变,不应忽略资本和政治经济权力对新生互动媒体所产生的影响。⑤ 匡文波《新媒体理论与技术》(2014)采用散点透视方式聚焦网页设计、数字文献格式、移动传播技术、手机电视技术等专题,将博客、微博、微信视为 Web2.0 时代的新媒体技术创新,并从技术角度给予详细介绍。⑥ 王中生《新媒体技术与应用》(2017)围绕新媒体基础架构、素材制作、数据传输、内容检索、信息安全等几个方面对新媒体技术发展现状进行较为全面梳理介绍。⑦除上述专著与专业期刊外,近些年还有大量面向具体技术难题的文章见刊,因为讨论问题侧重某个细节技术问题,不再列举。

三、资本逻辑与新媒体共生研究

马克思认为"资本不是物,而是一定社会的、属于一定历史社会形态的生产关系,它体现在一个物上,并赋予这个物以特有的社会性质"。⑧ 作为社会关系的资本,实质是一种强制性的客观力量,支配着资源流动、财富分配、组织扩大再生产,使整个社会组织成为追求资本增值的机器,⑨有自身的逻辑(即资本逻辑),它与技术逻辑耦合不仅对

---

① 常立.百度贴吧的传播模式解读[J].新闻界,2007(5)
② 石雯.百度搜索引擎的把关商业化模式[J].青年记者,2008(36)
③ 朱玉.传播视角下的"百度知道"[J].新闻世界,2011(9)
④ 陈禹安.UGC 语境下传统媒体的被渠道化[J].新闻实践,2010(5)
⑤ 池见星.论新媒体时代传者与受者的身份趋同:用户自创内容(UGC)研究路径探析[J].东南学术,2009(7)
⑥ 匡文波.新媒体理论与技术[M].北京:中国人民大学出版社,2014
⑦ 王中生.新媒体技术与应用[M].北京:清华大学出版社,2017
⑧ [德]马克思,恩格斯.马克思恩格斯全集(第25卷)[M].北京:人民出版社,1974:920.
⑨ 鲁品越.资本逻辑与当代现实[M].上海:上海财经大学出版社,2006:13

实体经济空间的形成有着重要促进作用,①而且对互联网发展产生重要推动作用。资本逻辑作为支配整个社会主义生产方式的客观力量,通过支配各种生产要素进而支配人,推动社会生产力发展的同时又常置社会于危机之中。② 作为政治经济学的一个重要的术语,马克思主义理论、政治经济学等学科有大量相关研究。

新媒体作为一个时间性、技术性概念,报纸、广播、电视等传统媒体在诞生之初也是"新媒体",因此,考察资本与"新媒体"的关系不应局限在特定历史时期,应该从更长的历史时间段予以考察。国人借用商业资本运营"新媒体"可以追溯到19世纪后期,1884年我国第一家造纸厂——华商创办的上海机器造纸局正式投产,③为近代以小报为代表的商业报纸兴起奠定了物质基础;④几乎与造纸工业同时出现,现代铅印机器也开始传入我国,较大的报纸开始采用铅印,较小的报纸则采用价格较为低廉的石印。⑤ 廉价纸张和机器印刷大大降低了报纸的发行成本,经过清末孕育、发展期后,近代商业报纸以"技术新知"的形式为民众提供准确及时的新闻、商品等各类信息,⑥导致20世纪20年代商业资本驱动的各类民营报刊繁荣发展。《申报》一类实力雄厚的私营商业报刊,更是直接用现金从美国购买印报机、纸板机、铜板机等设备,屯买国外进口纸张,⑦力求为读者提供价廉物美的报纸。随着抗日战争爆发,民营报刊逐渐走向衰落,最终经过建国初期私营报刊改造成为一段尘封的历史。

李昕言《近现代民营商业报刊的发展轨迹》粗线条地勾勒出19世

---

① 鲍伶俐. 资本逻辑、技术逻辑与经济空间生成机制[J]. 上海财经大学学报,2010(6)
② 鲁品越,王珊. 论资本逻辑的基本内涵[J]. 上海财经大学学报,2013(10)
③ 余贻骥. 中国的第一家机制纸厂 上海机器造纸局[J]. 纸和造纸,1990(4)
④ 上海社会科学院经济研究所轻工业发展战略研究中心. 中国近代造纸工业史[M]. 上海:上海社会科学院出版社,1989:50-54
⑤ 贵州省地方志编纂委员会. 贵州省志·报纸志[M]. 贵阳:贵州人民出版社,2003:330
⑥ 曾培伦. 近代商业报纸何以成为"技术新知"？——以中国话字印刷革命中的《申报》《新闻报》为例[J]. 新闻与传播研究,2018(12)
⑦ 邱志华. 裂缝与夹缝:中国近代企业家的生存智慧[M]. 上海:立信会计出版社,1996:233-236

纪 70 年代到 20 世纪 50 年代我国商业报刊的发展脉络,①许正林《中国新闻史》对商业报刊的发展有更为详细的介绍。② 何秋红、张鹏《民国时期地方商业报刊的办报特色——以〈通海新报〉为例》,探索民国地方商业报刊办报为营利,亦有革命色彩,雅俗共赏、重视社会新闻,报道及时、有较强的服务性,编排灵活、重视评论等特色。③ 杨茹《试论商业报刊在中国新闻传播史上的地位》对商业报刊和时政报刊相同之处与不同之处做了深入分析。④

自 1926 年刘翰主持建设我国第一座广播电台到 1953 年私营电台改造完成,民营广播在上海、天津等大城市也有过短暂辉煌,相关资料散见于各地编撰的地方志、新闻史,甚至尘封在档案,观众乏人问津。赵玉明等编著的《新修地方志早期广播史料汇编》将几十本地方志中商业广播、军政广播等各类广播资料进行梳理,具有重要史料价值。⑤ 陈尔泰《中国广播之父刘瀚传》《中国广播史考》《中国广播发轫史稿》等著作对我国早期广播发展情况做了散点式透视,提供了许多史实与资料。⑥ 郭镇之《民营广播电台的商业性质》梳理了上海前前后后一百座民营广播电台,发现除佛音电台(1934—1938)和福音电台(1934—1952)两家宗教性质电台外,其余绝大多数是经营广告的商业电台,"利用资金、博取利益"的商业性质是民营电台的主要性质,是认识其一切行为的关键。⑦ 稍后其《上海民营广播大事年表》对上海民营广播的重要事件进行详细梳理。⑧ 刘斌、许立勇《20 世纪二三十年代民营广

---

① 李昕言.近现代民营商业报刊的发展轨迹[J].青年记者,2010(11):79–80
② 许正林.中国新闻史[M].上海:上海交通大学出版社,2008:57–86
③ 何秋红,张鹏.民国时期地方商业报刊的办报特色——以《通海新报》为例[J].青年记者,2013(18)
④ 赵竞凡.文人论政:中国近代商业报刊与政党报刊的异中之同[J].新闻传播,2015(7)
⑤ 赵玉明,艾红红,刘书峰.新修地方志早期广播史料汇编[M].北京:中国广播影视出版社,2016
⑥ 陈尔泰.中国广播之父刘瀚传[M].北京:中国广播电视出版社,2006;陈尔泰.中国广播史考[M].北京:中国广播电视出版社,2008;陈尔泰.中国广播发轫史稿[M].北京:中国广播电视出版社,2008
⑦ 郭镇之.民营广播电台的商业性质[J].现代传播,1982(4)
⑧ 郭镇之.上海民营广播大事年表[J].新闻研究资料,1986(2)

播娱乐化及其规制》分析了当时广播播出的流行歌曲、评书、戏曲节目等,以及广播走向娱乐化、低俗化的现象及其影响。① 王灿、王文利《民国时期上海民营广播播音艺人特点浅析》对当时上海专职与兼职播音员的情况进行了细致梳理。② 民国时期上海商业广播数量几乎占据全国总数的一半,广播作为一种"新媒介"承担起组织城市新式的家庭生活、培养家庭听众聆听习惯乃至塑造对自身与世界的认知的作用。广播逐渐成为家庭伴侣,建立起"准社会交往"的新型家庭关系,③在许多地方与今天的"新媒体"异曲同工。

新中国成立后,传媒行业一直是必须经过严格审批方许进入的特殊行业,④政府高度关注国有资本控股以确保对传统媒体拥有完全控制权。⑤ 1950年至1953年各类商业资本驱动的"新媒体"经历新闻组织与制度、新闻理念、新闻操作与新闻范例多方面改造,⑥最终我国媒体的私营商业化画上休止符。1992年以后社会主义文化体制改革逐步深入,各类商业资本通过股权控制、经营权控制等手段,掌握许多新兴互联网公司的控制权,⑦新媒体(尤其是原生新媒体)成为资本逻辑与技术创新结合最紧密的领域。

可惜的是,从资本逻辑视角切入展开的研究成果相对较少,且对这一概念应用相对"表面化":李彪、陈璐瑶《从专业逻辑到资本逻辑:中国电影生产主体的社会网络分析——基于2004—2014年电影制片人和导演的合作关系》虽将资本逻辑作为标题关键词,但并未真正从政治经济学立场出发予以解读,资本逻辑在文章中被简单诠释为"资本

---

① 刘斌,许立勇.20世纪二三十年代民营广播娱乐化及其规制[J].甘肃社会科学,2014(5)
② 王灿,王文利.民国时期上海民营广播播音艺人特点浅析[J].现代传播(中国传媒大学学报),2016(8)
③ 李暄.民国时期广播与上海市民新式家庭生活[J].新闻与传播研究,2018(2)
④ 魏永征.中国大陆传媒业吸纳业外资本的合法性研究[J].中国法律(香港),2001(2)
⑤ 王慧.论国有资本在我国传媒业发展中的责任和作用[J].中州大学学报,2010(5)
⑥ 贺碧霄.新闻范式更替:从民间报人到党的干部——以上海私营报业改造为中心的考察(1949—1952)[D].上海:复旦大学,2011
⑦ 黄楚新,彭韵佳.透过资本看媒体权力化——境外资本集团对中国网络新媒体的影响[J].新闻与传播研究,2017(10)

运作的逻辑"用以取代"制片人—导演"的分工逻辑。① 李希光、毛伟《资本逻辑主导下的新闻媒体发展困局》将资本逻辑解释为"利润至上理念",②有待进一步挖掘整理。

四、现有相关学术研究成果述评

新媒体作为建立在底层基础架构、中层操作平台之上的互联网社会应用,其形态演化与终端变化、网络技术创新息息相关,宫承波、匡文波两位学者从新媒体终端出发将新媒体形态分成若干大类,再从网络技术出发细分为若干小类。虽然宫承波等学者介绍每一种新媒体形态时均会简要介绍其发展情况,但由于缺乏一条贯穿不同新媒体形态的线索,相关新媒体演化史料呈现出碎片化状态。

20世纪90年代初随着冷战结束,西方资本与技术开始寻求在全球范围内拓展新的市场,追逐更丰厚的利润,互联网技术及其应用开始大规模进入我国。与美国互联网服务、互联网内容生产完全交由私营公司不同,我国互联网服务主要由移动、电信等国有企业提供,互联网应用社会化则主要通过搜狐、新浪、网易、百度、腾讯、阿里巴巴等本土新兴互联网公司完成。③ 彭兰注意到技术背后主体(或资本)因素,在"原生新媒体"中单独列出商业化互联网企业主导的原生新媒体子类。

没有一个概念可以把社会现实描述穷尽,每个概念都是遴选某些特征以便突出社会变迁或回答某些问题的。④ 正因如此,新媒体研究中各类新概念层出不穷,彭兰"原生新媒体"概念就是其中之一。美中不足的是彭兰《新媒体导论》一书并未从理论层面对原生新媒体概念内涵、外延做出严格界定。本研究尝试从技术与资本耦合角度,在彭兰

---

① 李彪,陈璐瑶.从专业逻辑到资本逻辑:中国电影生产主体的社会网络分析——基于2004—2014年电影制片人和导演的合作关系[J].国际新闻界,2015(7)
② 李希光,毛伟.资本逻辑主导下的新闻媒体发展困局[J].青年记者,2015(12)
③ 我国虽然也有许多能够提供互联网服务的ISP,但规模非常小,实力非常有限;反之,我国传统媒体创办的新媒体虽然数量不少,但在规模与实力等方面都与BAT等商业ICP相差悬殊。
④ [美]丹尼尔·贝尔.后工业社会的来临:对社会预测的一项探索[M].高铦,王宏周,魏章玲,译.北京:新华出版社,1997:6

原生新媒体概念基础上进一步梳理,将那些最能反映互联网技术特性与资本特征、最具社会影响力的商业互联网企业主导的新媒体称为原生新媒体。

仅仅20余年时间,从电子邮件(E-mail)到门户网站、垂直网站,再到博客、微博、微信等,原生新媒体不仅深刻改变国人的生活场景及对媒介认知,①而且从获取新闻资讯到消费购物、休闲娱乐,再到教育医疗、日常工作,与普通人日常生活紧密相连,②是互联网最具代表性的社会应用。目前关于原生新媒体的研究还非常薄弱,原生新媒体概念的厘清、原生新媒体形态发展演化历史的梳理亟待完善。

第三节 原生新媒体演进研究的问题与内容

> 新兴媒体包括Google、Facebook、腾讯、百度等互联网企业及组织形态,过去我们把它归入IT业,如今我们也把它叫做新兴媒体……新兴媒体其实不是"媒体",或者说不是传统意义上的"媒体",而是媒介平台,更准确地说是基于互联网的媒介平台。
>
> ——谭天③

许多新媒体研究者忙于追踪不断涌现的新媒体形态及其影响,对于什么是"新"媒体等基础理论问题没有给予应有的重视。所谓"新"是指新技术催生的新传播形态,还是新传播形态引发的新变化?是技术人员认定的"新",还是普通人所理解的"新"?是对传统媒体的新延伸,还是根本性变革甚至取代?……新媒体概念所指的多样性和研究的复杂性使得上述问题很难回答,这些问题在具体研究中又无法回

---

① 强荧,吕鹏.新闻与传播学国际理论前沿[M].上海:上海社会科学院出版社,2017:1
② V. Schafer. Memories and Testimonies: Tell us about...[J]. Internet Histories: Digital Technology, Culture and Society,2017(1-2)
③ 谭天.媒介平台论:新兴媒体的组织形态研究[M].北京:中国人民大学出版社,2016:4,10

避。① 原生新媒体概念的提出就是为了将新媒体置于特定时空环境中,从技术、时间、资本、地域维度出发,聚焦 20 世纪 90 年代以来我国新兴互联网公司主导、依托万维网技术和移动互联网技术的各类网站、手机 APP,探索其技术架构、传播形态演进变化,及其对普通人日常传播活动的影响。

原生新媒体作为本土新兴媒体,因其平台特性受到政府部门、公私营企业乃至普通民众等社会方方面面重视,原生新媒体相关研究也成为我国传播学研究领域最为引人关注的研究议题之一。学者从政治学、经济学、社会学、心理学等不同视角切入,对政务微博、网络游戏、网络舆情等基于不同原生新媒体形态的传播现象进行广泛研究,推动传播政治学、传媒经济学、媒介社会学、传播心理学等交叉学科繁荣。潘忠党教授认为传播学研究应该围绕人类如何展开传播,传播如何成为社会或文化生成与发展的基本过程等传播学理论问题展开,②否则就是帮其他学科回答属于它们学科的研究问题。如何围绕传播学问题展开研究?二战时形成的美国大众传播心理学范式虽然推动传播学从无到有并形成学科建制,但因囿于受众心理研究最终导致美国传播学想象力衰竭。近年来媒介哲学与媒介理论作为方法论或认识论的出现为传播学研究开辟了新的范式,有学者甚至认为如同当年哲学的语言转向一样,传播学正面临"媒介"转向,传播学研究开始真正拥有自己的研究对象。③

新媒体(特别是原生新媒体)崛起使得传播学"转向"成为可能,可惜的是新媒体(特别是原生新媒体)研究自身尚没有实现研究范式"转向"。借用美国传播学大众社会心理学范式研究新媒体虽然也做出许多新探索、新成果,但套用大众媒介时代的研究范式研究新媒体,特别是原生新媒体这一"元媒介"及其衍生的"元传播"现象是否合适是个

---

① 毕晓梅. 国外新媒体研究溯源[J]. 国外社会科学,2011(3)
② 潘忠党,刘于思. 以何为"新"?"新媒体"话语中的权力陷阱与研究者的理论自省——潘忠党教授访谈录[J]. 新闻与传播评论,2017(1)
③ 胡翼青. 媒介理论的崛起:从媒介环境学到媒介化理论[EB/OL]. [2020-03-15]. http://lj.scu.edu.cn/info/1074/4845.htm

疑问。基于上述思考,本书研究对象为原生新媒体自身演进历史,而非测量原生新媒体的用户短期认知、态度、行为的变化,努力以问题意识为导向,以研究框架重构为重点,以期在研究范式方面有所探索与创新。

一、原生新媒体演进研究的核心问题

现代学术以问题为中心,没有问题意识就没有分析的主轴;研究者如能从研究中提炼出特定的概念或理论,形成原创性的理论,进而对特定的历史事实进行解释,可遇不可求。研究者借用已有的概念或理论,作为解释的话语资源,借用得当,经常是很精彩的。[1] 就历史书而言,传统叙述史学重讲故事、说明原委,力求通过大量史料再现历史原貌,虽有严格史料辨析方法,但仍不能称为科学史学;法国年鉴学派放弃传统史学以考辨史料为主的描述性研究,从方法论(历史研究程序)层面提出"问题史学"主张,[2]重视说明原因、着眼解决问题,[3]探索隐藏在复杂历史事件下的内在联系与规律,通过研究方法变革推动史学从非科学叙述史学向科学问题史学转变。[4]费弗尔甚至认为提出问题是所有史学研究的开端和终结,没有问题便没有史学。[5] 问题意识成为历史研究的起点与关键所在。

马云认为大的技术革命通常需要50年时间:前20年是技术革命,后30年是应用革命。[6] 从阿帕网诞生到万维网(因特网)发明,这20余年是互联网技术革命阶段,那时须具备一定专业知识才能登录互联网;电子邮件、BBS、FTP等少量互联网应用局限在教育、科研人员狭小范围内,用于特定人员交流信息、分享研究资料,普通民众很少有机会

---

[1] 李金铨.新闻史研究:"问题"与"理论"[J].国际新闻界,2009(4)
[2] 赵建群.论"问题史学"[J].史学理论研究,1995(1)
[3] 杨玉生.浅谈"问题史学"的方法论原则[J].社会科学家,1990(1)
[4] 王加丰.试论年鉴派的"问题史学"[J].浙江社会科学,2006(5)
[5] 姚蒙.法国当代史学主流:从年鉴派到新史学[M].香港:香港三联书店,1998:47-48
[6] 马云.创新是逼出来的 不是任务和资金堆出来[EB/OL].[2018-05-28]. http://tech.sina.com.cn/i/2018-05-26/doc-ihcaqueu3622642.shtml? source=cj&dv=1

触及互联网。20世纪90年代初随着万维网、浏览器等新技术相继发明,互联网应用从军事、教育、科研领域拓展到民用领域,从办公室延伸到家庭,从工作延伸到衣食住行,互联网各类应用层出不穷:Web1.0时代,免费邮件、各类论坛、新闻网站、门户网站、垂直网站等新媒体的出现,标志着互联网开始走向普通民众;Web2.0时代,博客、推特、脸书、微博、博客等新媒体的出现,推动互联网应用迈入一个全新发展阶段。

20世纪90年代中叶以来,互联网技术在商业资本驱动下向我国快速扩散,催生了搜狐、新浪、网易、百度等本土互联网企业,这些新兴互联网公司相继推出163邮箱、搜狐、百度搜索、新浪微博、腾讯微信等原生新媒体产品,不仅颠覆了传统媒体主导的新闻信息传播格局,而且改变了普通人日常生活的方方面面。2017年创刊的《互联网历史:数字技术、文化与社会》(Internet Histories:Digital Technology, Culture and Society)杂志第1期旗帜鲜明地提出,互联网研究不仅要重视其全球性,更要从"技术、使用与地方经验"重新定义互联网。[1] 原生新媒体概念的提出是对上述呼吁的响应,作为互联网社会应用的重要组成部分,原生新媒体演进书写属于互联网使用社会史重要组成部分。

现有新媒体研究多聚焦传统媒体主导的各类新媒体形态,原生新媒体演进的历史书写呈现出一种碎片化状态。本书在计算机史、互联网史的基础上,借鉴20世纪80年代以来颇具影响力的社会史、中观历史书写方式,以罗杰斯"创新的扩散"理论为指导,分析原生新媒体基础架构与主要形态演进,以熊彼特"创造性破坏"理论为工具,分析原生新媒体带来的结构性影响。不仅回答原生新媒体形态发展演化的历程"是什么"这一核心问题,更致力挖掘我国原生新媒体兴起的原因"为什么"这一关键问题,关注互联网"史前史",发掘中国互联网正式诞生前观念的、技术的与社会的历史,[2]以期能够为解读原生新媒体提

---

[1] J. Abbate. What and Where Is the Internet? (Re) defining Internet Histories. Internet Histories[J]. Internet Histories:Digital Technology, Culture and Society,2017(1-2)
[2] 吴строите文,何屹然. 中国互联网历史的媒介记忆与多元想象——基于媒介十年"节点记忆"的考察[J]. 新闻与传播研究,2019(9)

供历史注脚。此外本书关注原生新媒体发展演进将带来"怎么样"传播影响这一重要问题,分析其对人际交流、社会信息传播乃至人本身产生的创造性破坏影响。全书从上述三个问题出发,应用跨学科的研究方法与视角,围绕原生新媒体的演进展开研究。

二、原生新媒体演进研究的内容安排

美国经济学家弗里曼(Freeman)、熊彼特(Schumpete)等对技术发明、技术创新与技术扩散做出严格区分,认为三者前后线性相连:只有被引进商业贸易活动的技术发明(新产品、新工艺、新设计)才能称为技术创新,只有完成技术创新才能进入创新扩散,[1]罗杰斯"创新—发展"模型便是上述重要观点的具体体现,[2]并在其基础上就创新扩散过程等展开深入研究。[3]本书从上述创新观念出发,参照美国密西根大学传播学副教授 Aswin Punathambekar 提出的互联网结构模式(详见前文)编排内容。

1. 围绕技术创新扩散组织全书内容

新媒体作为一个技术性概念,ICT 技术不仅是催生新媒体的动力也是研究新媒体的"钥匙",现有新媒体研究(特别是新媒体历史书写)多聚焦新媒体传播形态或具体产品,很少涉及承载各类新媒体的硬件技术、软件技术、通信技术等技术的创新问题。我国原生新媒体作为国外 ICT 技术创新扩散催生的产物,其演进不仅是一部 ICT 技术创新扩散史,还是一部 ICT 技术二次创新、自主创新史,技术创新是原生新媒体研究的关键所在。本研究从互联网"硬件技术—网络技术—社会应用"三个层次出发,将原生新媒体分为两大部分:基础架构(硬件技术与网络技术)与社会应用(具体形态),借鉴创新扩散相关理念和卢森堡大学 Gabriele Balbi《数字媒介史》(*A History of Digital Media:An Intermedia and Gobal Perspective*)一书结构安排全书内容,具体如图1 -

---

[1] 武春友.技术创新扩散[M].北京:化学工业出版社,1997:2
[2] [美]罗杰斯.创新的扩散:第4版[M].辛欣,郑颖,译.北京:中央编译出版社,2002:118
[3] Vishwan,Arun. The Diffusion of Innovations:A Communication Science Perspective [M]. San Bernardino:International Academic Publishers,2011:3

3-1所示。

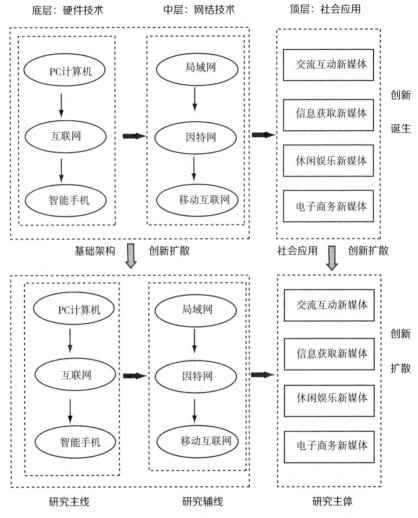

图1-3-1 原生新媒体史研究框架

由图1-3-1可知,《数字媒介史》全书内容由两条横、纵脉络构成:横向脉络围绕"ICT技术创新"展开,呈现原生新媒体从底层硬件技术、中层网络技术到顶层社会应用的发展演化历史;纵向脉络围绕

"ICT技术创新扩散"展开,呈现原生新媒体的基础架构(底层硬件技术、中层网络技术)与社会应用(原生新媒体具体形态)从国外向我国扩散的历程。

就ICT技术创新而言,原生新媒体作为互联网顶层社会应用重要组成部分,其演进与终端变化、网络技术创新息息相关:如果个人计算机没有发明,因特网出现及普及可能要晚很多年,门户网站、搜索引擎等源于因特网的新媒体出现会更晚;如果智能手机没有发明,移动互联网推广不会如此迅速,推特、脸书等源于移动互联网的新媒体可能还未发明;如果Web2.0技术没有发明,博客、维基等用户内容自生产(UGC)类自媒体可能遥遥无期,等等。新终端发明、网络技术创新推动原生新媒体形态演化发展,两个层面技术创新是原生新媒体演进的根本动力所在,是原生新媒体演进的"史前史",能够很好地解答原生新媒体演化发展的原因"是什么"。卢森堡大学Gabriele Balbi《数字媒介史》以计算机(Computer)、因特网(Internet)、移动电话(The Mobile Phone)为基础建构全书内容,便是从技术维度出发书写新媒体历史的一个极好范例。①

就ICT技术创新扩散而言,本研究从技术与资本耦合角度分析国外新媒体相关三个层次如何向我国扩散。我国互联网历史是一部技术快速进步和互联网商业高速发展的历史,体现了进步史观和发展史观。② 网络技术快速进步催生形态多样的原生新媒体,每一种新媒体又衍生出多种产品,如国内搜索引擎有百度、搜狗、360等多个产品,原生新媒体研究应超越具体产品的特性,从技术创新与资本运作角度出发研究某类原生新媒体形态发展演化历史及对社会传播的影响。只有这样才能从更深层次——技术与资本层次——认识原生新媒体特质、探讨原生新媒体发展历程及影响:新媒体作为互联网社会应用,其演进不仅对邮政、电信等传统产业造成严重冲击,而且改变了普通人日常生

---

① Gabriele Balbi, Paolo Magaudda. A History of Digital Media:An Intermedia and Global Perspective [M]. New York:Routledge,2018
② 吴世文,何屹然.中国互联网历史的媒介记忆与多元想象——基于媒介十年"节点记忆"的考察[J].新闻与传播研究,2019(9)

活中的人际交流、获取信息等旧模式;不仅实现了人的"延伸",甚至反过来实现了人的"改变"——电子媒介人正在崛起。① 将技术创新扩散作为研究推进主轴,不仅勾连起以互联网为代表的 ICT 技术 70 余年的发展演化历程,而且勾勒出国外 ICT 技术创新在我国扩散的历史脉络;不仅呈现出原生新媒体在三个层面、中美之间的发展演化历程,而且呈现技术发明、技术创新、创新扩散过程中,技术与商业资本、国家政策等社会因素交互作用。

2. 以技术创新为线索梳理新媒体形态演变

原生新媒体形态多样、衍生产品更是令人眼花缭乱,许多看似不同的原生新媒体传播形态或产品功能,传播特质并没有太大区别,比如抖音、快手看似不同,实则均可纳入短视频范畴;163 邮箱、新浪邮箱、网易邮箱虽各具特色,但本质都是电子邮箱衍生的产品。原生新媒体演进研究不应纠结于新媒体形态或产品的细节问题,而应从 ICT 技术创新与传播模式维度切入,采用分段、分类相结合的方式予以研究。

本研究从终端与网络技术出发,将原生新媒体形态演化分为 PC 互联网时代、移动互联网时代两个阶段,其中 PC 互联网时代原生新媒体形态借鉴李卫东《网络与新媒体应用模式》提出的标准进行分类,如表 1 – 3 – 2 所示②。

网络时代则选择具有代表性的微博、微信等原生新媒体形态。互联网对普通人日常生活的影响始于交流沟通,兴于信息获取,壮大于商务交易和娱乐休闲。③ 互联网影响主要通过各类原生新媒体形态及其衍生产品来实现。

---

① 夏德元.电子媒介人的崛起:社会的媒介化及人与媒介关系的嬗变[M].上海:复旦大学出版社,2011;孙玮.赛博人:后人类时代的媒介融合[J].新闻记者,2018(6)
② 李卫东.网络与新媒体应用模式[M].北京:高等教育出版社,2015:52 – 53
③ 司占军.新媒体技术[M].北京:高等教育出版社,2017:38 – 81

表1-3-2 原生新媒体类型及对应新媒体形态

运用模式	新媒体形态	原生新媒体
网络交流互动模式	电子邮件	新浪邮箱、163邮箱等
	网络论坛	榕树下、天涯社区等
	即时通信工具	QQ、微信等
网络信息获取模式	门户网站	搜狐网、新浪网等
	搜索引擎	百度、搜狗、360等
网络娱乐模式	网络游戏	
	网络视频	抖音、快手等
电子商务模式	电商网站	淘宝、拼多多等

长期以来,我国传播学研究主要遵循结构功能主义范式,①忽视"技术"元素重要性,常囿于"手段—工具论"窠臼以至日益狭窄僵化,解释复杂现象时越来越无力。② 随着VR技术、可穿戴设备、智能机器人、大数据挖掘等各种新技术发明,众媒体时代呼之欲出。③ 当前以互联网、数字媒体、移动终端为核心的新媒体崛起,为打破原有范式提供了绝佳契机。④ 媒介技术并非单纯技术,总是与特定文化相联:文字打破年长者对知识垄断;印刷术催生理性主义;电子媒介粉碎传统时空观念,彻底改变人们对世界认知方式。⑤ 因此,原生新媒体崛起对探索传播学媒介研究新范式乃至打破结构功能主义学术垄断具有重要意义。本书主要通过对原生新媒体形态发展演化历史进行梳理,希望能够以点带面呈现原生新媒体对单个人、整个社会信息传播的影响。⑥

---

① 孙玮,黄旦.超越结构功能主义:中国传播学的前世、今生与未来[J].新闻大学,2012(2)
② 孙玮.从新媒介通达新传播:基于技术哲学的传播研究思考[J].暨南学报:哲学社会科学版,2016(1)
③ 腾讯传媒研究院.众媒时代[M].北京:中信出版社,2016:1-281
④ [丹]延森.媒介融合:网络传播、大众传播和人际传播的三重维度[M].刘君,译.上海:复旦大学出版社,2012:21
⑤ 孙玮.超越技术与传媒业:媒体融合与新闻传播学学术创新[J].国际新闻界,2010(12)
⑥ [美]斯特林.媒介即生活[M].王家全,崔元磊,译.北京:中国人民大学出版社,2014:169

第四节　原生新媒体演进研究的视角与方法

> 互联网历史研究需要摆脱宏大历史叙事与微观历史研究的局限，从中观历史维度切入，通过研究案例或细小的现象，勾连大问题。针对社会科学重理论轻描述的倾向，互联网历史研究有必要强调描述性叙事的重要性，关注互联网中的鲜活个体及其使用经验，"深描"其网络生活与人的故事，并通过个体经验与个案研究来洞察整体的、大局的社会变迁。互联网历史学的写作，需要建设网络历史资料档案，包括网页、网站资料的档案，也需要口述史和网络自传的收集和整理工作。
>
> ——杨国斌[①]

传播学多元传统、多元范式和多元问题来源，使其具有"反学科"或者说"跨学科"特质，[②]加之原生新媒体演进研究对象与研究问题复杂性，更要求研究视角与方法的多元化。[③] 本书以媒介技术创新扩散为线索，广泛借鉴社会史、历史社会学、技术哲学等相关学科理论视角或研究方法，与彭兰、闵大洪等学者在新媒体研究聚焦新闻活动与新闻业务的传统新闻学范式有很大不同。[④]

[①] 吴世文.互联网历史学的前沿问题、理论面向与研究路径——宾夕法尼亚大学杨国斌教授访谈[J].国际新闻界,2018(8)

[②] 胡菡菡."反学科"的传播学:告别"范式"想象,回归研究问题——从对两篇优秀硕士论文的学术论争谈起[J].新闻记者,2017(1)

[③] 这里的传播学研究方法指:戴元光.传播学研究理论与方法:第 2 版 [M].上海复旦大学出版社,2008;柯惠新,王锡苓.传播研究方法[M].北京:中国传媒大学出版社,2010;陈阳.大众传播学研究方法导论:第 2 版[M].北京:中国人民大学出版社,2015,等传播研究方法著作中介绍的研究方法。

[④] 彭兰《中国网络媒体的第一个十年》、闵大洪《中国网络媒体二十年》等著作就研究对象而言，传统媒体新媒体篇幅占绝对主体，偶尔涉及搜狐、新浪等门户网站；就研究内容而言，主要围绕其新闻业务、新闻活动展开，涉及电子商务、网络游戏等内容时，将其作为多元化经营的"副业"只做简要介绍。

一、原生新媒体演进研究的多元视角

原生新媒体作为一种深度嵌入日常生活的技术存在,已经成为政治学、经济学、人类学、社会学、历史学、哲学等众多人文社会学科学者共同关注的对象,推动互联网政治学、网络社会学、互联网史学等新兴交叉学科发展。① 本书从传播学视角切入,聚焦原生新媒体的"传播"意义;对于原生新媒体的"传播"研究,不再囿于大众心理学主导的传播学研究范式,而是借鉴媒介理论视角围绕传播"媒介"展开;对传播"媒介"的研究借鉴社会史范式,关注媒介使用的历史书写;对媒介"历史"的书写引入传播政治经济学视角,探寻历史事实背后复杂的原因与影响。四种视角之间相互融通、彼此关联,为解读原生新媒体提供多方位、多层次的视角与切入点。

1. 传播学视角:明确原生新媒体研究围绕"传播"展开

原生新媒体研究虽然应有跨学科多元视角,但如不聚焦人类如何传播,传播如何成为社会基本构成要素、如何影响文化生成与发展等问题,相当于在解构传播学学科与研究领域。② 原生新媒体历史研究中最基础、最重要的研究视角是传播学视角,而非经济学、管理学、市场营销学等其他学科视角。

以戈公振《中国报学史》为代表的传统新闻传播史研究以工具论为前提、报刊内容为重点,探讨报刊与社会间相互影响与作用,③ 黄旦《新报刊(媒介)史书写:范式的变更》在"现代化"范式与"革命化"范式之外提出一种新研究范式:以媒介为重点、以媒介实践为叙述进路,强调报刊(媒介)构成式特征与多样视角与分析,④ 为从传播学角度梳理原生新媒体发展演化历史提供了可资借鉴的新研究范式。如何以媒

---

① [英]查德威克.互联网政治学:国家、公民与新传播技术[M].北京:华夏出版社,2010;郭玉锦,王欢.网络社会学:第3版[M].北京:中国人民大学出版社,2017
② 潘忠党,刘于思.以何为"新"?"新媒体"话语中的权力陷阱与研究者的理论自省——潘忠党教授访谈录[M].新闻与传播评论,2017(1)
③ 黄旦.媒介再思:报刊史研究的新路向[J].新闻记者,2018(12)
④ 黄旦.新报刊媒介史书写范式的变更[J].新闻与传播研究,2015(12)

介为重心展开原生新媒体研究,ICT 技术创新是一个很好的切入点,如意大利学者 Gabriele Balbi 所著 A History of Digital Media: An Intermedia and Global Perspective 依次梳理计算机、互联网、手机发展演化历史,①进而揭示基础架构变化对新媒体形态演变至关重要的影响;再如彭兰《新媒体导论》、宫承波《新媒体概论》等新媒体研究著作也是从计算机、互联网等技术出发展开相关内容,等等。

如果没有 ICT 技术创新,便不会有互联网、智能手机等新媒介出现,不可能衍生出门户网站、搜索引擎、微博、微信等各类原生新媒体形态。新媒体历史首先是一部技术创新历史,然后才是互联网社会应用演化历史。我国原生新媒体发展演进历史不仅是一部技术创新的历史,更是一部 ICT 技术创新扩散历史。本书尝试借鉴新报刊(媒介史)书写范式,从 ICT 技术创新扩散入手,探究原生新媒体的本质,梳理原生新媒体发展演化历史,分析原生新媒体在普通人日常生活的各类传播活动中扮演怎样角色。从技术创新入手,不仅有助于更好地理解新媒体基础架构——微型计算机、互联网、智能手机的本质,而且有助于把握原生新媒体各异形态共性特征与传播影响。

2. 媒介理论视角:明确"传播"研究聚焦传播"媒介"

原生新媒体研究聚焦"传播"视角,"传播"视角研究围绕"媒介"展开。传播学"媒介"转向与 20 世纪"泛传播"兴起、"泛媒介"时代来临有着密不可分联系。20 世纪末是人类传播史中一道划时代分水岭,传播概念、现象与机制随着以互联网为代表的信息技术发明而引发质的裂变,狭义信息传播与广义商务、政治、教育等传播一起,共同描绘出泛传播(pan-communication)新图景,②人类社会进入"泛媒介""泛传播"的信息文明新时代。媒介与非媒介之间的边界逐渐淡化、未来甚至可能消失,③"媒介"被重新界定为"容纳"人、技术、权力、资本、文化

---

① Gabriele Balbi, Paolo Magaudda. A History of Digital Media: An Intermedia and Global Perspective [M]. New York: Routledge, 2018:13
② 杜骏飞. 泛传播的观念——基于传播趋向分析的理论模型[J]. 新闻与传播研究,2001(4):2-13.
③ 彭兰,徐飞. 未来媒体发展趋势是"万物皆媒"[J]. 新闻论坛,2015(6)

等不同要素的"行动场域"。①

泛媒介理论可追溯至20世纪50年代崛起的媒介环境学派,20世纪八九十年代以来,以基特勒为代表的媒介技术哲学、以德布雷为代表的媒介学、以西欧学者为代表的媒介化理论推陈出新,围绕"媒介"议题展开一系列卓有成效的研究,有研究者对上述理论的异同做了一个细致梳理,详见表1-4-1。

表1-4-1 媒介理论分支对比②

	媒介环境学 (media ecology)	媒介学 (mediology)	媒介化研究 (mediatizaion research)
形成年代	20世纪50至70年代	20世纪八九十年代	20世纪90年代至今
代表人物	伊尼斯、麦克卢汉、波斯曼、梅罗雏茨、莱文森	德布雷	鲁贝、夏瓦、克罗兹、赫普、斯托平克、库尔德利、列文斯通
影响地区	北美	法国	北欧、德国、英国等
研究对象	媒介技术及其社会影响		
主要视角	探讨媒介技术与人类文明之间的相互关系	探讨媒介技术与人类思想意识之间的关系	探讨媒介逻辑对于社会制度及社会互动方式的影响
关键概念	媒介(medium)、传播偏向	媒介域(médiasphère)	媒介化(meeiatization)、中介化(mediation)、媒介逻辑
时空脉络	兼具历史与空间维度	侧重历史的传承	兼具历史与空间维度
研究问题	传播技术如何与社会文化共生	人类的思想文化如何通过媒介载体面传承	社会文化如何适应媒介逻辑的渗透

---

① 钱佳湧."行动的场域":"媒介"意义的非现代阐释[J].新闻与传播研究,2018(3)
② 徐桂权.理解泛媒介时代:媒介环境学、媒介学与媒介化研究的三重视角[J].现代传播,2019(4)

媒介环境学(media ecology)概念最早由麦克卢汉提出但却没有公开使用,1968年尼尔·波斯曼首次公开使用这个术语,并于1970年在纽约大学创建媒介环境学的博士点,《娱乐至死》《消逝的童年》《技术垄断》等著作常被作为媒介环境学研究的重要读物。此外麦克卢汉、伊尼斯、罗伯特·洛根等学者也被视为重要代表人物,他们侧重研究传播技术与文化的共生关系;德布雷《普通媒介学教程》《媒介学引论》等著作侧重从历史维度出发,采用跨学科的方法考察媒介演进对普通人思想观念的潜在影响;媒介化理论作为一种新的传播理论经常援引社会学、哲学等相关学科理论成果,聚焦媒介逻辑渗透下的社会互动关系展开。① 上述媒介理论为凸显"媒介"在传播研究中的核心地位,为解读原生新媒体提供了新的视角与可能。

3. 社会史视角:明确"媒介"研究关注媒介使用的历史书写

兰克史学"如实直书"的治学原则在辨别史料、书写知识等方面具有重要意义,②但过度强调"重构",对历史"诠释"不足,常常沦为堆积史料汇编。③ 没有事实便没有历史,历史事实一旦发生便无法更改,但历史之所以成为历史,除事实之外还在于人的讲述,④对事实的讲述可以因人、因时、因地而异。正因如此,20世纪80年代以来,我国史学研究紧跟国外史学发展步伐,在本体论、认识论、方法论层面发生许多重要变化:①本体论层面,主张"从下往上看",不再将精英人物视为历史中心,更加重视普通人历史书写;②认识论层面,摒弃传统史学排除自我、排斥理论指导的纯客观主义认识论,承认历史研究离不开某种观念或理论体系指导;③方法论层面,提出运用社会学、人类学、经济学等社会理论与方法进行跨学科研究,实现史学与社会科学相结合,⑤改革开

---

① 徐桂权. 理解泛媒介时代:媒介环境学、媒介学与媒介化研究的三重视角[J]. 现代传播,2019(4)
② 易兰. 兰克史学研究[M]. 上海:复旦大学出版社,2006:103-106
③ 刘永年. 费雷,夏蒂埃,雷维尔:"超越年鉴派"[M]//法国史学革命. 北京:北京大学出版社,2006:Ⅳ
④ 李彬."新新闻史":关于新闻史研究的一点设想[J]. 新闻大学,2007(1)
⑤ [英]巴勒克拉夫. 当代史学主要趋势[M]. 杨豫,译. 上海:上海译文出版社,1987:67

放后,社会史研究在我国异军突起就是这一变革的具体体现。

社会史作为一种新的研究范式,①就本体论而言,强调研究对象拓展到社会各个阶层,以社会底层民众(主体为普通民众)为对象,研究生活方式的演变。②就认识论而言,传统历史研究重在搜集与研究史料,遵循"实际→理论"研究范式,因而在研究中理论先行意识较为薄弱;而社会学则是在理论指导下展开调查研究,通过实践来检验、修正或发展理论,遵循"理论→实际→理论"研究范式,有很强的理论意识;③就方法论而言,在所有社会科学中,社会学和人类学与历史学关系最为接近,如历史学家向社会科学寻找新观点、新方法,④将社会学、文化人类学等学科理论、研究方法引进到历史学中。⑤特别值得关注的是,20世纪90年代以来,很多学者开始从技术角度展开社会史研究,或者说从事社会史研究的学者开始关注技术问题,如梁波等在认真梳理帝国主义与技术之间各种关联之后提出著名的扩散论观点:随着西方世界不断扩展科学,通常遵循三种模式向非西方世界扩散等。⑥

社会史在认识论、本体论、方法论方面与原生新媒体研究高度契合,杨国斌认为互联网研究应该重视三个问题:①人的经验,即注重研究互联网与普通人的经验与社会实践;②历史深度,强调研究不仅应呈现互联网自身历史的历史叙事(history),而且应呈现对理论和概念建构、对社会现实建构的历史性(historicity);③现象描述与理论关系,要重视理论和概念的应用,同时也要对所用理论和概念进行深刻反思,不能盲目崇拜而走向教条主义。⑦原生新媒体作为互联网应用的重要组

---

① 常建华,郭玉风,孙立群,等.新时期中国社会史研究概述[M].天津:天津古籍出版社,2009:8
② 冯尔康.中国社会史研究[M].天津:天津人民出版社,2010:5
③ 冯尔康.开展社会史研究[J].历史研究,1987(1)
④ [英]巴勒克拉夫.当代史学主要趋势[M].杨豫,译.上海:上海译文出版社,1987:87
⑤ 冯尔康.中国社会史研究[M].天津:天津人民出版社,2010:21-22
⑥ 梁波,陈凡,包国光.科学技术社会史——帝国主义研究视阈中的科学技术[M].沈阳:辽宁科学技术出版社,2008:73
⑦ 杨国斌.中国互联网的深度研究[J].新闻与传播评论,2017(1)

成部分,上述三条原则同样适用原生新媒体研究。

20世纪90年代中叶以来,对普通人生活方式影响最主要的元素之一便是原生新媒体崛起,从信息获取到在线购物、电子支付、生活休闲等,原生新媒体涵盖普通人生活的方方面面。如果说大众传播时代,普通民众借助电视真人秀、谈话类广播节目等途径将自己从受众转化为媒介内容,实现民众化转向,[①]那么新媒体时代,普通民众通过各类原生新媒体实现人与媒体和谐共生,将这一转向推入更加深入阶段。近年来强调"叙事"、凸显"怎么样"和"为什么"的社会史范式在新闻传播史研究中日益受到重视。[②] 就新媒体历史书写而言,彭兰《中国网络媒体第一个十年》、闵大洪《中国网络媒体二十年》等著作仍采用传统"编年史+专题史"模式围绕传统媒体的新媒体实践展开,对普通民众个体经验重视不足,缺乏理论工具或概念指导。新报刊(媒介)史视角为原生新媒体演进研究指明方向:原生新媒体研究应该高度重视媒介,从媒介(技术)演化着手书写原生新媒体发展历史;社会史视角进一步明确操作思路:研究应该聚焦普通民众原生新媒体使用,应有理论或概念作指导,应对所用理论与概念进行深刻反思。

4. 传播政治经济学视角:为媒介使用社会史书写提供理论支持

罗杰斯《创新的扩散》一书中提出新技术只有经历技术发明与技术创新两个阶段才能进入普通人生活,商业化是从技术发明转向技术创新的关键所在。从门户网站、搜索引擎到脸书、推特等,本质都是技术创新的产物,是ICT技术商业化的结果。就我国互联网而言,从技术架构到应用模式都是西方互联网技术创新扩散的产物,有人甚至认为2015年之前,几乎所有的互联网创新产品都缘于西方,我国互联网发展史就是一部剽窃的历史。[③] 罗杰斯"创新—发展"过程模型对解释原生新媒体产生原因和发展历程两个方面,具有重要理论意义,但在分析原生新媒体发展对普通人带来怎样影响,对人类社会信息传播带来怎

[①] [澳]特纳.普通人与媒介:民众化转向[M].许静,译.北京:北京大学出版社,2011:3
[②] 王晓梅.反思与重构:对中国新闻史研究和书写的一种观察[J].新闻与传播研究,2017(9)
[③] 吴海兵.中国互联网史就是一部流氓史[EB/OL].[2017-11-01].http://www.woshipm.com/it/835118.html

样影响方面,并不太适用。引入信息技术哲学相关理论对理解原生新媒体对人的影响有很大帮助,引入传播政治经济学相关理论对理解原生新媒体社会影响有很大裨益。

二、原生新媒体演进研究的混合方法

就原生新媒体研究而言,量化研究通常采用问卷调查、控制实验等方式将人的情感、态度、行为等细分为多个维度,依次加以检测或度量,用数据说明对人的思想、情感、行为中哪些方面产生作用;质化研究也常将情感、态度、行为细分为若干方面,其不同之处在于通常采用民族志、参与观察、深度访谈等方法予以研究。

邓正来认为学术研究不但要关注理论的细节与结论,更要关注理论研究的方法。① 就原生新媒体史研究而言,无论取法传播学、社会史抑或互联网历史学,研究方法都呈现出鲜明的跨学科特性:不仅包括传统文献法,访谈、问卷、观察等社会科学调查访问也被纳入其中,②量化研究与质化研究相互配合的混合研究方法。具体而言,本书中研究方法主要包含以下几种:

1. 文献法

史料(文献)是史学研究基础,就物质形态而言,可以是石碑、牌匾等实物,也可以是图书、报纸、杂志等印刷品,还可以是网页、音频文件、视频文献等数字文档;就传播形态而言,可以是国家机关文件、各种报表、咨询报告、会议记录、公司业务往来、备忘录、档案等公事文件,也可以是书籍、报刊等发表读物,还可以是日记、传记、书信、手稿等私人文件。③ 就本研究而言,文献资料主要包括以下几种。

(1) 一手文献——各类网页。

Niels Brügger 和 Ralph Schroeder 在新著 *The Web as History*: *Using*

---

① 邓正来.法学研究中的学术传统、学术批判、问题意识与学术研究的层面[J].厦门大学法律评论,2007(7)
② 行龙.走向田野与社会:社会史研究的追求与实践[J].读书,2012(9).
③ 张彦,刘长喜,吴淑凤.社会研究方法:第2版[M].上海:上海财经大学出版社,2016:168-192

Web Archives to Understand the Past and the Present 提出网页能够呈现过去情境,学者们可以通过合适方法采集网页进而用于研究,并从理论角度给予详细论述。① 吴世文、杨国斌《追忆消逝的网站:互联网记忆、媒介传记与网站历史》使用关键词"回忆/记忆/怀念/悼念/纪念/想念+网站名称"在百度、谷歌、新浪微博、天涯论坛、百度贴吧、豆瓣小组中分别检索,然后循着已找到的线索,采用滚雪球方法补充检索,进而对筛选出的133篇网络文章(网页)展开研究,②便是这一研究方法的生动应用。就本研究而言,原生新媒体在发展演进过程中存留大量网页,这些网页为研究原生新媒体历史提供真实生动的史料,如网易早在1997年便提供免费个人网页服务,许多人通过网易提供的平台制作个人网页,许多个人网页有点像网络日记,不仅记录人们生活所思所想所感,同时也记录这些原生新媒体出现给普通人带来的种种冲击。这些网页为研究原生新媒体对个人"传播"活动的影响提供第一手的素材与资料。

(2) 二手文献——相关书籍、杂志、研究报告等。

虽然原生新媒体概念近年来刚刚进入学术研究视野,但关于某一形态或某个产品的书籍、杂志文章、研究报告等却非常多。以腾讯为例,围绕着腾讯公司和马化腾本人有吴晓波《腾讯传:1998—2016 中国互联网公司进化论》、潘东燕与王晓明《腾讯方法:一个市值1 500亿美元公司的产品真经》、陈鹏全《腾讯,不仅仅是 QQ——腾讯为什么成功》、周义博《腾讯创业内幕》、《腾讯十年》创作组《企鹅传奇 腾讯十年》等书籍,《互联网周刊》《网络传播》等专业杂志也有许多关于腾讯及产品的介绍文章;此外中国互联网信息中心(CNNIC)公布的《中国互联网络发展状况统计报告》《中国网民搜索行为调查报告》《中国社交应用用户行为研究报告》等研究报告中也有涉及腾讯各类软件内容。其他互联网公司及其新媒体的类似二手资料也很多,这些二手文

---

① Niels Brügger,Ralph Schroeder. The Web as History:Using Web Archives to Understand the Past and the Present [M]. London:UCL Press,2017:9 – 10
② 吴世文,杨国斌.追忆消逝的网站:互联网记忆、媒介传记与网站历史[J].国际新闻界,2018(4)

献对了解各类原生新媒体发展历史提供了多维度参考资料。

2. 访谈法

我国互联网商业化仅有20多年时间,各类原生新媒体发展史既是历史的,凝固在各类文献或者网页中,也是现实的,保存在使用原生新媒体的普通民众头脑中,流淌在普通民众日常生活中。对于一些需要深度了解的内容,问卷调查等量化方法效果不是特别理想,传统线上、线下访谈仍然具有独特的价值。本书针对不同年龄、不同地域、不同学历、不同性别,选择多位原生新媒体使用者进行深度访谈,通过深挖个案来收集其他方法无法采集的资料。具体访谈名单如下:

序号	姓名	职业	访谈城市	访谈情境
1	张先生	邮政营业厅经理	太原	邮政营业厅
2	王女生	私营文具店主	太原	多多文具店
3	崔女士	高中教师	高平	高平一中
4	林同学	大学生	太原	山西大学
5	武女生	大学教师	太原	太原学院
6	郝先生	自媒体小编	西安	公司
7	李小姐	公司职员	上海	咖啡馆
8	杨女士	自媒体小编	上海	公司
9	王先生	伊利公司员工	上海	咖啡馆
10	龙同学	学生	太原	太原理工大学
11	宋先生	传媒公司经理	北京	公司

除上述较为集中访谈外,本书撰写过程中面向许多普通民众做过很多零星的访谈,因为人数众多、话题分散,所以不再一一列出。

3. 网络民族志与自我民族志

近年来随着媒介影响力不断壮大,作为研究人们使用和理解媒介技术的民族志式、历史性、语境化的媒体(媒介)人类学(media

anthropology)迅速崛起。① 郭建斌《独乡电视:现代传媒与少数民族乡村日常生活》(2005)、吴飞《火塘·教堂·电视:一个少数民族社区的社会传播网络研究》(2008)、高岩《"机器灵魂"与现代化变迁中的中国农村家庭:基于广西东南部羊村的手机媒体研究》(2014)、丁未《流动的家园:"攸县的哥村"社区传播与身份共同体研究》(2014)、邓启耀《媒体世界与媒介人类学》(2015)等跨学科的新媒体研究虽然不是史学研究,②但却为原生新媒体历史书写提供了鲜活的注脚与案例。

  民族志这一经典媒介人类研究方法随之也受到重视。民族志方法强调融入研究对象日常生活,考察研究对象生活方方面面,突出研究者个人体验、研究的人文色彩与鲜活内容。③ 通过网络民族志(netnography)方法可以进行线上挖掘、观察、访谈等工作,进而获取原生新媒体对普通民众传播影响的一手素材,如刘华芹《天涯虚拟社区:互联网上基于文本的社会互动研究》以天涯社区这一商业虚拟社区为研究对象,采用观察、深入访谈等形式研究人们如何在聊天室聊天,怎样在虚拟数字空间进行网婚,乃至进行自我形象展示等内容,通过大量生动素材呈现网络社区崛起对普通人日常生活的影响,非常具有参考价值。除网络民族志外,近年来另一种新兴的民族志方法——自我民族志(auto-ethnography)也具有重要参考意义,自我民族志通过对自身经历描述进而对个人的文化经历进行反思性说明,④讲故事是形式,理论框架蕴藏其中含而不露。

  就本研究而言,通过借鉴网络民族志方法对天涯社区、传媒公司微

---

① Askew Kelly,Wilk R. Richard. The Anthropology of Media:A Reader [M]. London:Blackwell Publishing,2008:3
② 郭建斌. 独乡电视:现代传媒与少数民族乡村日常生活[M]. 济南:山东人民出版社,2005;吴飞. 火塘·教堂·电视:一个少数民族社区的社会传播网络研究[M]. 北京:光明日报出版社,2008;丁未. 流动的家园:"攸县的哥村"社区传播与身份共同体研究[M]. 北京:社会科学文献出版社,2014;邓启耀. 媒体世界与媒介人类学[M]. 广州:中山大学出版社,2015
③ 郭建斌. 民族志方法:一种值得提倡的传播学研究方法[J]. 新闻大学,2003(3)
④ 蒋逸民. 自我民族志:质性研究方法的新探索[J]. 浙江社会科学,2011(4)

信群等进行长期观察、网络访谈,获得大量一手与二手资料作为研究史料;同时作为原生新媒体发展演进亲历者,虽然在研究中没有用第一人称视角出发讲亲身经历的故事,但个人化的视角与解读渗透在诸多环节与部分。

第二章 原生新媒体演进研究的理论工具

> 现代学术以问题为中心,没有问题意识就没有分析主轴;研究者如能从研究提炼出特定概念或理论,形成原创性理论,进而对特定历史事实进行解释,可遇不可求。研究者借用已有概念或理论,作为解释话语资源,借用得当,经常是很精彩的。
>
> ——李金铨①

史学研究过去重视史料考证,呈现"发生了什么",今天更多聚焦"如何发生""为什么发生"和"有多大意义"。② 原生新媒体作为互联网社会应用的重要组成部分,是后冷战时代美国单极化大背景下,商业资本与互联网技术向全球扩散的产物。从美国视角看,我国原生新媒体是互联网技术及应用创新扩散的结果;从本土视角看,原生新媒体不但是互联网技术及应用创新扩散的结果,同时也是西方信息资本主义扩张的产物,是推动全球 ICT 产业链整合、传播西方文化与价值体系的重要推手。

20 世纪 90 年代中叶以来,互联网兴起给普通人生活带来深刻改变,最直观的便是日常生活中写信、打电话、买报纸的人越来越少,使用电子邮件、语音聊天、浏览客户端的人越来越多,原本很重要的信件、通话等业务及报纸发行受到巨大冲击,新的传播手段逐渐取代旧的传播媒介;上述变动折射出普通人交流方式、信息接收方式等传播活动已经发生重大变化,各类原生体形态作为互联网社会应用直接催生上述转变;随着移动互联网、人工智能等互联网技术创新发展,互联网技术应用带来的改变已经不再局限于人类传播行为,正在逐步改变传播主体——人本身。三个维度由表及里、由直观到抽象,从三个层面反映出技术创

---

① 李金铨. 新闻史研究:"问题"与"理论"[J]. 国际新闻界,2009(4)
② 吕锡生. 历史认识的理论与方法[M]. 南京:南京出版社,1990:124

新带来的新旧交替变化,与熊彼特"创造性破坏"概念内涵非常相符。

本书借用熊彼特"创造性破坏"概念,从孕育原生新媒体的基础架构谈起,分析终端革命、网络技术创新如何嵌入人的身体,如何改变普通人的信息获取、人际交流乃至购物休闲等人类传播行为,进而改变原有信息传播产业与格局。鉴于我国互联网应用领域商业互联网企业扮演着至关重要的角色,各类原生新媒体从诞生到发展壮大都与之有密不可分的关系,因此,本书尝试从资本运作与技术创新耦合的角度,描述我国原生新媒体形态发展演化及影响。

第一节 "创造性破坏"概念的经济学原意

> 熊彼特"创新理论"的最大特点就是强调生产技术的革新和生产方法的变革在资本主义经济发展过程中至高无上的作用,把这种"创新"或生产要素的"新组合"看成是资本主义的最根本特征。
>
> ——张培刚[1]

亚当·斯密《国富论》最早关注到技术创新,马克思著作中蕴含着丰富的技术进步论述,熊彼特在吸收前人理论营养的基础上首次提出"创新"理论,其提出的"创造性破坏"概念不仅成为经济学研究的核心概念,[2]而且频繁出现在管理人才、政治家和记者口中,在谷歌里输入该词会出现成千上万条检索结果。[3] 德国经济学家赫伯特·吉尔施甚至预言"如果说本世纪第3个25年可以公正地被称作'凯恩斯时代'的话,那么第4个25年完全有机会成为'熊彼特时代'"。[4] 硅谷精英们极度推崇熊彼特提倡的"创造性破坏"概念并使之成为一种信念,用"创造性破坏"概念分析与硅谷紧密相连的互联网技术创新、新媒体形

---

[1] 谭慧.张培刚经济论文选集(下卷)[M].长沙:湖南出版社,1992:171
[2] [美]福斯特,[美]卡普兰.创造性破坏[M].唐锦超,译.北京:中国人民大学出版社,2007:1
[3] [德]舍尔佛.熊彼特传[M].刘斌,黄莎莉,译.北京:机械工业出版社,2010:236
[4] Herbert Giersch. The Age of Schumpeter[J]. American Economic Review, 1984(2)

态演变比较合适。

一、"创造性破坏"概念的提出

1912年熊彼特在《经济发展理论》中首次提出"创新"一词,作为一个经济学概念,创新包含研制或引进新产品、运用新技术、开辟新市场、采用新原料或原材料、建立新组织形式五个方面。熊彼特1942年在《资本主义、社会主义与民主》中针对创新影响提出"创造性破坏"(Creative Destruction)概念:

"开辟国际和国内的新市场、采用新的组织形式,比如从手工商店或工厂到大型的钢铁公司,如同美国钢铁行业所呈现的产业突变过程——在此借用生物名词——它不断地革新了经济结构,不断破坏、不断地创造。这个过程就是创造性破坏过程,是资本主义的根本特性。它是资本主义存在的土壤,也是每个生存于资本主义、社会主义和民主主义国家的资本家时刻关注之所在。"[1]

简言之,熊彼特认为创新是资本主义社会经济发展的动因,而创造性破坏是社会变迁及经济发展的根本特征和事实——竞争替代过程。[2] 20世纪70年代后,经济学家进一步将创新细分为技术创新和制度创新等多个维度。

熊彼特用"创造性破坏"概念来描述创新扩散(尤其是技术创新扩散)特殊性。熊彼特认为创新推动新事物取代旧事物,推动资本主义社会向前发展,创新是资本主义社会发展的动力,创造性破坏是创新发展的结果。因此,从性质看,技术创新及扩散带来的创造性破坏好处与损失如影相随,创新在推动社会发展的同时也会付出相应的代价,两者是一个有机体,不同社会、不同人对于得失的评判不尽相同,但总体趋于积极正向;从内容看,技术创新及扩散带来的创造性破坏可能导致新事物完全取代旧事物,也可能导致新旧事物彼此共存甚至形成融合发

---

[1] J. A. Schumpeter. Capitalism, Socialism and Democracy[M]. New York: Harper Perennial, 1942:76

[2] 钟春平. 创造性破坏及其动态效应研究[M]. 北京:北京大学出版社,2016:92

展、相互依赖的新格局。

我国学者对创造性破坏概念研究始于20世纪80年代,孙鲁浙将创造性破坏概念应用于日本企业研究,提出企业发展的实质就是创造性破坏。[①] 之后十余年,国内学者在研究中很少提及创造性破坏概念;进入新世纪后,随着以互联网为代表的ICT产业的快速发展,创造性破坏概念频繁出现在经济学、管理学乃至政治学、马克思主义理论等不同学科文献中,如丁重所撰《政府干预与中国创造性破坏缺乏》一书中,应用实证方法探索为什么我国政府干预造成企业创造性破坏的缺乏,创造性破坏在其研究中被视为创新的结果。[②] 钟春平从博士学习期间便专注于创造性破坏研究,他认为在技术等创新基础上,经济和社会系统结构必然会发生新旧交替,创造性破坏就是用以描述整个动态过程。[③]

二、"破坏性创造"与"创造性破坏"概念的异同

2007—2009年世界经济危机期间,"破坏性创造"(Destructive Creation)在经济学、会计学等领域非常流行,与熊彼特"创造性破坏"(Creative Destruction)字面非常接近,加之国内有些研究者在写作中将熊彼特"创造性破坏"直接译为"破坏性创造",进一步导致两词混淆。

"创造性破坏"概念重点在"创造性",强调创新在破坏旧事物的同时带来社会发展与经济成长,是推动社会发展的重要动力;"破坏性创造"重点在"破坏性",强调不当的创新会导致对社会造成种种破坏。虽然两个概念都重视创新过程中的"创造性"与"破坏性",但侧重点不同、词义褒贬也不相同。就新媒体而言,夏德元认为社会化媒体崛起打破了大众传播机构一统天下的局面,统治阶层、强权国家、跨国利益集团对媒体实施控制难度加大,人类有希望进入一个自由传播的新时代,[④]

---

① 孙鲁浙.日本优秀企业的"创造性破坏"经营[J].现代日本经济,1988:6
② 丁重.政府干预与中国创造性破坏缺乏:理论和实证研究[J].北京:经济科学出版社,2013
③ 钟春平.创造性破坏与经济增长[D].武汉:华中科技大学,2004;钟春平.创造性破坏及其动态应研究[M].北京:北京大学出版社,2016
④ 夏德元.电子媒介人的崛起:社会媒介化及人与媒介关系的嬗变[M].上海:复旦大学出版社,2011:9

是"创造性破坏"概念的具体体现;而樊葵则认为人们在使用媒体(包括社会化媒体)过程中产生的过分依赖、认同和盲从心理状态,以及人与媒体关系的不断异化以及由此带来种种不利影响,①更适用于"破坏性创造"概念描述。

三、"创造性破坏"概念的演进

几乎所有管理大师都是熊彼特的追随者,甚至格林斯潘在1999年时为了解释新经济现象,也要提到熊彼特的理论。这一理论在经济学、管理学等学科应用非常广泛。Elias G. Carayannis 认为创造性破坏过程是资本主义的基本事实,是资本主义所包含的,每一个资本家都必须面对这一问题。② Elias 和 McDonald R. Stewart 则将创造性破坏定义为一个社会技术的过程(sociotechnological process)。③ J. Metcalfe 将创造性破坏视为资本主义经济发展的动力与主要标识,起因包含技术元素、组织元素和社会元素等多方面。④ Tyler Cowen 将这一概念引入文化领域,认为在全球化时代,文化发展如同经济发展一样,也体现出创造性破坏特征:当一些部门快速扩张的同时,另一些部门则收缩与枯萎,呈现出一种新旧交替的发展面貌。⑤ W. J. T. Mitchell 进一步将创造性破坏概念用于媒介研究,提出即便是"死的媒体"也能够借助艺术化的方式以不可预期的方式回归。

国内对于创造性破坏概念的使用与研究相对较少,20世纪80年代末孙鲁浙将这一概念应用于日本企业分析,认为创造性破坏就是不

---

① 樊葵.媒介崇拜论:现代人与大众媒介的异态关系[M].北京:中国传媒大学出版社,2008:10
② Elias G. Carayannis. Introduction and Definition of Terms[A]//Elias G. Carayannis,etc. Entrepreneurial Profiles of Creative Destruction: Courage, Imagination and Creativity in Action. Palgrave Macmillan UK,2014
③ McDonald R. Stewart, Elias G. Carayannis. Theory and Literature[A]//Elias G. Carayannis, etc. Entrepreneurial Profiles of Creative Destruction: Courage, Imagination and Creativity in Action. Palgrave Macmillan UK,2014
④ J. Metcalfe. Evolutionary Economics and Creative Destruction[M]. Routledge, 1998
⑤ Tyler Cowen. Creative Destruction:How Globalization is Changing the World's Cultures [M]. Princeton: Princeton University Press,2002:11

断破坏旧事物,创造新事物的过程,企业发展的实质就是创造性破坏。① 之后十年,国内研究中鲜有人提及这一概念;进入新世纪后,以互联网为代表的高新技术发展和世界市场的形成,对凯恩斯经济学形成强烈冲击,熊彼特创新理论及创造性破坏概念受到高度重视,经济学、管理学、马克思主义理论等诸多学科都开始应用这一概念分析问题。曹荣湘翻译的利奥纳德·中村《经济与新经济:创造性破坏模式的兴起》认为熊彼将创造视为一种经济行为,将经济发展视为创造性破坏过程的观点在当代具有重要借鉴意义。② 丁重《政府干预与中国创造性破坏缺乏:理论和实证研究》一书应用实证方法探索为什么我国政府干预造成企业创造性破坏的缺乏,而不是推动创造性破坏发展,创造性破坏被视为创新的结果。③ 钟春平认为在技术等创新基础上,经济和社会系统结构必然会发生新旧交替,创造性破坏就是用以描述整个动态过程。④ 就传媒研究而言,创造性破坏最早出现在台湾世新大学信息传播学系黄昭谋《分享的创造性破坏:从使用者自制内容到策展》一文,认为生活在网络联机环境下,人们从搜索引擎获得各种信息已是常态,平台不仅汇集传统媒体生产内容,也让使用者便于从中取材创制;而受利于社群媒体,这些被重组的文本因分享快速扩散。"使用者自制内容"使得具个人创意的内容不断增生。原本由社会专业人士所从事的活动,现在开始由使用者接手,透过技术协同、群众参与形成共享社会网络。文章借用熊彼特"创造性破坏"概念分析企业家投身网络经济活动带来的生产要素重组产生的质变,尤其是用户志愿投入带来的创造性破坏活动。⑤ 陈凯、刘柏煊《美国社区报:近五年里的

---

① 孙鲁浙.日本优秀企业的"创造性破坏"经营[J].现代日本经济 1988(6)
② 利奥纳德·中村.经济与新经济:创造性破坏模式的兴起[J].马克思主义与现实,2001(2)
③ 丁重.政府干预与中国创造性破坏缺乏:理论和实证研究[M].北京:经济科学出版社,2013:172
④ 钟春平.造性破坏与经济增长[D].武汉:华中科技大学,2004
钟春平.创造性破坏及其动态效应研究[M].北京:北京大学出版社,2016
⑤ 黄昭谋.分享的创造性破坏:从使用者自制内容到策展[J].现代传播(中国传媒大学学报),2014(5)

"创造性破坏"》一文借"创造性破坏"来描述新技术带来新事物,旧事物面临淘汰的现象,用以分析美国社区报的发展情况。① 王山、奉公《技术赋权、创造性破坏与以人为本——新媒体时代的政府治理创新》认为新媒体时代以互联网为代表的新媒体对公众进行赋权,"破坏"传统政府组织结构,创造性地建设数字政府;"破坏"政府与社会间的沟通鸿沟,创造性地搭建沟通桥梁;"破坏"政府传统治理模式,创造性地实施电子治理。同时,推动政府的执政理念与领导方式由"官本位"向"人本位"转变,政府治理组织结构由"封闭式"向"开放式"转变;治理行为模式由"领导者"向"服务者"转变。②

经济学等相关领域研究对熊彼特创造性破坏进一步细化为过程和结果两个维度;新闻传播领域的学者对创造性破坏的研究只取其新事物取代旧事物的最初含义。本书在上述研究基础上,进一步探讨创造性破坏的程度:创造性破坏不一定是新事物完全取代旧事物,也有可能是新旧事物形成新的搭配组合。

第二节 基于政治经济学视角的新解读

> 信息时代的特征在于网络社会,它以全球经济为力量,彻底动摇了以固定空间领域为基础的民族国家(nation state)或所有组织的既有形式。我们曾经看过,巴黎的埃菲尔铁塔在启蒙主义的光环中耸立,而现在现代性的神圣光环却在影像与信息的全球流动中变换成为疑幻似真的符码。
>
> ——夏铸九③

---

① 陈凯,刘柏煊. 美国社区报:近五年里的"创造性破坏"[J]. 新闻记者,2015(5)
② 王山,奉公. 技术赋权、创造性破坏与以人为本:新媒体时代的政府治理创新[J]. 东北大学学报:社会科学版,2016(1)
③ 夏铸九. 信息化社会与认同的运动[M]//卡斯特. 网络社会的崛起:第3版. 夏铸九,王志弘,译. 北京:社会科学文献出版社,2006:5

熊彼特曾经担任过格拉茨大学政治经济学教授,①因对创新的开创性研究而被称为创新经济学之父。②"创造性破坏"等创新理论不仅成为"五大理念"中创新发展理念重要理论来源,推动马克思主义政治经济学创新,③而且已经走入国内政治经济学经典教材,成为政治经济学一个非常重要的新概念。

一、从创新经济学到创新的政治经济学

熊彼特《资本主义、社会主义和民主》提出以创新为引擎、以利润为燃料的现代经济增长模式。④ 与大多数创新经济学家以"技术—经济"范式为基础,研究技术创新如何推动经济发展不同,熊彼特"创造性破坏"概念上升到"技术—经济—制度"范式,将微观企业创新同社会制度变迁相结合,融入许多意识形态内容,接近马克思关于技术进步分析框架,故有研究者称其为创新的政治经济学。⑤

马克思没有脱离生产关系(尤其是生产资料占有关系)审视技术,没有把技术作为技术,离开具体的社会情境考察技术,而是从技术依附性考察其产生、发展、运用。⑥ 武文风《马克思技术进步理论研究》对马克思关于"技术进步与经济发展""技术进步与社会发展""技术进步与人的发展"等相关议题进行深入分析,不仅建构起较为完整的马克思技术进步分析框架,而且为从政治经济学视角解读创造性破坏概念提供了理论参照。两人虽然生活在不同时代,但均关注技术创新对社会经济发展、社会变迁的重要作用,在理论层面可以相互印证、互为补充。⑦

---

① 晋辉.60位必知的世界经济学家[M].北京:北京工业大学出版社,2012:103
② [丹]安德森.约瑟夫·熊彼特[M].苏军,译.北京:华夏出版社,2013:1
③ 叶青,贾华强.五大发展理念对政治经济学的创新[EB/OL].[2016-03-24].http://dangjian.people.com.cn/n1/2016/0324/c117092-28224814.html
④ 陆寒寅.供给创新和非对称突破[M].上海:学林出版社,2005:108
⑤ 陈劲.从创新经济学到创新的政治经济学:对熊彼特创新理论再理解[J].演化与创新经济学评论,2016(2)
⑥ 沃尔加斯特.马克思列宁主义与资产阶级的"技术哲学"[J].科学与哲学,1985(2)
⑦ 武文风.马克思技术进步理论研究[M].北京:经济管理出版社,2016

二、作为政治经济学概念的创造性破坏

我国著名政治经济学家、南开大学逢锦聚教授在其主编的经典教材《政治经济学》中,不仅直接引述熊彼特《资本主义、社会主义与民主》一书中关于"创造性毁灭"的论述,而且指出创造性毁灭(破坏)就是不断破坏旧结构、不断创造新结构的过程;就是在技术创新驱动下,一些旧产品与旧部门不断削弱乃至被淘汰,一些新产品与新部门不断发展壮大的过程。①

创造性破坏作为一个以新代旧的过程,不同社会、不同人对于得失的评判不尽相同;技术创新及扩散可能导致新事物完全取代旧事物,也可能导致新旧事物彼此共存甚至形成相互依赖的新格局。"创造性破坏"概念将这种"创造性"与"破坏性"集于一体,强调技术创新在"创造中破坏"、在"破坏中创造",是经济发展乃至社会制度变迁的重要动力。正因如此,近些年国内学者开始将"创造性破坏"概念纳入政治经济学范畴,不论称其为"创新的政治经济学",抑或直接将其列为政治学基础概念之一,都意在凸显技术创新与经济、社会制度(意识形态)关系。

就原生新媒体研究而言,作为互联网社会应用,其发展不仅对国有邮政企业与电信企业产生严重冲击,而且改变了传统媒体主导的信息传播格局,影响了普通民众日常生活中信息检索、人际交流、购物休闲等诸多活动,从政治经济学视角理解"创造性破坏"概念能为研究提供更加多元的思考与维度。

第三节 技术创新对传播的创造性破坏影响

每一种新技术都是一种"创造性破坏"力量,晶体管使真空管行业没落,复印机使复写纸行业衰败。新技术创造了新的市场和机会,新技术终将替代老技术。如果旧产业忽略甚至抵制新技术,

---

① 逢锦聚.政治经济学:第5版[M].北京:高等教育出版社,2014:223-225

它们自身就会衰弱。

——科特勒①

早在 21 世纪初,"创造性破坏"概念便被引入文化研究领域,如 Tyler Cowen 很早提出全球化时代文化发展如同经济发展一样呈现新旧交替的发展态势,②但该词进入我国新闻传播学研究是近几年的事情,主要集中在以下几个方面。

一、新媒体在内容生产中的创造性破坏作用

台湾世新大学信息传播学系黄昭谋《分享的创造性破坏:从使用者自制内容到策展》从传媒经济角度切入,指出当前人们从搜索引擎获得各种信息已是常态,平台不仅汇集传统媒体生产内容,也便于使用者从中取材创作;受惠于社群媒体,这些被重组的文本被分享快速扩散。"使用者自制内容"使个人创意的内容不断产生。原本由社会专业人士从事的活动,现在开始由使用者接手,透过技术协同、群众参与形成共享社会网络。文章借用熊彼特创造性破坏概念分析企业家投身网络经济活动带来的生产要素重组产生的质变,尤其用户志愿投入带来的创造性破坏活动。③

二、新媒体兴起对社区报的创造性破坏影响

陈凯、刘柏煊《美国社区报:近五年里的"创造性破坏"》一文提出新兴数字媒体不仅对主流大众媒体造成巨大冲击,对散见于社区的各类小报也带来巨大压力。近五年各类小报因为广告收入不断降低,只能被迫削减成本,尝试多元化经营,努力打造"数字优先"战略,经过一系列改造最终留住读者的忠诚度。笔者认为新闻界正在发生的这种由技术创新引起的新旧交替现象,正是熊彼特"创造性破坏"概念讲述的

---

① 陈姣.科特勒的 24 堂营销课[M].北京:中国华侨出版社,2014:19
② Tyler Cowen. Creative Destruction:How Globalization is Changing the World's Cultures[M]. Princeton:Princeton University Press, 2002:11
③ 黄昭谋.分享的创造性破坏:从使用者自制内容到策展[J].现代传播,2014(5)

内容。①

三、新媒体对政府治理的创造性破坏作用

王山、奉公《技术赋权、创造性破坏与以人为本——新媒体时代的政府治理创新》认为在传统媒体时代,政府掌握信息发布权利,能够轻易控制社会舆论生成与演化,扮演着"全能政府"角色;Web1.0时代,大批商业门户网站出现增加信息传播渠道、加快信息流通的速度,逐渐形成"政府—商业门户网站"双主体结构,政府开始向"有限型政府转型";Web2.0时代,微博、微信等自媒体的出现使得公众获得极大话语权,"政府—门户网站"二元主体开始向社会多元主体过渡,在社会公众的质疑与期待中政府开始向"服务型政府"转型。信息技术"破坏"传统政府组织结构、治理模式、沟通方式,"创造性"地建设数字政府、实施电子治理、搭建沟通桥梁,推动政府的执政理念与领导方式转变。②

上述三篇文章虽然讨论议题不同,但却有一个共同点:互联网普及、数字媒体技术应用对原有传媒格局、政府治理、内容生产都产生重要影响,原有模式已经无法适应新形势、新的模式正在形成。熊彼特"创造性破坏"概念描述的技术创新带来新旧更迭现象同样适用于传播学(新媒体)研究,三位学者对"创造性破坏"概念的援引,对后续新媒体研究借鉴这一概念提供了许多有益参考。现在有大量传媒经济研究、新媒体研究著作或文章,虽然没有直接应用"创造性破坏"概念,但对网络技术创新引发的新旧交替现象做了深入分析,为解读"创造性破坏"概念提供了大量的传播学注脚。

第四节 技术创新对人的创造性破坏影响

我所称的极端现代化意识形态,也可以说是一种强烈而固执

---

① 陈凯,刘柏煊.美国社区报:近五年里的"创造性破坏"[J].新闻记者,2015(5)
② 王山,奉公.技术赋权、创造性破坏与以人为本:新媒体时代的政府治理创新[J].东北大学学报:社会科学版,2016(1)

的自信,他们对科学和技术的进步、生产能力的扩大、人民的需求不断得到满足,以及对自然(包括人类社会)的掌握有很强烈的信心。……极端的现代主义从根本上来说是一种信仰,其合法性来自于科学和技术的合法性。

——斯科特①

技术作为人类用来试探自己存在、事物改变乃至世界演化可能性的一种方式,重要性不言而喻,如果没有技术,有人的世界和无人的世界几乎没有任何差别。② 技术赋予人类创造与毁灭双重可能,成为一柄悬于所有人头顶的达摩克利斯之剑。长期以来,强调技术重要性的研究常被贴上"技术决定论"污名化标签,针对这一现象,黄旦提出"有没有不是这么非此即彼的可能"的质疑;③胡翼青更指出媒介技术决定论不是指人类被悬置于媒介技术营建的环境之中,其观念和行为受制于媒介化环境的限定,因媒介技术的变革而重构,④不能简化为"媒介乌托邦"。

一、数字技术创新推动赛博人出现

20世纪70年代以后,以纽约州立大学石溪分校教授唐·伊德《技术与实践》出版为肇始,北美涌现出一批专注于媒介技术研究的哲学家,除伊德外还有加拿大学者芬伯格,美国学者伯格曼、温纳等,在他们推动下,20世纪70年代后技术哲学研究的重心从德国转移到美国,开创了技术研究经验主义方向。⑤ 以唐·伊德、芬伯格等为代表的当代技术哲学家,摆脱了海德格尔、埃吕尔等经典技术哲学家从人文主义视

---

① [美]斯科特. 国家的视角:那些试图改善人类状况的项目是如何失败的:修订本[M]. 王晓,译. 北京:社会科学文献出版社,2017:3
② 肖峰. 人文语境中的技术:从技术哲学走向当代技术人学[M]. 北京:中国社会科学出版社,2011:3-4
③ 黄旦,王辰瑶. 如何重新理解新闻学——学术对话录[J]. 新闻记者,2016(7)
④ 胡翼青. 为媒介技术决定论正名:兼论传播思想史的新视角[J]. 现代传播(中国传媒大学学报),2017(1)
⑤ 傅畅梅. 伯格曼技术哲学思想探究[M]. 沈阳:东北大学出版社,2010:1

角出发对技术进行批判的传统,试图通过解析技术的本质,超越技术乌托邦和敌托邦(dystopia)的局限,探索技术如何从物质和观念两方面影响人类生活,为技术时代人类发展寻找新方向。① 唐·伊德在《技术中的身体》一书中提出著名的"三个身体"理论:一是肉身建构的身体,即物质身体;二是作为文化建构的身体,即文化身体;三是作为技术建构的身体,即技术身体。② 按照唐·伊德对技术身体的诠释,身体建构为技术的身体,身体与技术融为一体。③

赛博人、电子媒介人源头可追溯至20世纪70年代计算机解放运动时期,真正成型则是20世纪90年代中叶互联网普及之后的事情。作为信息通信产业(ICT Industry)技术创新的产物,④它们与20世纪80年代微型电脑(PC)普及、90年代因特网发明息息相关。新媒体的出现极大地加快了这一进程,孙玮《赛博人:后人类时代的媒介融合》提出技术创新推动媒介形态融合、文化融合之后,正在推进技术与人的融合,"传播的主体已经从掌握工具的自然人转变为嵌入身体的赛博人",如手机作为"电子器官"已经成为人的一部分,"技术与人的融合创造出的新型主体正在成为一个终极的媒介",以赛博人为基点技术正在辐射日常生活所有方面,与社会各个领域紧密结合,孙玮将后人类时代为技术穿透、数据浸润的身体称之为"赛博人"。⑤ 夏德元将通过各种电子设备演化为社会电子网络节点和信息传播主体的新人类称为电子媒介人(cyber-mediator)。⑥ 两位学者着眼点虽然有所不同,但皆聚焦媒介与人的深度融合,是凯文·凯利机器生物化、生物机器化在数字时代的具体体现。

---

① 韩连庆.译后记:设计技术就是设计我们的存在方式[M]//[美]安德鲁·芬伯格.技术批判理论.韩连庆,曹观法,译.北京:北京大学出版社,2005:274-285
② Don Ihde. Bodies in Technology[M]. Minneapolis:University of Minnesota Press, 2002:1.
③ 杨庆峰.物质身体、文化身体与技术身体——唐·伊德的"三个身体"理论之简析[J].上海大学学报:社会科学版,2007(1)
④ 黄烨菁.信息技术产业的国际化发展[M].上海:上海社会科学院出版社,2009:2
⑤ 孙玮.赛博人:后人类时代的媒介融合[J].新闻记者,2018(6)
⑥ 夏德元.电子媒介人的崛起:社会的媒介化及人与媒介关系的嬗变[M].上海:复旦大学出版社,2011:56

二、新技术对人的创造性破坏影响

每一次技术革命对人类身心与生存而言都是一把双刃剑,前两次工业革命带来的人机分离,虽然有效地提高了生产效率,但却给人类身心造成巨大伤害。① 卓比林的《摩登时代》用喜剧电影展现机械对人的异化这一严肃议题。近代以来人们一直尝试从人的立场出发,应用解剖学、心理学、生理学、工业设计、工程设计、管理科学等诸多科学知识设计机器、改造机器,甚至将简单人类逻辑植入机器运行,②微型计算机便是这一浪潮的结晶。

以往机器不论威力多大、多么精巧,仅能代替体力劳动,电子计算机却能在一定程度上代替人脑进行非创作的脑力劳动,③以至于有研究者认为人类大脑本质是一个像计算机一样工作的信息处理系统,④两者有高度关联。其实由微处理器、存储器等构成的主机才是真正的大脑:存储器起着记忆作用,微处理器等控制器和运算器起着思考和解决问题作用。⑤ 从主机内部构造看,个人电脑南北桥结构和人类大脑左右脑分工有着异曲同工之妙,密布其间的各种线路仿佛人脑神经元突触将不同轴突(CPU、内存等)连接起来。

从人机交互看,键盘和显示器的发明是计算机人机界面的第一次飞跃,增加鼠标和图像操作系统推动了计算机人机界面的第二次飞跃,主机与显示器、摄像头等外围设备逐渐一体与触摸屏的发明等正推动计算机人机界面的第三次飞跃。计算机形态正发生着革命性变化:1985 年 IBM 推出第一款可独立依靠电池驱动的笔记本电脑 PC Con-

---

① 孙远波.人因工程基础与设计[M].北京:北京理工大学出版社,2010:4

② 人机工程学(man-machine engineering)这一名称多为我国工科设计界所用,美国多称人因学(human factors),国内直译为人因工程,欧洲及世界其他地区多称人类工效学(ergonomics)或简称工效学。李锋、吴丹主编《人机工程学》(清华大学出版社 2009 年版)一书对人机工程学名称、历史有详细考证介绍。

③ 王君仁.生物的启示:仿生学杂记[M].沈阳:辽宁人民出版社,1980:28

④ [美]伊安·巴伯.当科学遇到宗教[M].苏贤贵,译.北京:生活·读书·新知三联书店,2004:154

⑤ 史华.计算机入门[M].成都:四川教育出版社,1985:12

vertible。① 1996 年 Palm 公司以发布了世界上第一款 PDA 产品 Palm Pilot 1000,计算机朝着微型化方向进一步发展。② 1975 年到 1996 年仅 20 余年,计算机从牛郎星 8800、Apple Ⅰ 到 Apple Ⅱ、IBM 5150、到施乐 Star、Apple Macintosh,再到 IBM PC Convertible、Palm Pilot 1000,已演化出四种不同形态,性能发生了根本性变化。③

微型计算机技术、网络技术带来的是机遇还是挑战,研究者从不同学术立场出发,对于同一技术创新常常给出截然相反的评价。早在 2011 年,夏德元《电子媒介人的崛起:社会的媒介化及人与媒介》便提出互联网建构的虚拟现实深刻地改变着人们的行为方式和思维方式,媒介由人的延伸到分离异化,再到重新回到人自身,与媒介完全融为一体,人从自然人转化为媒介化社会电子网络节点和信息传播主体的"电子媒介人"。④ 近几年随着移动网络、虚拟现实、人工智能技术的快速发展,孙玮提出整合肉体与技术双重逻辑的赛博人概念,将技术与人关系研究又推进了一步。⑤

越来越多研究者提出技术对人类社会巨大的推动力以及破坏力,⑥ 只谈新媒体的推动力或破坏力都难免失之偏颇,简单一分为二的讨论也不能尽如人意。技术决定论与社会决定论耦合启示我们应跳出技术乌托邦和技术敌托邦二元取向,将技术的推动力(或者说创造力)与破坏力视为一个彼此联系的有机整体加以看待,就像老子所说"福兮祸之所倚,祸兮福之所伏",抑或芬伯格的媒介理论,创造与破坏同时共存,而不是非此即彼。

---

① 关于世界第一台笔记本有三种不同说法:一说是由康柏 1982 年推出,一说是 IBM1985 年推出的,一说是东芝公司 1985 年推出的。详见:耿立鑫.从厚重到轻薄 探寻笔记本电脑发展史[EB/OL].[2015 – 09 – 28]. http://nb.zol.com.cn/542/5421627_all.html。
② 为为.逝去的辉煌 六款 Palm 经典机型回顾[EB/OL].[2011 – 08 – 19]. http://www.techweb.com.cn/mobile/2011 – 08 – 19/1082938.shtml
③ 刘莉.计算机基础教程[M].兰州:兰州大学出版社,2009:32
④ 夏德元.电子媒介人的崛起:社会的媒介化及人与媒介关系的嬗变[M].上海:复旦大学出版社,2011:63
⑤ 孙玮.交流者的身体:传播与在场——意识主体、身体—主体、智能主体的演变[J].国际新闻界,2018(12)
⑥ 王建设.技术决定论与社会建构论关系解析[M].沈阳:东北大学出版社,2013:1

熊彼特的"创造性破坏"概念最初是一个经济学概念,后被广泛应用于人文社会科学不同分支与领域,近年来传播学者将其引入新媒体研究,探讨数字化技术应用给社区报、政府管理变革等产生的"破坏性"与"创造性"影响。技术作为人类发明的产物,人在创新技术的时候,技术也在改变着人本身。创造性破坏概念是否能进一步延伸到传播活动的主体——人本身,是否适用于描述技术创新对人的影响,技术哲学提供了许多有益的参考。

第三章 原生新媒体演进研究的框架模型

　　互联网是高度市场化的领域,商业网站相对于传统媒体其体制机制比较灵活,创新思维和赢利运作成为他们在激烈竞争中生存发展之根本。今天不论是在搜索、视频、文学、音乐、游戏、商务、金融、社交等各个领域,都是商业网站占据最大的市场。

——闵大洪①

　　新媒体形态建立在特定基础架构(底层硬件与中层技术)之上,从微型电脑到智能手机,从 Web1.0 技术到 Web2.0 技术,从 PC 互联网到移动互联网,基础架构技术创新推动软硬件升级,进而推动原生新媒体新形态出现,推动原生新媒体演化发展。从技术创新视角出发,不仅可以看到原生新媒体从基础架构到社会应用演化发展轨迹,还可以清晰地看到中美之间 ICT 技术创新扩散线索,因此,本章在厘清原生新媒体概念的基础上,选择罗杰斯"创新—发展"过程模型作为研究展开的框架。

第一节　从知识考古历史视角厘清原生新媒体含义

　　真正的思想和科学的洞见,只有通过概念所做的劳动才能获得。只有概念才能产生知识的普遍性。

——黑格尔②

---

① 闵大洪.从边缘媒体到主流媒体——中国网络媒体 20 年发展回顾[J].新闻与写作,2014(3)
② [德]黑格尔.精神现象学(上卷)[M].贺麟,王玖兴,译.北京:商务印书馆,1983:48

现代学术研究通常以若干有效概念烛照、总结复杂而具体事实,①抽象概念又常借具体字词形态呈现,或旧瓶装新酒,赋予原有词汇新含义;或新瓶装新酒,创造新词汇。这种情况在新媒体研究领域尤为突出,从早年网络媒体、数字媒体、手机媒体,到近年流媒体、富媒体……各类新词汇层出不穷。有研究者认为这种泛媒体论危及媒体这一国家"名器"应认真反思,②也有研究者为这种现象鼓与呼。两类观点看似矛盾,实则面向新媒体研究两个阶段:如学界未对媒介、媒体、新媒体等基础词汇内涵外延达成广泛共识,新词频出可能导致学术对话变得异常困难;基础词汇含义达成共识后,面向新事物、新情况提出新概念、创造新词汇,则有助于推动新媒体研究发展创新,两者前后相承而非彼此对立。

彭兰《新媒体概论》一书中提出"原生新媒体"的概念,但没有从学理层面对"原生新媒体"概念的内涵、外延、演化历史等做出界定。本节在细致梳理媒介、媒体、新媒体含义基础上,从学术研究中的词汇使用演化角度对"原生新媒体"概念的现实基础、学术渊源、内涵外延、本质特征详加阐释。

一、作为学术词汇的"媒介"与"媒体"使用历史考察

"媒体"与"媒介"两词在学术研究中经常混用,有研究者认为媒介是物质工具,媒体是文化生产组织,两者内涵外延均有较大差异;③也有研究者则认为两者均指向大众传播媒介及其机构,只不过媒介是整体抽象名词,媒体是个体具象名词。④ 学者多以思辨方式对媒介与媒体差异"是什么"做出界定,但很少说明"为什么"会形成上述差异,以

---

① 李金铨.社会科学丰富新闻史研究的问题意识[J].新闻春秋,2015(1)
② 李惠民,李金桃.为中国"媒体"正名分——对国内"泛媒体论"的认知性反思[J].兰州大学学报:社会科学版,2017(2)
③ 王一川.新编美学教程[M].上海:复旦大学出版社,2007:64-65;姚云.传媒教育及其学科体系建构:兼谈传媒素养的实现[M]//蔡巾帼芬.媒介素养.北京:中国传媒大学出版社,2005:39-49
④ 宫承波.新媒体概论:第4版[M].北京:中国广播电视出版社,2011:2

及两者差异在实践中具体"怎么样"体现,①甚至有学者认为两者差异多年来从未被认真对待过,有必要进行细致梳理。②

福柯在《知识考古学》中提出某个概念历史并不总是也不全是逐步完善、合理性增加、抽象化提升历史,而是多种多样构成和有效范围的历史,是使用规律的历史。③ 从媒体与媒介两词在学术研究中使用情况演化角度切入,为考察两者关系提供一个新视角,不仅有助于回答两词差异"是什么",而且有助于回答"为什么"会形成上述差异,有助于厘清我国学术研究中两词"怎么样"使用,有助于对两词理解达成共识。

1. 媒介:旧瓶装新酒,传统词汇嫁接传播学新内涵

媒介一词源远流长,早在东晋常璩《华阳国志》就有"蜀郡何玉,因媒介求之"的提法,只不过古时指居中介绍的"人"。④ "媒介"一词进入学术研究始于 20 世纪 20 年代,蒯世勋《广告学 ABC》(1928)将报纸、杂志、油漆牌、电车、窗饰等视为广告传播媒介;⑤薛德焴《健康教育》(1932)将蝇、蚤、虱、臭虫视为疾病传播媒介;⑥陈振骅《货币银行原理》(1935)将本位货币、代表货币、辅币等视为交易媒介。⑦ 新中国成立后,"媒介"一词更被用于工科和人文科学等众多领域,朱传才《用汞做媒介焊铝法》(1968)将汞视为焊接不同铝制零部件媒介,⑧克列泼纳《哲学和文学媒介:存在主义者的苦境》将小说、戏剧等文学作品视为媒介,⑨等等。可见近代以来学术研究中媒介用于指称那些扮演中介角色的"物",与古代媒介用于指代"人"有很大不同。

---

① 李惠民,李金桃. 为中国"媒体"正名分——对国内"泛媒体论"的认知性反思[J]. 兰州大学学报:社会科学版,2017(2)
② 钟以谦. 媒介传播理论:人与人之间的影响[M]. 北京:中国传媒大学出版社,2017:9
③ [法]福柯. 知识考古学[M]. 谢强,马月,译. 北京:生活·读书·新知三联书店,2003:64
④ 辞源[Z]. 北京:商务印书馆,1979:762
⑤ 蒯世勋. 广告学 ABC[第 3 版][M]. 上海:世界书局,1933:65 – 86
⑥ 薛德焴. 健康教育[M]. 上海:新亚书店,1932:43
⑦ 陈振骅. 货币银行原理[M]. 北京:商务印书馆,1935
⑧ 朱传才. 用汞做媒介焊铝法[J]. 焊接,1968(Z1)
⑨ [美]阿姆·克列泼纳. 哲学和文学媒介:存在主义者的苦境[J]. 夜澄,译. 现代外国哲学社会科学文摘,1965(10)

20世纪70年代末,随着传播学传入我国,媒介一词被赋予新的内涵。[1]巴兰蒂《由少数人控制的"公众媒介"》(1981)、曹焕荣《论我国新闻媒介相互协调的几个问题》(1984)等文章中"媒介"均指向报纸、广播、电视等大众媒介,[2]同英文"(the)media"含义基本相同。整个20世纪80年代"媒介"一词使用频率不高,1992年新闻传播独立为一级学科、1997年传播学获批二级博士点后,"媒介"一词使用频率逐渐增加,以中国知网(CNKI)收录篇名包含"媒介"一词的相关研究论文为例,媒介一词使用演变情况一目了然,如图3-1-1所示。

图3-1-1　1980—2000年篇名包含"媒介"的研究论文数量

近年来随着人际传播、城市传播等传播学分支发展壮大,一个人、一张市民卡、一座博物馆、一条街道乃至整个城市都被视为媒介。[3] 在新闻传播学科内,媒介一词不再特指报纸、广播、电视等大众传播媒介,兼具中介功能的各类物也被纳入媒介范畴,前者可称为狭义媒介,后者

---

[1] 童兵.新闻传播学大辞典.[Z].北京:中国大百科全书出版社,2014:150
[2] [美]米琪尔·巴兰蒂.由少数人控制的"公众媒介"[J].国际新闻界,1981(2);曹焕荣.论我国新闻媒介相互协调的几个问题[J].现代传播,1984(4)
[3] 顾亦周.引向城市共同体的标识?——以苏州市民卡为例[J].新闻与传播研究,2016(8);於红梅.数字媒体时代城市文化消费空间及其公共性:以苏州平江路为例[J].新闻与传播研究,2016(8);陈霖.城市认同叙事的展演空间——以苏州博物馆新馆为例[J].新闻与传播研究,2016(8);孙玮.作为媒介的城市:传播意义再阐释[J].新闻大学,2012(2):41-47

可称为广义媒介。

通过对"媒介"一词使用历史梳理可知,从古代指人,到近代学术研究中指物,再到当代随着传播学引入指代大众媒介,直到今天城市传播、人际传播等传播学分支兴起使得媒介被泛指各类中介物。"媒介"一词含义在延续中断裂,不同学科、不同阶段的使用历史共同构成"媒介"一词含义。①

2. 媒体:新瓶装新酒,外来新词与新闻学紧密相连

我国传统词汇中只有媒介、没有媒体,②学术研究中"媒体"一词作为舶来品出现在20世纪30年代,③日本学者中岛敏《新化学菱讲座3-1热媒体》(1935)一书将联苯混合物、サム—S 800等用于余热回收的化学物质称为媒体,其他学科学术研究中鲜有提及"媒体"一词。1976年台湾新闻传播学者汉德宝将麦克卢汉"the medium is message"译为"媒体即信息","媒体"一词开始成为新闻传播领域的学术词汇。④ 20世纪80年代初大陆新闻传播学者开始在研究中使用"媒体"一词:朱景文《教学媒体的变革与教育事业的发展》(1982)援引瑞典电影社技术研究指导斯凡伯格界定,将媒体视为一种信息承载和传播系统;⑤《磁记录材料》(1982)则将磁记录体称为媒体。⑥ 通过上述梳理可知,"媒体"一词从20世纪30年代诞生至80年代初,在学术研究中用于指称各种"物",与近代媒介含义高度重叠。

20世纪80年代中叶,"媒体"一词开始与大众媒介建立关联,如张力奋《"魔匣"褒贬说——浅论电视媒体的社会角色》(1986)将电视纳入媒体范畴之内,⑦等等。进入20世纪90年代以后,"媒体"一词逐渐

---

① 辞海编辑委员会.辞海(1999年版缩印本)[Z].上海:上海辞书出版社,2000:3137
② 《辞源》《近现代辞源》《辞海》(1999年版)等常备工具书均未收录"媒体"一词;2011年出版的《辞海》(第6版)、2012年出版的《现代汉语词典》(第6版)才将"媒体"一词收录其中。
③ 中岛敏.新化学菱讲座3-1热媒体[M].日本:工业新闻社,1935:9
④ [加]费奥尔·麦克·罗汉.媒体即信息[M].汉宝德,译.台北:境与象出版社,1976:3
⑤ 朱景文.教学媒体的变革与教育事业的发展[M].外语电教,1982(1)
⑥ 李缘江.磁记录媒体[J].磁记录材料,1981(4)
⑦ 张力奋."魔匣"褒贬说——浅论电视媒体的社会角色[J].新闻大学,1986(13)

成为报社、出版社、电视台、电台等传播机构的总称,①如马世琨、袁建达《瑞典丹麦新闻媒体直观》(1993)将瑞典《每日新闻》、丹麦《贝林时报》等新闻机构称作为媒体,②张煦棠《日本新闻媒体的经营》(1993)将日本读卖新闻、京都新闻、朝日新闻等新闻机构称作媒体,③等等。这一时期虽然鲜有学界、业界人士对媒介与媒体做严格区分,但两者在使用中差异逐渐明显,新闻与媒体关系逐渐紧密,新闻媒体成为学术通用术语;新闻与媒介关系逐渐疏离,新闻媒介一词使用频率越来越低。以1980—2017年中国知网(CNKI)新闻传播学科篇名含有"新闻媒介""新闻媒体"相关论文数量演化为例,上述趋势一目了然,如图3-1-2所示。

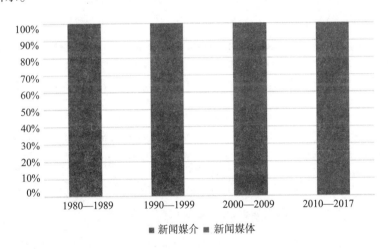

图3-1-2 新闻媒介与新闻媒体使用情况对比

由图3-1-2可见,"新闻媒介"一词在20世纪80年代曾经非常流行,但近些年已经很少有人使用,"新闻媒体"一词在20世纪90年代以来逐渐流行,目前已经成为学术研究通用术语,"新闻媒体"很多

---

① 童兵.新闻传播学大辞典[Z].北京:中国大百科全书出版社,2014:55
② 马世琨,袁建达.瑞典丹麦新闻媒体直观[J].新闻战线,1993(12)
③ 张煦棠.日本新闻媒体的经营[J].中国记者,1993(6)

时候就是"媒体"同义词,①用于指称各类新闻组织。

通过对"媒体"一词使用情况的梳理可知,"媒体"一词出现时间较晚,很长一段时期内使用频率极低,一度与"媒介"含义高度重叠,指称各种作为中介的"物";进入20世纪90年代以后,在新闻传播领域的学术研究中,"媒体"常用于指称报社、出版社、电视台等各类新闻机构,"新闻媒体"逐渐成为学术通用语、"媒体"同义词。

3. 小结:新闻传播学视阈下媒介与媒体关系梳理

"媒介"与"媒体"两词起源不同,在学术研究中使用情况也不尽相同。媒介更强调传播介质,传播学色彩浓厚一些;媒体作为新闻机构同义词,新闻学色彩浓厚一些。童兵《新闻传播学大辞典》(2014)将媒介归入传播学理论板块,将媒体归入新闻学理论板块,便是两词学科色彩、使用范畴差异的具体体现。在大众传播学视阈下,传播机构与传播组织构成一个有机整体,不可分割,宫承波认为两者均指向大众传播媒介及其机构,媒介是整体抽象名词,媒体是个体具象名词,此说法合乎情理;②如果跳出大众传播学视阈,着眼考察城市传播、人际传播等分支,王岳川等将媒介视为物质工具,媒体视为文化生产组织,认为两者存在较大差异观点也合情合理。③ 之所以出现上述理解偏差,与两词在学术研究中使用变化密不可分。

二、从媒体到新媒体概念含义变化与使用差异

福柯认为思想与知识历史断裂不断增加,不连续性概念占据险要位置。④ 从媒体(media)到新媒体(new media)便是这种断裂、不连续的体现。

---

① 李惠民,李金桃.为中国"媒体"正名分——对国内"泛媒体论"的认知性反思[J].兰州大学学报:社会科学版,2017(2)
② 宫承波.新媒体概论:第4版[M].北京:中国广播电视出版社,2011:2
③ 王一川.新编美学教程[M].上海:复旦大学出版社,2007:64-65;姚云.传媒教育及其学科体系建构:兼谈传媒素养的实现[M]//蔡帼芬.媒介素养[M].北京:中国传媒大学出版社,2005:39-49
④ [法]福柯.知识考古学[M].北京:生活·读书·新知三联书店,2003:5,8

1967年,戈尔德马克在一份商品开发计划中提出新媒体概念,经由罗斯托报告引用而广为人知,①新媒体成为电子媒体(广播、电视)创新应用代名词。该词进入我国新闻传播学术研究始于20世纪80年代中叶,刘明华《两个星期天:新传播媒体种种》(1984)将"新的大众传播媒体"分为三类:一是新出现的媒体,如诞生之初的报纸、广播与电视;②二是现有媒体重新组合,如电话与电视结合;三是现有媒体新用法,如有线电视等。③ 之后仅有冈村二郎与方晓虹《视听教育在新媒体时代的地位》(1986)等少量文章涉及"新媒体"一词,这种情况一致延续到20世纪90年代中叶。

1994年9月,根据原邮电部和美国商务部协议,电信总局通过美国移动运营商斯普林特(Sprint)公司分别在北京和上海开通一条64K专线,我国由此融入国际互联网。随着公用计算机互联网(1994年10月)、中国金桥信息网(1996年9月)等主干网络相继建成,传统媒体(党媒)争相推出电子报刊、新闻网站等基于互联网平台的新媒体形态。朱荣根《新媒体与报道速度》(1997)从当时我国媒体发展实际出发,将报刊、广播、电视归为传统媒体,有线电视、卫星电视、互联网等归为新媒体;④蒋亚平《中国新媒体形势分析》(2000)进一步将新媒体视为传统媒体网站、民间网站等五类网站总称,有线电视、卫星电视等电子媒体创新形态不再纳入新媒体范畴,新媒体内涵与外延边界日渐清晰;彭兰《新媒体:大有可为的公共信息平台》(2005)将新媒体与智能手机画上等号,新媒体内涵与外延进一步丰富。

20世纪90年代以来,在新闻传播学术研究中,媒体作为新闻媒体同义词,与新闻活动紧密相连,与各类新闻机构密切相关,具有浓厚的新闻学色彩;报刊电子版、传统媒体新闻网站作为各类新闻机构开展新

---

① 匡文波.新媒体概念辨析[J].国际新闻界,2008(6).
② 1959年麦克卢汉在一次题为"电子革命:新媒体的革命影响"演讲中首次提出新媒体(new media)概念,印刷术、电报、照片、广播等都被纳入其中,与刘明华的理解有异曲同工之妙,极大地丰富了新媒体概念的内涵。详见:廖祥忠.何为新媒体[J].现代传播,2008(5).
③ 刘明华.两个星期天:新传播媒体种种[J].国际新闻界,1984(3)
④ 朱荣根.新媒体与报道速度[J].新闻与写作,1997(2)

闻业务的新形态,与传统媒体概念一脉相承,被冠以"新"媒体之名顺理成章。因此类新媒体创办伊始都带有浓厚的体制内事业单位特征,又被称为体制内网络媒体。① 随着 1998 年新浪网、搜狐网、网易正式转型为门户网站,这些网站开始设置新闻频道,开展各类新闻活动,开始具有浓厚的新闻学色彩,也被纳入网络媒体范畴。② 在 PC 互联网时代,网络媒体几乎就是新媒体的同义词,③百度搜索、阿里巴巴在线、联众游戏世界等垂直网站因为不涉及传统新闻业务,与"媒体"一词相去甚远,一度被视为非主流商业网站,不能纳入网络媒体范畴。④

综上可见,在 PC 互联网时代,"新媒体"一词仍然带有浓厚的新闻学色彩,随着智能手机、数字电视等新的传播媒介发明,学界对新媒体内涵与外延的理解发生了重大变化。以匡文波《到底什么是新媒体》(2012)一文对新媒体外延梳理为例,如图 3-1-3 所示。

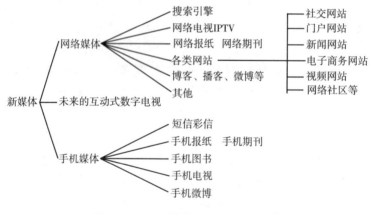

图 3-1-3　新媒体概念外延结构图⑤

---

① 何加正.序二[M]//孙光海.体制内@中国网络媒体纪事.上海:上海三联书店,2014:2
② 闵大洪.中国网络媒体二十年[M].北京:电子工业出版社,2016:29-35
③ 匡文波.到底什么是新媒体[J].新闻与写作,2012(7).该文将新媒体分为 PC 时代的网络媒体、智能手机时代的手机媒体、未来互动式数字电视三类。
④ 徐世平.廿年风雨立潮头[M]///孙光海.体制内@中国网络媒体纪事.上海:上海三联书店,2014:2
⑤ 匡文波.到底什么是新媒体[J].新闻与写作,2012(7)

由图3-1-3可见,新媒体不再直接与"新闻"挂钩,已经成为一个基于媒介技术创新的传播学概念。胡翼青认为我国传播学源于新闻学因而带有浓厚的新闻色彩,①随着时间推移,传播学逐渐褪去原有新闻学色彩,新媒体的演化就是一个极好的例证。新媒体成为一个时间性、技术性概念,具有浓厚的传播学色彩,内涵与外延随着时间变迁与传播技术革新不断变化。

三、立足学术传统厘清原生新媒体内涵与外延

已有概念、知识和理论常常成为发现未知道路上的最大障碍,只有不断突破已有认知才能实现理论创新。② 从新媒体、网络媒体、社会化媒体到流媒体、全媒体、融媒体、泛媒体等,每一个新概念的提出都是为了能够打破已有概念与认知束缚,在理论层面有所创新。学术研究不仅需要深刻洞察力,而且需要丰富想象力,上述由我国新媒体实践催生的新概念便是学者原创性抑或建构性想象的产物。③ 本研究在对媒介、媒体、新媒体等概念层层梳理与考证基础上,厘清原生新媒体概念的内涵与外延,梳理其发展演化历史。

1. 原生新媒体的现实基础

1995年张树新访美时,一经接触互联网便敏锐捕捉到其潜在的巨大商机,回国后立即自筹资金创办瀛海威公司(原名北京科技责任有限公司),其主营业务——瀛海威时空的开通标志着我国互联网商业化探索开始起航。④ 1996年四通利方推出利方在线网站(www.srsnet.com)并将服务器设置在美国,⑤1998年其与台湾人姜丰年创办的华渊

---

① 王怡红,胡翼青.中国传播学30年[M].北京:中国大百科全书出版社,2010:9
② 陈嫱如.新闻是匆忙中写就的历史[M].上海:上海交通大学出版社,2017:4
③ 李琼,吴梦吟.论大学教师学术创新力的基础:学术洞察想象力[J].比较教育研究,2011(7)
④ 焦方义,刘春燕.中国风险投资市场体系研究[M].哈尔滨:黑龙江人民出版社,2004:286-298
⑤ 1993年因开发中文之星软件声名远播的王志东离职,在获得香港四通集团500万港币投资后创建四通利方公司。

公司合并更名为新浪。① 1996 年张朝阳依靠葛洛庞帝教授等投资 22 万美元成立爱特信公司,作为国内首家依靠风投资金创办的互联网公司,爱特信成立不久便成为当时中国公用计算机互联网(Chinanet)最重要 ICP 之一,1998 年公司推出"搜狐"产品后更名搜狐。② 1997 年丁磊用多年积蓄加亲友处借 50 万元创办网易公司,免费提供电子邮箱等服务,很快也成为中国公用计算机互联网最重要 ICP 之一。③ 这些创新者以雅虎、易贝等国外新媒体为效仿对象,在国内外商业资本助力下通过中国公用计算机互联网推出中文网站服务,但在当时它们并没有引起社会足够重视,更没有人将其视为媒体,④经过 20 多年发展已经发生了翻天覆地的变化。

2. 原生新媒体的理论渊源

学术研究通常都在特定学术传统中展开,只有根植于既有学术传统之中,研究成果才能有益于学术共同体建构。就原生新媒体研究而言,原生新媒体概念提出的现实基础是 1995 年以来,瀛海威、搜狐、新浪等新兴互联网企业 20 多年的新媒体实践;理论依据是谢金文、宫承波、匡文波等诸多学者对媒介、媒体、新媒体等概念的梳理与研究。原生新媒体概念根植于我国学者对于新媒体相关概念的使用与研究传统,具体理论脉络如图 3 - 1 - 4 所示。

当前我国学术研究中"媒介"的内涵与外延最为宽广,包含各类传播信息的人与物;"媒体"范畴相对较窄,多指具备开展新闻活动资质的报纸、广播、电视等大众传播工具及其组织,它们在诞生之初也属于新媒体范畴,只不过随着时间流逝和媒介技术不断创新,逐渐被贴上"旧"的标签而冠以大众媒体之名。20 世纪 80 年代,计算机技术、有线通信技术等催生有线电视、传真广播等新的媒体形态,我国新媒体概念

---

① 赵学山.中国职业经理人[M].北京:当代世界出版社,2002:184
② 焦方义,刘春燕.中国风险投资市场体系研究[M].哈尔滨:黑龙江人民出版社,2004:232
③ 张然.绝对赢家·创业 100[M].北京:中国经济出版社,2002:28
④ 闵大洪.从边缘媒体到主流媒体——中国网络媒体 20 年发展回顾[J].新闻与写作,2014(3)

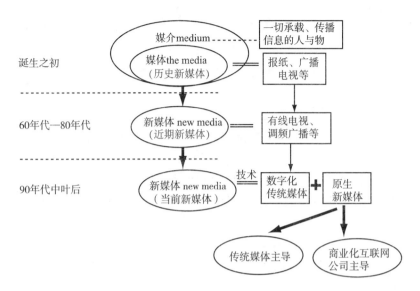

图 3-1-4　我国原生新媒体概念理论渊源

由此而生;①20世纪90年代后互联网技术、无线通信技术等推动新媒体的内涵与外延发生根本性变化。

新媒体一词的广泛应用导致其内涵不断拓展,外延不断变大,极易遮蔽不同新媒体间的差异。如人民网、新华网等新闻网站作为传统媒体的延伸,有新闻采编权且担负着党的耳目喉舌重任;新浪网、搜狐网等综合网站虽然也进行新闻活动,但没有新闻采编权,其新闻业务重在通过新闻转载为民众提供最新新闻事实及各方观点,②以吸引更多关注,帮助网站赚取更大利润。虽然两者同被纳入新媒体(网络媒体)范畴,在技术层面、内容方面有许多相通之处,但在运营主体、资本构成、媒体定位等方面存在诸多不同。

媒体一词过去通常作为大众媒体的简称,③内涵与外延边界非常清晰。门户网站、搜索引擎、垂直网站等作为商业资本与网络技术共同孕育的新媒体,在运营主体、主营业务等诸多方面与"媒体"原意已有

---

① 彭兰.新媒体导论[M].北京:高等教育出版社,2016:4
② 陈彤.新浪之道[M].福州:福建人民出版社,2005:49
③ 谢金文,邹霞.媒介、媒体、传媒及其关联概念[J].新闻与传播研究,2017(3)

很大不同,有研究者甚至认为新媒体不是媒体。① 新媒体研究不仅要讨论两者的同,也要研究两者的异。原生新媒体概念的提出就是为了凸显两者差异,它在20世纪90年代新媒体概念基础上进一步细化而来。

3. 原生新媒体的含义与解读

研究者以往多将 BAT 等新兴互联网公司视为高科技企业而非传媒组织,它们推出的门户网站(如新浪网、搜狐网)、搜索引擎(百度、搜狗)等在一段时间内被认为是互联网商业服务而非新媒体。② 从技术角度而言,这些新兴媒体是20世纪90年代万维网(WWW)民用与商用催生的新事物,③与20世纪90年代之前的"媒体""新媒体"概念相去甚远;就地域维度而言,这些新兴媒体是来自西方的网络技术、风投资本(VC)等与中国市场高度融合的产物,被烙上深深的"中国印",主要流行于中国大陆地区;从与其他新媒体关系看,这些新兴媒体不同于国外在同类型新兴媒体(如百度学习谷歌但又不同于谷歌,微博借鉴推特但与推特有很大区别),这些新媒体也不同于传统媒体推出的新闻网站、电子报刊等新型媒体。

这些新兴媒体诞生在北京、深圳等充满活力的国内城市,主要流行于中国大陆地区,与传统媒体及其主导的新型媒体没有天然联系,在发展过程中也与雅虎、谷歌等效仿对象拉开距离。本书将这些新媒体称之为"原生新媒体",以彰显其根植于万维网、立足于中华大地、超越传统"媒体"概念、有别于国外同类新媒体的"原生"特性。这些新媒体之前从未曾有过,但却在短短20年书写了一部宏伟壮阔的画卷。

本研究将上述起源于我国互联网商业化实践,由新兴互联网公司

---

① 谭天. 新媒体不是"媒体"——基于媒介组织形态的分析[J]. 新闻爱好者,2014(6)
② 闵大洪. 从边缘媒体到主流媒体——中国网络媒体 20 年发展回顾[J]. 新闻与写作,2014(3)
③ 1989年3月伯纳斯-李撰写完成《关于信息管理的建议》,标志着万维网(WWW)正式诞生;1990年伯纳斯-李进一步发明超文本标记语言(html)、超文本传输协议(http)、统一资源定位符(URL)等万维网核心技术,创建第一个网络服务器、第一个网页浏览器;1993年伯纳斯-李曾就职的欧洲核子研究中心公布最新版本的万维网软件及其代码,允许所有人免费使用与改进。

创办运营,涵盖新闻传播、信息检索、电子商务、在线游戏等诸多领域的新媒体本称之为原生新媒体,是对彭兰《新媒体导论》提出的"原生新媒体"概念内涵与外延的进一步精减。其含义可从以下六个方面理解。

(1) 作为一个集合概念,原生新媒体是相关新媒体形态的总称。

作为一个时间性、技术性概念,新媒体是门户网站、搜索引擎、即时通信、网络社区、网络出版、微博、微信等新型媒体与新兴媒体的总称。① 新媒体研究对象就是这些新媒体形态,而非每种形态衍生的具体产品;作为新媒体的重要子集,原生新媒体同样是一个集合概念,是互联网商业化以来我国互联网企业主导的各种原生新媒体形态的总称,而非特指搜狐网、新浪网、腾讯网等某个原生新媒体产品。

(2) 作为一个时间性概念,原生新媒体以 1996 年为起点。

1996 年四通利方推出利方在线网站(www.srsnet.com)等网站建立,标志着我国原生新媒体开始萌芽;1998 年搜狐、新浪、网易等门户网站崛起后,原生新媒体才真正走入大众视野。明确时间坐标有助于厘清概念外延,切断与之前各类新媒体联系:不论是报纸、广播、电视等曾经的新媒体,还是有线电视等 20 世纪七八十年代兴起的新媒体,明确时间起始节点后上述新媒体都被排除在外。

(3) 作为一个技术性概念,原生新媒体以互联网技术为基础。

1994 年我国接入国际互联网以来,从微型计算机、智能手机到各类传感器,从 PC 互联网、移动互联网到物联网,从终端计算到云计算,从大数据到小数据……技术已经发生许多变化,李卫东《网络与新媒体应用模式》一书对新媒体技术基础做了详细梳理,如图 3 - 1 - 5 所示。②

原生新媒体特指我国 1996 年以来以计算机、智能手机、可穿戴设备为终端,互联网、移动通信、物联网、人工智能技术为依托,包含基于

---

① 宫承波.新媒体概论:第 4 版[M].北京:中国广播电视出版社,2011:2
② 李卫东.网络与新媒体应用模式[M].北京:高等教育出版社,2015:7

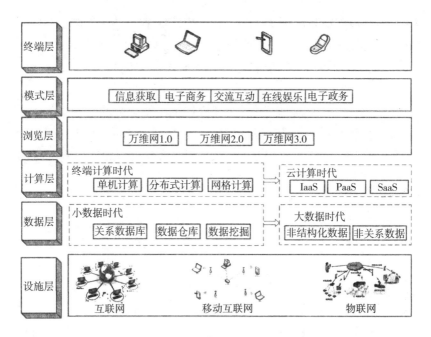

图3-1-5 新媒体层次模型图

Web1.0技术商业网站(水平网站与垂直网站两大类)、基于Web2.0技术社会化媒体、基于物联网技术智化新媒体等多种形态。明确技术坐标可以进一步将有线电视等各类基于非计算机网络平台的新媒体排除在外。

(4)作为一个资本性概念,原生新媒体强调民营资本或国外资本的控股。

近年来虽然传统媒体在新媒体融资、上市等资本运作上日益多元,但我国政府一直高度关注国有资本控股以确保对这类新媒体拥有完全控制权。[①] 与之形成鲜明对照的,原生新媒体均由民营资本或国外资本掌握控股权,原生新媒体与传统媒体新媒体在经营目的、涵盖范畴、主营业务等方面具有很大不同。

以澎湃新闻为例,2016年12月28日,百联集团、锦江国际等6家

---

① 王慧.论国有资本在我国传媒业发展中的责任和作用[J].中州大学学报,2010(5)

国有独资或全资企业注资6.1亿元,入股上海报业集团旗下的东方报业公司,上海报业集团持股比例从100%下降为82.2%;2017年1月1日,《东方早报》停刊,员工整体转入澎湃新闻网,《东方早报》原主编刘永刚接任澎湃新闻总编辑。① 其他如CNTV、人民网、新华网等传统媒体新媒体等大同小异,这些传统媒体新媒体仍然没有完全摆脱母体,国有资本仍然掌握控股权,仍然基本遵循传统宣传导向,并不完全遵循市场逻辑。而腾讯、搜狐、阿里巴巴等原生新媒体在资本构成、管理体制、经营目标等方面,与传统媒体新媒体有着根本不同。以腾讯为例,其注册地在开曼群岛而非国内,在其发展壮大的过程中,除了马化腾等创办者投入的民营资本外,还可以看到南非MIH集团、美国IDG资本、香港盈科数码等海外资本的身影。②

（5）作为一个传播学概念,原生新媒体覆盖普通人日常生活各类传播活动。

传统媒体新媒体大多仍主导新闻报道活动,具有鲜明的新闻学色彩;原生新媒体则在搜索、视频、文学、音乐、游戏、商务、金融、社交等领域占据主导地位,③涵盖与人类生活相关的各类信息传播活动,具有更浓厚的传播学色彩。原生新媒体研究因此能够跳出传统新闻学藩篱,聚焦新媒体技术如何改变人类社会信息交往方式、如何影响现代人信息沟通方式等基础理论问题。

（6）作为一个地域性概念,原生新媒体立足我国新媒体实践。

人文社会科学领域许多概念、内涵和外延与特定历史文化情境紧密相连,对同一概念不同时代、不同国家、不同学者的解读与使用不尽相同。特别是一些跨越国界的学术概念,在不同学术语境中彼此相通但非完全相同。就原生新媒体概念而言,它首先立足于我国新媒体发

---

① 媒记.东早确认停刊 澎湃引进6.1亿国有战略投资[EB/OL].[2018-12-18].https://finance.qq.com/a/20161228/026518.htm
② 恒信泰富.揭秘腾讯和京东背后真正的股东![EB/OL].[2016-03-01].http://mt.sohu.com/20160301/n438956555.shtml
③ 闵大洪.从边缘媒体到主流媒体——中国网络媒体20年发展回顾[J].新闻与写作,2014(3)

展实践,是一个具有浓厚的本土色彩的概念。

简言之,原生新媒体指20世纪90年代中叶后,在民营资本或国际资本驱动下,以计算机技术、互联网技术、移动通信技术为基础,微型计算机与智能手机为终端,传播各类信息的互联网社会应用的总称。冠以"原生"两字一是强调这类新媒体源自互联网应用创新与传统媒体没有太多关联;二是彰显"原生新媒体"概念的内涵与外延同20世纪90年代之前的"新媒体"概念的内涵与外延有根本不同。

4. 原生新媒体的本质特征

20世纪70年代中叶以后,以牛郎星(Altair)为先驱的微型计算机快速崛起,作为一种新兴媒介微型计算机的出现,使人类获得新延伸:主板是大脑延伸,显示器是人脸延伸,鼠标和键盘是人手延伸……80年代初随着IMB PC等新型微机的推出,微型计算机被广泛应用于人们工作与生活,普通人数字化生存由此展开,传统身心二元论获得新的理论支点。单台微型计算机功能简单、信息存储量有限,TCP/IP协议、调解器等网络技术的相继发明使得原本处于孤立状态的微型计算机经由因特网彼此连接,个人、机构、社会组织等由此被紧密连接在一起,作为现实社会映射的网络社会逐步成型。

近年来传感器、大数据、云计算、物联网、区块链等新技术方兴未艾,媒介社会化与社会媒介化趋势更加明显。传统媒体与新媒体双重传播架构逐渐显现。就传统(大众)媒体及其衍生的新型媒体而言,其传播形态仍是职业化传媒机构,与媒体人在信息传播中扮演把关人角色,仍致力于拟态环境建构、社会舆论引导等传统职能。源于计算机与互联网技术的原生新媒体,早已与普通人的生活融为一体,成为普通人数字化生存的重要物质载体,媒介社会化、社会媒介化正日益成为现实,亿万民众通过原生新媒体建构的媒介化社会与现实社会有机融为一体,这也是原生新媒体的本质特征所在。

第二节 基于"创新—发展"过程模型搭建研究框架

创新是指从新方法产生到首次实现商业化的过程,其本质就是穿越"达尔文之海"。"达尔文海"指从基础性研究和发明,到初建创新任务,再到大规模产业化之间存在的众多鸿沟,其限制了知识创新、技术发明到产业创新的有效链接。

——陈元志①

熊彼特的"创造性破坏"概念将技术进步与资本逻辑有机联系在一起,视技术创新为经济发展乃至社会进步的推动力量,为本书提供理论分析工具;"原生新媒体"概念的提出缘于ICT技术创新与商业资本的耦合,为本书提供具体研究对象;罗杰斯"创新—发展"过程模型融技术创新与资本逻辑为一体,为本书提供清晰的研究路径与研究框架,三者彼此相连共同奠定研究的理论基础。

一、"创新—发展"过程模型融技术与资本为一体

1. 创新(innovation)

创新在 *Merriam-Webster's Collegiate Dictionary*(第11版)中包含两层含义:①the introduction of something new;②a new idea, method or device。《中国大百科全书》认为"创新"是指现实生活中一切有创造性意义的研究和发明,包括创造、创见、创业、创举等义。经济学家J. A. 熊彼特在1912年出版的《经济发展理论》一书中提出创新概念,并在其1939年、1942年出版的《经济周期》和《资本主义、社会主义和民主》两书中进一步补充。熊彼特的"创新"是一个经济学概念,包括五个方面:①研制或引进新产品;②运用新技术;③开辟新市场;④采用新原料或原材料的新供给;⑤建立新组织形式。熊彼特的创新理论受到经济学界的重视,尤其在20世纪70年代以后,"创新"含义在熊彼特基础上又有了很大的延伸和发展。21世纪初,创新已演变为含义宽广的人类学概念,思想理论创新、科学创新、技术创新、管理创新、组织创新、经验创新、机制创新、体制创新、知识创新等。2006年2月,我国颁布的《国家中长期科学和技术发展规划纲要(2006—2020)》提出把中国建

---

① 陈元志. 面向持续繁荣的创新经济 [M]. 上海:上海交通大学出版社,2016:1

设成为创新型国家的目标。①

2. 技术创新(technical innovation)

《中国大百科全书》认为技术创新是指新产品、新工艺、新企业管理制度和方法从研究开发到投入生产、市场,进入应用的一系列活动的总过程,是以企业活动为基础的创新。强调新产品、新工业、新管理制度和方法的首次商品应用,强调新技术与经济的直接结合。创新既受经济发展状况与趋势的直接影响,反过来对经济产生重大影响,强调技术尤其高新技术在经济发展中的作用,把技术变革引发生产要素的重新组合视为经济发展的主要动力。经济学家把创新区分为技术创新和制度创新等。

技术创新产生于经济学家J.A.熊彼特1912年提出的一个经济学概念,把技术与经济增长、发展相连接,成为科学技术与经济有机结合和一体化发展的重要方面。影响因素有三个:①竞争程度。技术创新科研降低成本,提供产品质量和经济效益,帮助企业在竞争中占据优势,企业只有不断进行技术创新,才能在竞争中生存和发展。②企业规模。影响技术创新的能力:技术创新需要一定的人力、物力和财力,并承担一定的风险,企业规模越大技术创新能力越强;影响技术创新所开辟的市场前景,企业规模越大技术创新开辟的市场也就越大。③垄断力量。垄断力量影响技术创新的持久性:垄断程度越高,垄断企业对市场的控制力就越强,垄断厂商技术创新得到的超额利润就越能持久。一些学者认为,中等程度的竞争即垄断竞争下的市场结构最有利于技术创新。主要类型有两种:①渐进性创新,即技术革新;②突破性创新,即技术突破,包括技术系统变革、"技术—经济"范式变革。高技术的商品化和产业化是技术经济活动的根本目的和归宿。②

虽然创造性破坏理论和原生新媒体概念均强调技术与资本的有机结合,但两者都没有直接回答技术与资本是如何实现有机结合。罗杰

---

① 中国大百科全书总编辑委员会.中国大百科全书:第2版[M].北京:中国大百科全书出版社,1993:4-39

② 中国大百科全书总编辑委员会.中国大百科全书:第2版[M].北京:中国大百科全书出版社,1993:11-95

斯"创新—发展"模型最大的贡献在于清晰说明了技术发明与资本是如何有机结合的,进而形成技术创新推动经济发展与社会进步。具体如图3－2－1所示。①

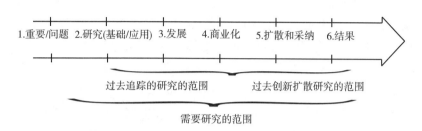

图3－2－1 罗杰斯"创新—发展"过程模型

由图3－2－1可见,罗杰斯"创新—发展"过程模型最重要创新意义在于强调一项新的技术发明演化成为一项新的技术创新,商业化是其中不可或缺的重要环节,新的技术发明只有经过商业化阶段才能成为技术创新,才能进入创新扩散过程。② 在商业化过程中资本逻辑发挥着至关重要的作用,通过"商业化"环节使资本逻辑与技术元素有机融为一体。

罗杰斯《创新的扩散》一书对"技术"的分类包含硬件技术(如设备、产品等)和软件技术(如知识、技能、理念、程序等)两大类,硬件技术通常都包含着软件因素,软件技术有时候不涉及硬件因素,如管理理念等。③ 前一类技术可概括为人类生产生活中制造的设备、产品及其使用方法和程序等硬技术;后一类技术可概括为人类知识及其产物,如管理方法、决策方法等软技术,是一种"总体"的技术观。④

---

① [美]罗杰斯.创新的扩散:第4版[M].辛欣,郑颖,译.北京:中央编译出版社,2002:118
② [美]罗杰斯.创新的扩散:第4版[M].辛欣,郑颖,译.北京:中央编译出版社,2002:118
③ [美]罗杰斯.创新的扩散:第4版[M].辛欣,郑颖,译.北京:中央编译出版社,2002:120
④ 周密.技术空间扩散论:"极化陷阱"之谜及其经济解释[M].天津:南开大学出版社,2010:2

二、参照"创新—发展"过程模型搭建研究框架

杨国斌认为互联网史研究中有两个倾向非常值得关注,其中之一便是从技术史角度出发讨论互联网如何扩散。① 20 世纪 90 年代中叶以来,BAT 等互联网巨头开创的"推出新媒体、获得国外风险投资、积极海外上市、融资后加码新媒体研发"运作模式几乎已成为国内互联网企业竞相效仿的"模板"。② 短短 20 多年时间,我国新兴互联网企业推出的各类原生新媒体在万维网技术创新扩散、海内外商业资本注资等因素推动下,从无到有、从小到大,已发展成一个充满朝气的新兴产业,对普通民众日常生活中人际交往、获取信息、休闲娱乐、购物消费等方方面面均带来创造性破坏影响。

罗杰斯《创新的扩散》一书以"创新的产生"为题用一章篇幅对"创新—发展"过程模型进行深入细致的介绍。作为一种中观理论(middle-range theory),③该模型不仅为原生新媒体历史书写提供理论支撑,而且也为本书"大题小做"、搭建框架提供参考依据。本书以罗杰斯"创新—发展"过程模式为框架,借鉴卢森堡大学 Gabriele Balbi《数字媒介史》一书的叙事模式,结合早稻田大学师生所绘媒体望远镜(media telescope)结构,参照李卫东对新媒体应用模式分类,④梳理出本研究基本框架。纵横两条线索不仅勾连起 ICT 技术 70 余年发展演化历程,而且呈现出国外 ICT 技术创新在我国扩散的历史脉络。将技术创新作为研究推进主轴,不仅勾勒出原生新媒体在三个层面、中美之间发展演化历程,而且呈现从技术发明、技术创新、创新扩散过程中,技术与商业资本、国家政策等社会因素交互作用。不仅厘清我国原生新媒体发展历程"是什么",而且揭示出其背后原因"为什么"及产生"怎

---

① 吴世文.互联网历史学的前沿问题、理论面向与研究路径——宾夕法尼亚大学杨国斌教授访谈[J].国际新闻界,2018(8)
② 周婷.传媒政策将逐渐放开 民营传媒资本已占近 80% 份额[N].中国证券报,2006 - 09 - 26
③ R. K. Merton. Social Theory and Social Structure [M]. New York: Free Press,1968:36
④ 李卫东.网络与新媒体应用模式[M].北京:高等教育出版社,2015:52 - 53

么样"效果。

本书在理论工具、研究对象、研究框架三方面均呈现技术元素与资本逻辑有机结合,资本逻辑作为技术创新产生与扩散的重要推手,在新技术、新媒体产生发展过程中发挥着重要作用。就原生新媒体而言,从底层终端诞生、网络技术发明、新媒体形态出现,技术元素构成了原生新媒体演进发展的"明线",资本逻辑构成原生新媒体演进发展了"暗线",这两条线索相互嵌入、共同构成原生新媒体演进研究发展的线索。

三、创新扩散理论与新媒体

新媒体崛起导致许多经典理论需要进一步发展补充,如本研究主要应用到"创新扩散"理论。彭兰教授认为新媒体技术既是一种"创新",又是一种"扩散渠道",两者结合在一起是否可能使新媒体技术创新扩散出现新的模式,扩散动力系统中特别是社会化媒体这样一种新的社会结构中,还有哪些要素值得我们去研究,①这些问题对于丰富、发展创新扩散理论具有重要意义。

德布雷认为技术产品和技术规范使得整个世界形成标准化,②新技术传播就是一个不断拓展的单向同化过程。罗杰斯《创新的扩散》一书对此有更全面、深入的说明,称之为"创新的扩散"。罗杰斯认为"创新"(最初主要指技术创新)就是一个实现传播者目的为导向的单向度宣传推广过程,与德布雷的观点不谋而合。此外,他对于创新动力机制、影响因素的研究也给后人许多启示。但在新媒体蓬勃发展的今天,新技术、新发明、新产品层出不穷,并非每一项新技术、新发明、新产品的扩散都符合罗杰斯所描绘的"S"型曲线模型,如博客、播客等新媒体的昙花一现,还没有达到拐点便黯然消失了,"S"型传播理论仅适合那些取得成功的新媒体传播情况。

德布雷、罗杰斯等人将新技术的传播看作一个单向过程,忽略了不

---

① [美]罗杰斯.创新的扩散:第5版[M].唐兴通,等译.北京:电子工业出版社,2016:506
② [法]德布雷.媒介学引论[M].刘文玲,译.北京:中国传媒大学出版社,2013:1

同国家受众媒介接受习惯、社会风俗等的强大影响力,如国外社交工具"推特"没有支付功能,但是微信、QQ等国内社交工具却增加了支付功能。由此可见,技术的扩散并不是一成不变的单向传播过程,而是受到社会各种因素影响的综合性过程。技术逻辑和社会逻辑共同影响着创新的扩散过程,很多新技术在扩散过程中原创者根据传播的反馈会不断进行调整、修改,在现代网络通信技术的支持下,创新扩散的交互性大大增强。

最后,罗杰斯创新扩散理论强调了新技术推广的积极意义,但是忽略了新技术推广通常会导致旧的技术消亡,导致社会方方面面随着发生改变。技术带来的影响不仅包括积极方面,也包括消极方面、不确定方面。传新扩散的过程本质就是一个取代的过程,是一个先"破"后"立"的过程,其结果也是复杂的。以新媒体为例,虽然电子邮件、微博、微信等各类新媒体的使用带给人们前所未有的信息便利,但同时也不断强化了人们对各类新媒体产品的依赖程度,碎片化浅阅读正在改变人们的阅读习惯,手机侵占了许多与亲朋共享欢乐的时间,等等。这些都应该在研究中给予高度关注。

本书针对目前新媒体研究中存在的研究对象笼统、研究方法与视角单一、对新媒体特性挖掘不够、基本概念与重要理论已经不能完全适用等问题,细化研究对象以原生新媒体为研究切入点,拓展研究方法与视角,将思辨、文献、数据挖掘等新旧方法及其研究视角引入原生新媒体研究中,从实践出发对过去形成的一些概念、理论做出必要的修正、补充与发展,如原生新媒体兴起对创造性破坏等概念、创新扩散等经典传播理论有何影响。这些问题从基础概念、基础理论中演绎而来,结合我国原生新媒体发展历程和研究现状,对上述基础概念、基础理论重新思考。[①]

[①] 胡菡菡."反学科"的传播学:告别"范式"想象,回归研究问题——从对两篇优秀硕士论文的学术论争谈起[J].新闻记者,2017(1)

第四章　原生新媒体技术架构的生成

> 第五次"信息革命"开始于 1946 年第一台电子计算机的诞生,计算机不仅是 ICTS 的技术核心,而且是我们所说的自动化、信息化、网络化、数字化、智能化等发展的基础设施。这种由 ICTS 驱动的发展实质性地变革了工业文明时代的方方面面。我们甚至可以说,20 世纪美国人发明的电子计算机所具有的划时代意义,足以与 17 世纪英国人发明蒸汽机的意义相提并论,换言之,就像蒸汽机的发明拉开了"工业文明"的帷幕一样,计算机的发明拉开了"信息文明"的帷幕。
>
> ——成素梅 ①

原生新媒体研究多从门户网站、搜索引擎、微博、微信等具体形态入手,探讨新的传播形态(或产品)对政治、经济、文化等社会要素的影响。作为信息文明的重要技术表征,原生新媒体源于 Web 开发、Hybird App 等网站或 APP 开发技术,依托计算机、智能手机等各类终端,形态迥异的各种网站和 APP 不过是原生新媒体在特定环境下的具体表现,对原生新媒体的解读不应停留在表层传播形态及其影响研究,而应深入承载原生新媒体形态的底层基础架构(计算机)、中层技术架构(互联网),从人类信息文明演进视角予以重新审视。

信息文明作为一种以计算机技术、微电子技术、网络技术、多媒体技术、人工智能等现代技术为基础,以超链接乃至万物互联为特征,以高度个性化和彼此互动为目标,以信息的占有、挖掘、利用等为资源,以数字化和智能化发展为趋势的新型文明,不仅推动了社会网络化、信息

---

① 成素梅.信息文明的内涵及其时代价值[J].学术月刊,2018(5)

化,甚至推动了地球拟人化,推动了技术与人相互延伸。①当计算机不再和计算有关并开始影响普通人生存时,②当互联网开始成为美国经济繁荣引擎时,③资本主义生产方式再结构并成功塑造以新"技术—经济"体系为特征的信息化资本主义(informational capitalism),④人类社会与人类自身随之发生深刻的变化,后人类时代正式开启,赛博人(电子媒介人)正从学术想象演化为现实存在。

第一节　微型计算机实现人与终端相互嵌入

> 计算不再只和计算机有关,它决定我们的生存。庞大的中央计算机——所谓"主机"——几乎在全球各地,都向个人计算机俯首称臣。我们看到计算机离开了装有空调的大房子,挪进了书房,放到了办公桌,现在又跑到我们的膝盖上和衣兜里。不过,还没完。
>
> ——尼葛洛庞帝⑤

计算机作为第五次信息革命的起点、信息文明的重要支点,不仅是承载原生新媒体各类形态的重要终端,同时也是处理原生新媒体运行海量数据的核心设备。无论是 Web1.0 时代新闻网站、门户网站,还是 Web2.0 时代微博、微信、智能手机 APP,各类新媒体都依托个人计算机、智能手机等数字终端,⑥人与终端的交流是整个新媒体传播的开始。以往新媒体研究通常聚焦于门户网站、微博、微信等原生新媒体形态,而忽略了承载这些原生新媒体形态的各类终端,仿佛它们都是中性

---

① 王战,成素梅.信息文明时代的社会转型[M].上海:上海人民出版社,2019:1
② [美]尼葛洛庞帝.数字化生存[M].胡泳,范海燕,译.北京:电子工业出版社,2017:61
③ 李方旺.美国信息技术产业的发展动因及启示[N].中国经济时报,2001-02-23
④ [美]卡斯特.网络社会的崛起:第3版[M].夏铸九,王志弘,译.北京:社会科学出版社,2006:13-16
⑤ [美]尼葛洛庞帝.数字化生存[M].胡泳,范海燕,译.海口:海南出版社,1997:4
⑥ 李卫东.网络与新媒体应用模式[M].北京:高等教育出版社,2015:7

新兴传输系统或平台,①很少关注这个系统或平台是如何形成的,以及在这一过程中人机间交互传播发挥怎样作用。

一、从"计算"到"人机共生"演变

计算机源于人类社会"计算"需求。20世纪30年代阿塔纳索夫(John Vincent Atanasoff)在衣阿华州立大学(Iowa State University)任教时,发现机械计算设备无法满足求解大型和复杂方程组需要,于是着手尝试研制电子管计算设备。在学生贝瑞(Clifford Berry)帮助下,他们提出世界第一台电子管计算机——"阿塔纳索夫—贝瑞"计算机(Atanasoff-Berry Computer,ABC)构想。② 1939年二战爆发后,阿塔纳索夫进入美国海军军械实验室效力,贝瑞进入公司工作,两人研究被迫中断。

战争是残酷的但常常又是"万物之父",不断催生新技术、新发明,在某种意义上战争甚至是不同媒介、信息技术数据流间的战斗。③ 二战中为更好地编制火炮射表,美国军方资助宾夕法尼亚大学摩尔电气工程学院(The Moore School of Electrical Engineering of the University of Pennsylvania)莫奇利(John William Mauchly)和艾克特(John Prosper Echert)展开相关研究,他们在阿塔纳索夫等前人研究的基础上,经过三年探索,终于在1946年2月14日推出世界第二台电子管计算机,这也是世界第一台通用计算机——埃尼阿克(Electronic Numerical Integrator and Computer,ENIAC),被广泛应用于美国国防、教育等领域,一直运行到1958年10月2日,其运算量超过1945年前人类几千年运算量之和。④ 埃尼阿克(ENIAC)庞大的运算量折射出战后美国从传统工

---

① 彭兰.新媒体:大有可为的公共信息平台[J].中国记者,2006(2)
② Boyanov,Kiril Lubenov. John Vincent Atanasoff:The Inventor of the First Electronic Digital Computing[A]. CompSysTech 03:Proceedings of the 4th International Conference on Computer Systems and Technologies:e-LearningJune[C]. New York:Association for Computing Machinery,2003:1 - 7
③ [德]基特勒.留声机 电影 打字机[M].邢春丽,译.上海:复旦大学出版社,2017:3 - 4
④ 胡守仁.计算机技术发展史(一)[M].长沙:国防科学技术大学出版社,2006:183 - 216

业社会转向后工业社会的快速转型。①

二战后第三次工业革命兴起,社会信息量增速迅猛,信息计算量日趋庞大,以大学与科研机构为主体的大型计算机研发与运营模式逐渐无法适应社会信息处理需求,资本开始推动计算机技术向商业、民用开发。1951年兰德公司推出世界第一台商用计算机UNIVA/I型机并称雄商用计算机市场,1953年IBM推出IBM/701、次年推出IBM/650等办公用计算机,②其他如控制数据公司(Control Data Corp,CDC)、通用电气、NCR等公司也敏锐地捕捉到其中潜藏的巨大商机,纷纷投入计算机商业化大潮。20世纪60年代初,IBM更是投入50亿美元用于研制"S/360"系列大型机,③成为当时仅次于阿波罗登月计划的美国第二大投资,磁盘存储等技术由此走入人们视野,模块化、通用化、标准化、系列化逐渐成为行业准则。④

大型计算机体积庞大、价格高昂、操作复杂,使用范围局限在大型企业、高校研究所等狭小领域。随着社会信息处理需求快速增长,数字设备公司(Digital Equipment Corporation,DEC)1959年推出了世界上第一台致力与用户互动的商用小型计算机PDP-1(Programmed Data Processor-1)⑤,不仅改变了计算机发展方向,为微型机发明埋下伏笔,⑥而且带动了存储、打印、通信等外围设备产业兴起,计算机硬件行业发展达到一

---

① 后工业社会是贝尔1959年在奥地利萨尔茨堡第一次提出,并在1973年出版的《后工业社会》一书中详加论述的一个概念。他将人类社会分为依靠原始劳动力从自然界提取初级资源的前工业社会、依靠制造业和机器技术生产商品的工业社会、高度重视知识技术的后工业社会三种形态。后工业社会中社会部门又被分为以农业、矿业、林业等自然资源加工为主的前工业部门,使用能源和机器技术从事商品生产的工业部门,从事加工处理行业的后工业部门三类。详见:贝尔. 后工业社会的来临[M]. 高铦,王宏周,魏章玲,译. 北京:新华出版社,1997:7-9.

② 左章健. 辉煌的背后:美国数字设备公司(DEC)发展个案剖析[M]. 广州:广东经济出版社,1999:3-4

③ G. M. Amdahl, G. A. Blaauw, F. P. Brooks. Architecture of the IBM System/360[J]. IBM Journal of Research and Development,1964(2)

④ 张烈生,王小燕. IBM 蓝色基因 百年智慧[M]. 北京:中国华侨出版社,2011:54

⑤ Schein, Edgar. Kampas, Paul. DEC is Dead, Long Live DEC: The Lasting Legacy of Digital Equipment Corporation [M]. Oakland: Berrett-Koehler Publishers,2004:37

⑥ http://www.computerhistory.org/pdp-1/introduction/,2010-04-05

个新高峰。①

历史学家柯林武德有句名言:"一切历史都是思想史",对于看似"客观"的历史叙事都离不开"主观"的历史哲学(或历史观)指引。就计算机早期发展历史书写而言,单纯史实考证虽然能够做到细节真实、表象真实,但如不重视史料背后潜藏的思想考察,极易出现盲人摸象或削足适履的窘况,历史叙事不仅应该贴近"史实"还应该贴近"史思"。就计算机发展而言,从大型机到中型机,从"计算"到"存储",从军事到民用,20世纪40年代中叶至70年代纷繁复杂的计算机快速发展表象背后,利克莱德发表的《人机共生》(*Man-Computer Symbiosis*)等文章具有指标意义,有助于理解计算机如何从单纯"计算"设备演变为"人机共生"重要媒介。

20世纪50年代,包括IBM公司职员在内的绝大多数人都将计算机视为巨型计算器(calculator)和数据处理器(data processor),利克莱德当时超前地提出交互计算机(interactive computing)构想,②《人机共生》一文对此有详细阐释:

> Man-computer symbiosis is an expected development in cooperative interaction between men and electronic computers. It will involve very close coupling between the human and the electronic members of the partnership. The main aims are 1) to let computers facilitate formulative thinking as they now facilitate the solution of formulated problems, and 2) to enable men and computers to cooperate in making decisions and controlling complex situations without inflexible dependence on predetermined programs... The hope is that, in not too many years, human brains and computing machines will be coupled together very tightly, and that the resulting partnership will think as no human brain has ever thought and process data in a way not approached by the information-handling machines

---

① 张烈生,王小燕. IBM 蓝色基因 百年智慧[M]. 北京:中国华侨出版社,2011:65
② Waldrop, M. Mitchell. The Dream Machine: J. C. R. Licklider and the Revolution that Made Computing Personal[C]. New York:Viking Adult,2001:202

we know today.①

通过上述文字可知,利克莱德不仅对人与机如何共生做出预测,而且提出人脑和计算机"耦合"(be coupled together)的大胆设想,与以往人机合作中机器通常作为手、脚等人体肢体或器官的延伸不同,人与计算机合作不再以"机械扩展的人"(mechanically extended man)方式展开,而是以"像人类般的机器"(humanly extended machines)方式进行,机器是对人类大脑的延伸,故而又被称为人工智能(Artificial Intelligence)。

人类大脑除处理信息外,兼具保存记忆、组织语言、进行交流等功能。没有记忆、没有"语言"、没有"交互"的机器只能算作"工具",不可能与"智能"相连,因此,《人机共生》一文花大量篇幅对 memory(记忆)、language(语言)、input and output(交互)等内容进行大量阐释,为计算机从"计算"向"智能"演进,从"工具"向"共生"转化,提供思想支持。对此,施乐帕洛阿尔托研究中心计算机科学实验室创始人罗伯特·泰勒曾对利克莱德的贡献有过一段颇为中肯的评价:"计算机技术的大部分重大进步——包括我的团队在施乐帕洛阿尔托研究中心所做的工作——仅仅是对利克设想的推断。他们并不是自己的新愿景。所以他是这一切的起点。"②

从大型机到中小型机,从工程计算到企业日常办公,硬件技术进步、配套软件成熟使得计算机在人类社会生活中扮演日益重要的角色,但对个人或普通家庭而言,即便是中型机仍然价格高昂、用途有限,更遑论大型机。计算机融入普通民众日常生活,对人们信息传播接受方式乃至人类本身产生深刻影响,源于个人计算机的发明。作为计算机发展史上第二次革命性变化,个人计算机的出现与硅谷技术创新、华尔街资本注入有着天然的关联,这与主要依靠政府、科研院所、高等院校的第一次计算机革命有着很大不同。

---

① Licklider. Man-Computer Symbiosis [J]. IRE Transactions on Human Factors in Electronics, 1960(3)
② 维基百科.约瑟夫·利克莱德[EB/OL].[2020-03-20]. https://bk.tw.lvfukeji.com/wiki/约瑟夫·利克莱德

二、微处理器的发明推动人脑得以延伸

个人计算机的出现源于一块小小的芯片——微处理器,在某种意义上甚至可以说微处理器奠定了计算机二次革命的物质基础,拉开了20世纪70年代美国计算机解放运动大幕,[1]进而推动知识与技术成为后工业社会中轴原理,对人类社会信息和知识交流产生重要影响,信息社会、知识社会便是这一社会巨变的衍生产物。[2]

个人信息处理需求仿佛满天星光,单个虽然微小但总体却很庞大。不论是单价百万美元的大型机,还是数万美元的小型机,对普通家庭而言都过于昂贵,无法满足海量个人信息处理需求,直至晶体管发明、硅谷崛起、微处理器诞生。微处理器作为计算机"大脑",负责大部分控制与执行工作,它决定了计算机的总体性能。[3]

20世纪50年代,随着光刻技术(photolithography)的发明,晶体管、电线、电阻、电容以及其他元件通过光照、加热、化学试剂处理等步骤附着在薄薄的硅晶圆片上,并经摞层、蚀刻等工艺形成集成电路系统。[4]英特尔(Intel)公司成立后致力将晶体管、集成电路等技术发明商业化,于1971年推出世界首款商用微处理器 Intel 4004,[5]其外形与内部结构如图4-1-1所示。

虽然Intel 4004外层仅16只针脚,却容纳2300个晶体管并已经开始初步具备内部逻辑秩序,作为计算机"大脑",负责大部分控制与执行工作,决定计算机的总体性能,[6]在一般性思维方面,完全可以取代

---

[1] Nelson, H. Theodor. Computer lib: Dream Machines [M]. Redmond: Tempus Books of Microsoft Press, 1987: 5 - 7
[2] [美]贝尔. 后工业社会的来临[M]. 高铦,王宏周,魏章玲,译. 北京:新华出版社,1997:5
[3] 马维华,奚抗生,易仲芳. 从8086到Pentium Ⅲ微型计算机及接口技术[M]. 北京:科学出版社,2000:31
[4] [美]马科夫. 睡鼠说:个人电脑之迷幻往事[M]. 黄园园,译. 北京:电子工业出版社,2015:xxxi,13
[5] 电子技术推广应用研究所一室. 微型计算机应用展望[J]. 电子技术应用,1997(2)
[6] 马维华,奚抗生,易仲芳. 从8086到Pentium Ⅲ微型计算机及接口技术[M]. 北京:科学出版社,2000:31

 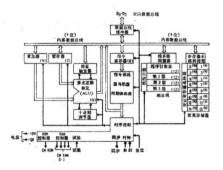

图4-1-1 左:Intel4004外形,①右:Intel 4004内部结构②

人脑,与Intel 4001(DRAM)、4002(ROM)、4003(Register)等硬件搭配便可组装出一台功能简单的微型计算机。Intel 4004与及稍后推出的Intel 8008相较电子管处理器在技术层面已实现质的飞跃,但两者在性能方面还存在许多缺陷,因而没有实现大规模社会应用。

持续技术创新与巨额资金投入使得"摩尔效应"快速发酵,1974年英特尔推出第二代微处理器Intel 8080,不仅技术性能有很大提升而且售价大幅降低(后期仅几十美元),为微型计算机诞生奠定了物质基础。当时MITS公司正面临破产窘境,老板爱德华·罗伯茨作为一名计算机爱好者,他敏锐地捕捉到利用Intel微处理器以及相关芯片组装微型计算机的潜在商机,经过一番与英特尔讨价还价,终以极低价格购买到英特尔微处理器。1975年1月MITS公司推出由Intel 8080和另一块存储器芯片拼装出的第一台微型计算机牛郎星(Altair 8800),如图4-1-2所示。

牛郎星实质就是一个金属盒子,借助面板上8个开关输入二进制数"0"和"1",借助面板上几排小灯闪动输出结果,其结构与功能都非常简单。只有硬件没有配套软件使得牛郎星功能非常有限,却引发一

---

① The Story of the Intel ® 4004[EB/OL].[2017-10-15]. https://www.intel.com/content/www/us/en/history/museum-story-of-intel-4004.html

② 吴季良,李襄筠.微型计算机应用一百例[M].北京:机械工业出版社,1985:570

图4-1-2 左:爱德·罗伯兹与牛郎星,①右:《大众电子》牛郎星8800广告②

批电脑爱好者在家庭车库里组装个人电脑的热潮,被称为"解放计算机"(computer liberation)运动。③与之前计算机价格高昂、性能复杂、主要用于各类机构处理办公事宜不同,微型计算机从诞生伊始便与普通人生活娱乐紧密相关,低廉的价格、简单的操作方式极大地降低了计算机的使用门槛,使普通人拥有计算机成为可能,并由此孕育出苹果、微软、甲骨文等一批高科技创新企业,④推动硅谷IT产业繁荣。

微处理器(CPU)作为晶体管、集成电路等信息通信技术创新的产物,不仅与内存、I/O共同构成微型计算机三大核心元素,更成为微型计算机信息处理的关键所在,是微型计算机的核心与灵魂。从1971年11月Intel公司研制成功4位微处理器——同时也是世界第一个微处理器4004,到稍后Intel公司推出8位微处理器8008和8080、Motorola公司推出M6800系列、Zilog公司推出Z80,到1978—1979年间Intel公

---

① 世界上的第一台个人电脑[EB/OL].[2017-09-07]. http://www.bjkp.gov.cn/art/2009/5/22/art_6544_159977.html

② 姜洪军.他们改变了乔布斯(5)牛郎星之父[EB/OL].[2017-09-07]. https://baijia.baidu.com/s? old_id=26202

③ Campbell-Kell,Martiny. Computer:A History of the Information Machine[M]. Boulder:Westview Press,2014:233-234

④ [美]弗赖伯格,[美]斯温.硅谷之火:个人计算机的故事[M].郑德芳,等译.北京:中国对外翻译出版公司,1985:30-40

司推出 16 位微处理 8086、Motorola 公司推出 M68000、Zilog 公司推出 Z8000,到 20 世纪 80 年代中叶 Intel 相继推出 80386、80486,再到 90 年代 Intel 推出"奔腾"处理器(俗称 586),微电子技术进入亚纳米和深纳米时代,硅集成电路进入单个芯片集成数以亿计元件的巨大规模集成电路阶段,①如图 4－1－3 所示。

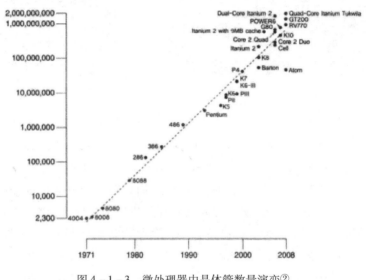

图 4－1－3　微处理器中晶体管数量演变②

由图 4－1－3 可见,随着 IT 领域技术创新不断突破,微处理器(CPU)晶体管数量从最初 2300 余个猛增到 21 世纪初的两亿多个,运算速度不断提升,信息处理能力不断升级,Intel、Motorola、Zilog、AMD 等高科技公司成功的商业化运营为上述技术创新提供了强大动力支持和物质保障。1965 年,英特尔公司创始人摩尔博士提出集成电路性能每两年翻一番,现在每 18 个月相关产品性能就会翻一番。微处理器作为微型计算机"大脑",其性能快速提升使得微型计算机信息处理能力也发生质的飞跃,为微型计算机更新升级奠定了物质基础。

---

① 毕克允.微电子技术:信息装备的精灵[M].北京:国防工业出版社,2000:119－121
② 吴军.浪潮之巅(上):第 3 版[M].北京:人民邮电出版社,2016:76

三、存储设备技术革新方便记忆储存

人类自诞生起一直探索保存记忆(或称存储信息)各类载体,从结绳记事、甲骨钟鼎、竹简帛书、纸质书籍等实物载体,到磁带、硬盘、软盘、U 盘、移动硬盘等各类磁性存储载体,CD 光盘、DVD 光盘等光存储载体介,以及网盘、云盘等网络储存载体,等等。① 在文字诞生前,人类以手结绳、表数记事;信息时代,文字、声音与影像可以存储在以比特为单位的数据存储容器内,②信息存储设备赋予计算机"生命",我国学者直接将之称为电脑:

> 科学最近的最可怕的成就是造成了一个有记忆力的电脑。因此这机器变得很有人性了,因为记忆力是与智力最有密切关联的一种作用,这是很使人感到不舒服的。③

罗斯布拉特在《虚拟人:人类新物种》"机器中的幽灵"一节中提出"如果它们(机器)能像人类一样思考,那么它们(机器)就是人类",数字技术与思想克隆技术使得人类情感与智慧的持续甚至不朽正成为可能,④使得这种"可能"成为可能的正是源于 20 世纪 40 年代计算机信息存储设备的发明和存储技术的演进,由此计算机不再囿于"计算",而是朝着人类思维的方向演进。

就与普通人日常生活关系紧密的微型计算机而言,各类信息主要保存在多种设备内,具体如图 4-1-4 所示。

图 4-1-4 中的设备可大致分为内存和外存两类。内存(又称为主存)用于存放微处理器(CPU)运算所需的程序和数据,1982 年 PC 进入民用市场时,与 Intel 80286 处理器搭配的 30 pin SIMM 成为最早的内存,386 时代和 486 时代随着 CPU 升级为 16 位 72 pin SIMM 内存

---

① 刘兰娟,郑大庆,杜梅先.管理信息系统[M].北京:清华大学出版社,2012:46-57
② 王荔.从结绳记事到比特:人类心灵的表达[M].上海:同济大学出版社,2017:I
③ 宜孙.电脑[J].时与潮副刊,1947(5)
④ (美)罗斯布拉特.虚拟人:人类新物种[M].郭雪,译.杭州:浙江人民出版社,2016:9-53

成为主流配置,①CPU进入"奔腾"时代后,内存性能随着微处理升级性能不断优化。其中不论是随机存储器(RAM)还是只读存储器(ROM)均主要服务于微处理器,与使用者较少发生直接关联。

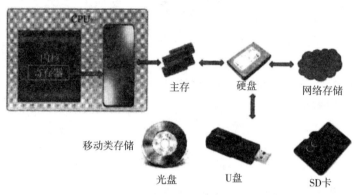

图4-1-4 微型计算机存储载体类型②

外存(又称辅助存储器)与微处理器(CPU)没有直接联系,主要用于存储用户信息以及不同计算机用户间信息交流,是普通人保存记忆、交流信息的重要载体,与"传播"有着紧密联系。常见的外存有磁盘、光盘、U盘等多种类型。以磁盘为例,硬盘过去大多被永久性地密封固定在驱动器中,由一个或者多个覆盖有铁磁性材料铝制或者玻璃碟片组成。1956年IBM公司推出今天硬盘雏形——305 RAMAC(Random Access Method of Accounting and Control),③参见图4-1-5。

虽然其存储容量仅5M,但体积却接近两个冰箱大小,无法应用于微型计算机,无法进入普通人日常生活之中。对技术与市场双重洞察之后,IBM继续投入大量资源用于存储设备研发,并于1973年推出绰号为"温彻斯特"的M3340,初步奠定了今天硬盘的基本架构。1980年希捷(Seagate)公司推出世界首款面向台式机的5M硬盘。从1970年

---

① 袁飞云.计算机组装与维护教程[M].西安:西北工业大学出版社,2010:50-51
② 万木扬.大话处理器:处理器基础知识读本[M].北京:清华大学出版社,2011:36
③ A. S. Hoagland. History of Magnetic Disk Storage Based on Perpendicular Magnetic Recording [J]. EEE Transactions on Magnetics,2003 (4)

到1991年,硬盘盘片储存密度以每年25%~30%速度增长,从1991年开始每年增长速度提升60%~80%。如果说微处理器(CPU)性能提升与内存不断扩容使得微型计算机信息处理能力不断增强、更加"聪明",那么硬盘盘片密度不断增加则使得计算机存储容量不断增大,从而保存更多的个人信息与记忆。

图4-1-5 世界第一块硬盘 IBM 305 RAMAC ①

硬盘虽然有诸多好处,但是无法移动。当人们需在不同微型计算机间传递信息时,硬盘显然无法满足需要。在这一大背景下,1971年IBM公司工程师阿兰·舒格特带领团队成功研制出世界上第一张软盘,因其由表面涂有磁性物质的圆形聚酯胶片制成而被称为软盘。1976年阿兰·舒格特等人研制成功5英寸软盘和驱动器,1981年索尼公司首先发明3英寸驱动器和软盘。软盘发明为记忆(信息)流动提供了极大便利,使用者借助软盘不仅可以实现不同机器之间的信息共享,而且不同使用者之间可以通过软盘实现信息交换:

---

① 新客网.世界第一块硬盘就是这样:比冰箱大、1吨重[EB/OL].[2017-03-09].http://o.xker.com/page/e2017/03/269779.html

第二天，我就去学校西门电子市场买了一盒3.5英寸的软盘，把能弄到的小游戏和软件复制进来，当成宝贝一样。最猛的是我隔壁宿舍的一个同学，买了一盒子软盘，复制了一款三国游戏，每次上机的时候都把10张软盘的内容全部解压到电脑硬盘上，然后再玩，通关秘籍记了一个大笔记本，佩服得我五体投地。日子在一天一天地过着，乏味无比，直到1996年年底的一天，我们宿舍一个哥们的同学从浙江寄来了一封信，信里没有信纸却夹了一张软盘，我们拿着这个软盘去机房上通宵，用QPEG将软盘中的文件打开了，是一张会动的图片，嘿嘿，还是带色的，真是过瘾。

（网友：河鲫）

软盘发明使得微型计算机拥有"记忆"能力，使得人与人之间、人与机之间、机器之间信息流动成为可能。由于软盘容量小且容易损坏，其功能已逐渐被U盘、移动硬盘所取代，微型计算机真正成为普通人保存记忆与信息的重要媒介。硬盘、软盘、光盘、U盘、移动硬盘等各类外存新技术、新产品的相继发明，不仅使得微型计算机能存储更多的使用者信息，保留更多的使用者记忆，而且无差别、低成本的信息复制使得信息交流、记忆共享更加便捷。IBM、希捷、金士顿等公司通过技术创新，不仅获得巨额商业利益，也为人们提供了性能更好、价格更廉的信息存储与交换工具，使微型计算机真正成为普通人保存记忆与信息的重要媒介。

四、外围设备实现"人机"信息交互

微处理器与硬盘的发明使得微型计算机具备能计算、能记忆的"大脑"，但如果没有鼠标、显示器、打印机等外围设备，微型计算机仍停留在"牛郎星"那样需使用开关输入信息、小灯输出结果的阶段，普通人与微型计算机间信息交互将会非常困难。键盘的发明使得"人→机"信息输入变得方便快捷，显示器发明使得"机→人"信息输出变得清晰明了。

1976年，同为电子技术爱好者的沃兹尼亚克(Steve Wozniak)受牛

郎星启发,用 MOS Technology 公司 6502 芯片组装出第一代苹果(Apple I)微型机。虽然交互性能较差,主要面向少量计算机发烧友,但键盘的发明极大地方便了用户信息输入。乔布斯敏锐地捕捉到微型计算机背后潜藏的巨大商机,他与好朋友韦恩共同成立苹果公司,并于 1977 年在 Apple I 基础上推出改良版的第二代苹果电脑(Apple II),如图 4 - 1 - 6 所示。

图 4 - 1 - 6 左:Apple I,右:Apple II

通过改良键盘、配置显示器、增加外存等外围设备革新,安装字处理软件 WordStar、数据库软件 dBase II、电子表格软件 VisiCalc 等兼容软件,Apple II 的交互性发生了质的飞跃,使用更加便捷,功能更加强大,逐渐成为各类小型机构、专业人必备工具。①我国代表团赴洛杉矶时报、日报经济新闻等海外知名媒体参访时,惊叹上述新闻机构已使用微型计算机进行新闻生产,微型机作为稿件处理神经中枢可谓名副其实的"电脑"。② Apple II 稳定的性能、友好的人机交互界面使得原本分散的个人信息处理需求被"点燃",迅速形成一个每年销售达上亿美元的新兴市场,推动微型计算机技术创新发展。

IBM 5150 是继 Apple II 之后微型计算机发展历史中另一个里程碑式技术创新,如图 4 - 1 - 7 所示。

---

① 唐飞. IT 企业竞争战略研究[M]. 北京:中国政法大学出版社,2013:124
② 周立方. 国外新闻技术的现代化[J]. 新闻战线,1979(1)

图 4-1-7　IBM 5150 ①

　　从软硬件配置看,该机型配备 Intel CPU、内存、显示器、软盘驱动器等硬件,并且预装微软开发的 MSDOS 系统。现代个人计算机架构基本延续 IBM 5150 模式,个人计算机(Personal Computer,PC)一词由此而来;②从生产模式看,5051 进一步拓展了 IBM 计算机兼容原则,除 BIOS 外所有资料都公开,各类兼容机厂商迅速崛起:1982 年康柏(Compad)、1984 年戴尔(Dell)和联想……兼容性随之成为微型计算机领域的核心法则之一,IBM 开创了一条与苹果公司完全相反的微型计算机创新发展路径。

　　从使用者(或人机交互)角度看,Apple II 和 IBM 5150 建立在键盘输入字符用户界面(Command User Interface,CUI)又称命令行界面(Command-Line Interface,CLI)的基础之上。人类作为视觉动物,直观图像最符合人的天性,③字符用户界面(UCI)对普通民众而言并非理想的人机界面(Human-Machine Interface,HMI),④施乐公司同年推出的

---

① PC 发展史:个人 PC 开山鼻祖的前世今生[EB/OL]. http://www.admin5.com/article/20151026/629345.shtml;王金保,王春和,孙桂兰. IBM-PC 计算机简明上机指导书[M]. 武汉:华中理工大学出版社,1990:5.
② 王永顺,沈炯. 战略性新兴产业:成长、结构和对策[M]. 南京:东南大学出版社,2012:19.
③ 刘洪. 关于图像传播的思考[J]. 理论界,2006(S1).
④ 人机界面指连接可编程控制器、变频器等控制设备,利用显示屏显示,键盘、触摸屏、鼠标等输入参数或操作命令,进而实现用户与机器的信息交换的系统,一般由硬件设备和操作软件两部分构成。详见:席巍. 人机界面组态与应用技术[M]. 北京:机械工业出版社,2010:1.

Star 电脑完成从键盘到鼠标、从命令到视窗、从文字到图像的图形用户界面(Graphical User Interface,GUI)的转型,首创用户界面概念以及鼠标、图标、窗口等技术,能与激光打印机、以太网等外部设备兼容;①1984 年苹果公司推出的 Macintosh 进一步引入超级卡(Hypercard)技术,使其成为第一台具备多媒体功能的微型计算机,②进一步丰富微型计算机功能,详见图 4 − 1 − 8。

图 4 − 1 − 8 左:施乐 Star 电脑,③右:苹果 Macintosh ④

至此,"人—机"交互架构基本形成,普通民众可以便捷地借助键盘、鼠标、话筒等输入设备向计算机传达各种操作指令,同时通过显示器、喇叭等输出设备了解进程、输出结果,如图 4 − 1 − 9 所示。

从 20 世纪 70 年代至今,随着软硬件技术创新发展,微型计算机与人的交互方式在不停地发展演化中,越来越便利,甚至形成一门专注于研究"人—机—环境系统"协调的新学科——人因工程学(human factors engineering)。⑤

---

① 云晓光.电脑金童:比尔·盖茨[M].上海:上海人民出版社,1997:205
② 华东高校计算机基础教育研究会.多媒体技术与应用教程[M].上海:上海交通大学出版社,2000:2
③ 苹果 25 年诉讼史回顾 捍卫王冠保卫战[EB/OL].[2012 − 08 − 14]. http://www.bookdao.com/article/44707/
④ 科技领跑者!看苹果 Mac 是如何进化的[EB/OL]. http://nb.zol.com.cn/603/6036049_2.html
⑤ 丁玉兰,程国萍.人因工程学[M].北京:北京理工大学出版社,2013:2 − 5

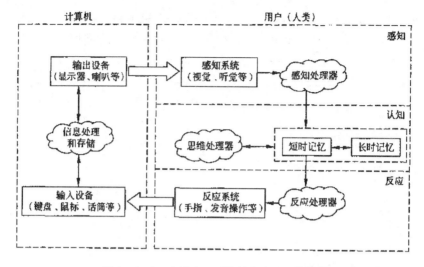

图4-1-9 人机交互系统的信息处理模型①

可以说,微型计算机自诞生以来,外围设备技术创新开辟了人机界面信息设计新领域,人机界面交互设计等领域研究使得微型计算机交互性能不断提升,为普通用户提供越来越多的便利。加之,Windows、OFFICE等操作系统、计算机软件的不断改善,计算机不再是实验室专业人员的专属,开始走入学校,走入普通人家庭生活:②

> 不知道大家是什么时候接触电脑的? 是的,电脑。二年级那会儿老师让我们每人都准备两个塑料袋当鞋套,开微机课了,没套鞋套的学生不给进。没有网,两三个人一台,老师给讲怎么用自带软件画图,怎么打字……
> 真正拥有属于自己的电脑是在初三。山东中考要考计算机,貌似是占七十分还是五十分。初三上半年,父母请人给组装了台电脑,扯了网线,还记得当时的兴奋,和阿舍一起挤在电脑

---

① 董建明.人机交互:以用户为中心的设计和评估[M].北京:清华大学出版社,2003:11
② 柏少啊.第一次接触电脑,我不敢乱碰[EB/OL].[2018-12-13]. https://www.jianshu.com/p/d5a10feee2d5

桌前,激动地申请了 QQ 号,恨不能昭告天下,我也是有 QQ 的人了……

山东小城市郊区的真实情况,直到后来接触的多了才明白我们那到底有多落后。很庆幸,我们那里很多父母相信读书改变命运,我同龄的很多人都上了大学,见识到更广阔的世界;庆幸现在的孩子能接触到更多东西……

即便偏远山区的孩子们也能够使用微型计算机:①

18 年前,对于偏远山区,一个学校有一台电脑就简直是极其奢侈的贵重物品了。记得那时刚上三年级,上午第三节课刚下,办公室门口就围满了人。你一句我一言,大家讨论得很热烈。由于我当时所在的班距离办公室最远,等我们跑过去时,已经是最外面的一层了。为了看清到底是个啥玩意引起大家的兴趣,我们后面的又跑回教室搬来凳子,踩在上面看。

交互设备与技术不断演进使得电脑操作越来越方便,即便是偏远地区从未接触过微型计算机的小学生,也能很快上手。只不过当时台式电脑非常笨重,1985 年日本东芝公司推出了 T1000——第一次给人们带来"笔记本电脑",②成为微型计算机发展史上又一个里程碑式产品,如图 4-1-10 所示。

与台式机相比,笔记本电脑具有体积小、重量轻,携带方便等优点;移动电源的配置更打破台式机原本的时空限制,使用起来更加方便。

---

① 寒影阁.第一次接触电脑,那个像电视的是啥玩意:贫穷限制了我的想象力[EB/OL].[2018-02-12]. http://mini.eastday.com/mobile/180212232142411.html#
② 陈静,唐家琳,田媛,等.移动办公与管理[M].北京:对外经济贸易大学出版社,2012:40

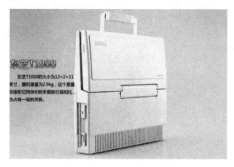 

图4-1-10　左:东芝T1000外观,右:东芝T1000内部①

五、作为"电脑"的微型计算机隐喻

微型计算机一词作为英文单词 Microcomputer 直译,20 世纪 70 年代末逐渐为国人所知,因它能代替人脑的某些功能所以又被为电脑。②电脑作为中文原创新词,就其内涵与外延而言,可视为计算机(computer)同义词;③就其使用而言,电脑一词早期多为《自然辩证法通讯》《国际贸易问题》等人文社科刊物、著作所用,与微型计算机一词多出现在《微电子学与计算机》《电子技术应用》等理工科专业刊物、著作有所不同。1981 年 IBM 公司推出 IBM PC 微型机后,由于其功能齐全、价格便宜,很快便成为微型计算机市场主导机型直至成为其代名词,有国人将其直译为个人计算机,如任元兰《个人计算机采用 16 位 Z8001 微处理器》将 Z8001 型个人计算机视为计算机系统现代化开端;④也有国人将其译为更具本土色彩的个人电脑,如于作达《16 位个人电脑剖析》等。⑤

埃利亚斯认为当人们突然对某些词汇感兴趣,几乎总是意味着人

---

① 压箱底的古董! 笔记本鼻祖东芝 T1000 图赏[EB/OL].[2012-11-25]. http://www.pconline.com.cn/app/shiwan/1211/3075063_4.html
② 耿守忠.神奇的电脑[J].中国民族,1979(1)
③ 戴曙明.电脑的起源(上)[J].自然辩证法通讯,1979(2);戴曙明.电脑的起源(下)[J].自然辩证法通讯,1979(3)
④ 任元兰.个人计算机采用 16 位 Z8001 微处理器[J].微型机与应用,1983(3)
⑤ 于作达.16 位个人电脑剖析[J].计算机应用研究,1984(3)

类生活本身的改变。① 日常生活中,人们已经很少使用"微型计算机"一词,更喜欢用"电脑"指代微型计算机。微型计算机作为一个具有浓厚技术色彩概念,凸显微型计算机体积、存储容量等技术特征;电脑作为一个具有重要仿生学意义概念,②凸显微型计算机作为人脑的延伸,集网上冲浪、影音娱乐等功能于一身,既是个人娱乐的工具,也是工作不可或缺设备,③更加通俗易懂。从微型计算机到电脑,名称变化不仅折射出人们的认知变化,更反映出与人的关系已经发生质的变化,利克莱德《人机共生》一文提出的种种设想已经或正在变成现实。

海勒认为当今的主体有两个身体:"表现的身体"以血肉之躯出现在电脑屏幕的一侧,"再现的身体"则通过语言和符号学的标记在电子环境中产生。④ 换言之,"人—机(电脑)"信息交互实际形成了两个"人":一个是社会中真实存在的"自然人",一个是自然人通过与微型计算机"对话"形成的"数字人",数字人是自然人的映射但并非自然人本身,在互联网中人与人之间的交流实际是"数字人"而非"自然人"。

这种特殊现象的形成与微型计算机的技术特性有着密不可分的联系:与人类以往发明的各类工具(从最早的天然工具、简单手工工具到近代各类机器)延伸人的四肢不同,计算机以人类大脑和思维作为模仿对象,是对人类大脑的延伸。⑤ "计算机之父"诺依曼在其《计算机与人脑》一书中,从逻辑作用视角出发,将神经细胞与真空管、晶体管做比较,认为神经元和人造计算机元件存在诸多相似之处,⑥计算机与人脑在物理层面存在关联。2016 年,麻省理工学院更是研发出一种比头

---

① [德]埃利亚斯.文明的进程:文明的社会起源和心理起源的研究[M].王佩莉,袁志英,译.北京:生活·读书·新知三联书店,1998:123
② 崔庚寅,张翠英,崔凌浩.人脑:自然界最伟大的奇迹[M].石家庄:河北科学技术出版社,2012:83
③ 安娜.日新月异的信息科学[M].北京:北京工业大学出版社,2012:138
④ 孙玮.赛博人:后人类时代的媒介融合[J].新闻记者,2018(6)
⑤ 吴向东.人脑与电脑之争[M].探索与争鸣,1997(8);冯义昆.试论电脑与人脑的关系[J].延边大学学报:哲学社会科学版,1980(2)
⑥ [美]诺依曼.计算机与大脑[M].甘子玉,译.北京:商务印书馆,2011:38-39

发丝还细的新纤维,以实现电脑与人脑联通,①将人脑与计算机关系推入一个新时代。有研究者对互联网模拟情况做了形象类比,稍作修改用于描述个人计算机与人脑关系更为合适,具体见图 4-1-11。

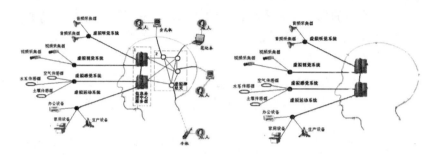

图 4-1-11　左:互联网模拟大脑②,右:个人计算机模拟大脑

各类 PC 计算机(台式机、笔记本、平板电脑)好像人的头部:主板是大脑,显示器是人脸,摄像头是眼睛,语音输入系统是耳朵,输出系统是嘴巴,键盘和鼠标是辅助沟通工具,面向未来的第五代计算机更是能够模拟人脑高级思维能力。③ 信息革命兴起给人类在带来诸多便利的同时,也引发人与机关系的深入思考,沃卓斯基兄弟《黑客帝国》三部曲用科幻电影形式探讨计算机智能对人类挑战的焦虑远景想象。④ 技术创新推动微型计算机运算性能、交互性乃至形态不断变化,商业化运作推动新技术迅速应用于微型计算机生产,基于商业资本运作的技术创新推动微型计算机快速向家庭普及,与普通人休闲娱乐、工作学习等日常生活有机融为一体。

---

① 新浪科技.黑客帝国成真:MIT 找到联通电脑人脑方法[J].科学与现代化,2016(1)
② 刘锋.互联网进化论[M].北京:清华大学出版社,2012:5
③ 李继灿.计算机硬件技术基础:第 2 版[M].北京:清华大学出版社,2011:2
④ 2017 年 12 月 8 日由华东政法大学与《探索与争鸣》杂志联合举办的研讨会上,华东师范大学王锋教授发表"人工智能叙事与未来想象"主题演讲,将计算机为代表的人工智能引发的社会效应,分为技术加速引发近景想象(50 年内)、过渡性中景想象(50-300 年)、焦虑性远景想象(300 年后)三个维度,他认为技术未来如何发展现在无法准确预测,人们对于技术引发的现实变革充满想象,这种想象随着时间距离不断变化,逐渐演化为社会心理焦虑。

第二节　万维网推动数字化社会网络形成

> 今天网络经济革命的意义远不仅在于技术范畴中的互联网替代个人电脑的中心地位,更重要的是社会生活的未来趋势与价值参照,将从以物质财产为核心转向以信息资产为核心,从而衍生出人们对自身价值、工作方式、生活交往方式及思维方式等的新认识。
>
> ——陆群[①]

互联网作为承载各类原生新媒体的中层技术架构,建立在计算机通信技术基础之上。1946 年埃尼阿克(ENIAC)发明后很多年计算机间一直无法彼此连通,直到1954 年一种新收发器(transceiver)终端发明后,不同计算机间才可以通过电话线路实现数据传输,计算中心服务模式逐渐让位于计算机网络服务模式,[②]计算机(computer)不再仅作为计算器(calculator)使用,而成为庞大社会信息网络中无数大小节点。

从具有通信功能的单机系统,到具有通信功能的多机系统,再到计算机网络,电话线路、光纤宽带、移动通信等通信技术创新为计算机数据传输与交换提供了极大便利,计算机技术创新催生程控交换机等通信新技术,推动通信网络性能不断提升。[③] 信息技术(Information Technology,IT)与通信技术(Communication Technology,CT)技术逐步融合,信息通信技术(Information Communications Technology,ICT)作为一个全新领域快速崛起,[④]计算机网络对人类社会发展产生日益重要的影响。

如果说微型计算机的发明使得人机共生成为现实,人与计算机交互进而形成"电脑""身外之身",那么互联网的发明则是将无数个"电

[①] 陈禹安.UGC 语境下传统媒体的被渠道化[J].新闻实践,2010(5)
[②] 黄叔武,刘建新.计算机网络教程[M].北京:清华大学出版社,2004:1
[③] 佚名.计算机网络软件介绍[J].电子计算机参考资料,1979(9)
[④] 李保红.ICT 创新经济学[M].北京:北京邮电大学出版社,2010:47 – 49

脑"相连、无数个"身外之身"相连,形成一个由无数节点构成的虚拟网络空间,进而将线下各种社会关系乃至现实社会映射其中,原本孤立的"数字身体"也转化为生存在网络空间的"赛博人"或"电子媒介人",人类社会媒介化发展到前所未有的程度,网络社会快速崛起,信息文明成为新的时代表征。

美国不仅是各类型计算机的发源地,也是互联网的诞生地、互联网商业化的策源地,是孕育各类原生新媒体"种子"的摇篮,在全球互联网50多年历史中至少前30年占据绝对中心地位,[①]对于互联网的历史及其思想的书写仍需从美国着手。

一、从 internet 到 Internet 的技术演进

任何试图彻底追踪一件事情起源的做法,都被证明是极为困难的,首先遇到的难题便是很难确定从哪里开始。[②] 计算机诞生伊始是以计算为中心的庞然大物,为更好地发挥其数据处理功能,计算机科研人员尝试通过调解器、公共电话网等硬件设备实现计算机与各类终端相连,进而实现远距离不同计算机之间彼此连接。连接是计算机从"人—机"传播转向"机—机"传播乃至"人—人"间传播的起点,也是孕育互联网、将社会网络逐步数字化的原点,具有重要的传播学意义。

1. 基于电话线路直接连接的 internet 网络

早期计算机体积庞大、操作复杂,需要专业人员提前输入特定算法才能处理成批信息,远距离用户使用非常不方便。20世纪60年代初,随着计算机在工业、商业、军事等部门被广泛使用,越来越多的数据同样需要进行批处理,商业公司、高等院校、政府部门开始尝试通过调解器、电话等通信设备将不同地区的计算机连接在一起,以便数据(信息)传递。从最早单机工作模式,到有通信功能(单机)脱机批处理系统,再到有通信功能的(单机)联机系统,计算机从孤立走向连接,人与计算机远距离信息传递逐步实现,具体如图4-2-1所示。

[①] 方兴东,钟祥铭,彭筱军.全球互联网50年:发展阶段与演进逻辑[J].新闻记者,2019(7)
[②] 郭良.网络创世纪:从阿帕网到互联网[M].北京:中国人民大学出版社,1998:3

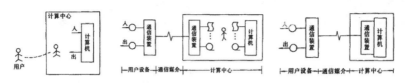

图4-2-1　左:单机模式,中:有通信功能脱机,右:有通信功能联机①

由图4-2-1可知,计算机最初只能实现"人—机"间信息互动,通信技术与计算机技术结使得"人—机—人"传播成为可能,计算机开始作为人际交流的"中介"出现,现实中人际关系开始映射到虚拟internet空间。

随着计算机用户数量和终端数量不断增加,原有单机联机越来越难以满足信息处理需求,前端处理机的发明有效地解决了这一问题,如图4-2-2所示。

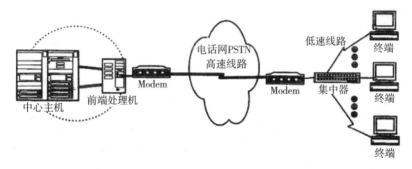

图4-2-2　具有通信功能的多机系统②

20世纪60年代,这种面向终端计算机通信网借助已有公用电话网获得很大发展,尤以IBM公司负责牵头研制的SAGE(Semi-Automatic Ground Environment)最为知名,甚至有研究者将这种只有一台中心计算机的简单计算机网络称为第一代计算机网络。③后逐渐演化为公共电话交换网(Public Switched Telephone Network,PSTN),其工作原

---

① 张书杰.计算机实用基础[M].北京:北京工业大学出版社,1997:320
② 袁家政.计算机网络[M].西安:西安电子科技大学出版社,2001:4
③ 宋文官,蔡京玫.计算机网络基础[M].北京:中国铁道出版社,2007:2

理如图4-2-3所示。

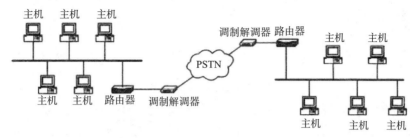

图4-2-3 局域网通过PSTN连接示意图①

由图4-2-3可知,鉴于每个节点都为可以提供网络接入服务,PSTN成为特定群体工作关系的虚拟映射空间。

上述早期广域网(Wide Area Network,WAN)基本采用电路交换(Circuit Switching,CS)方式将电路临时分配给一对通信用户使用,只有其挂机后其他的用户才能使用。这一模式下,实现计算机之间通信依靠电话网(PSTN)的物理连接,如图4-2-4所示。

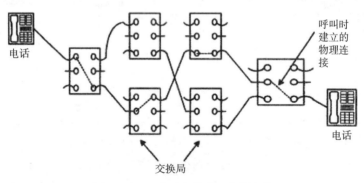

图4-2-4 电路交换的工作模式②

拨号过程中电话网中的程控交换机建立物理通路,通话双方在通话过程中始终占有整个端到端的通路,通常被称之为电路交换,与今天

---

① 蔡建林,李瑞林.计算机网络基础及应用[M].西安:西北工业大学出版社,2011:47
② 袁家政.计算机网络[M].西安:西安电子科技大学出版社,2001:5

互联网有很大不同。

2. 阿帕网成立推动 internet 向 Internet 过渡

1957 年苏联成功发射第一个人造地球卫星 Sputnik,震惊了世界。为了和苏联在高科技领域展开对抗,美国 1958 年成立了 ARPA(Advanced Research Projects Agency,高等研究计划局)负责高科技研究。[①] 1962 年利克莱德(J. C. R. Licklider)博士受邀担任该局指令和控制研究室(CCR)主任,他招募一批优秀科学家从事计算机网络研究,并自作主张将 CCR 改名为 IPTO(信息处理技术办公室)。[②] 正是在这一大背景下,利克莱德带领一大批科学家、工程师于 1969 年正式发明因特网(Internet)的前身——ARPAnet,利克莱德所著《备忘录:星系间计算机网络的成员和附属机构》(*Memorandum For : Members and Affiliates of the Intergalactic Computer Network*,1963)更成为建构阿帕网的宏伟蓝图:

It is difficult to determine, of course, what constitutes "group advantage". Even at the risk of confusing my own individual objectives (or ARPA's) with those of the "group," however, let me try to set forth some of the things that might be, in some sense, group or system or network desiderata. There will be programming languages, debugging languages.

There will be programming languages, debugging languages, time-sharing system control languages, computer-network languages, data-base (or file-storage-and-retrieval languages), and perhaps other languages as well. It may or may not be a good idea to oppose or to constrain lightly the proliferation of such. However, there seems to me to be little question that it is desirable to foster "transfer of training" among these languages. One way in which transfer can be facilitated is to follow group consensus in the making of the arbitrary and nearly-arbitrary decisions that arise in the design and

---

① 现名 DARPA,其更名历程与技术贡献详见其官方网站历史介绍栏目。http://www.darpa.mil/about-us/darpa-history-and-timeline? PP = 0, 2017 - 04 - 06
② 第一个织"网"的人:J. C. R. Licklider 博士. 软件世界,1998(12)

implementation of languages. There would be little point, for example, in having a diversity of symbols, one for each individual or one for each center, to designate "contents of" or "type the contents of." It seems to me desirable to have as much homogeneity as can reasonably be achieved in the set of sub-languages of a given language system-the system, for example, of programming, debugging, and time-sharing-control languages related to JOVIAL on the Q-32, or the system related to Algol (if such were developed and turned out to be different from the JOVIAL set) for the Q-32 computer, or the set related to FORTRAN for a 7090 or a 7094.

...

There is an analogous problem, and probably a more difficult one, in the matter of language for the control of a network of computers. Consider the situation in which several different centers are netted together, each center being highly individualistic and having its own special language and its own special way of doing things. Is it not desirable, or even necessary for all the centers to agree upon some language or, at least, upon some conventions for asking such questions as "What language do you speak?" At this extreme, the problem is essentially the one discussed by science fiction writers: "how do you get communications started among totally uncorrelated 'sapient' beings?" But, I should not like to make an extreme assumption about the uncorrelatedness. (I am willing to make an extreme assumption about the sapience.) The more practical set of questions is: Is the network control language the same thing as the time-sharing control language? (If so, the implication is that there is a common time-sharing control language.) Is the network control language different from the time-sharing control language, and is the networkcontrol language common to the several netted facilities? Is there no such thing as a network-control language? (Does one, for example, simply control his own computer in such a way as to connect it into whatever part of the alreadyoperating net he likes, and then shift over to an appropriate mode?)

It will possibly turn out, I realize, that only on rare occasions do most or all of the computers in the overall system operate together in an integrated network. It seems to me to be interesting and important, nevertheless, to develop a capability for integrated network operation. If such a network as I envisage nebulously could be brought into operation, we would have at least four large computers, perhaps six or eight small computers, and a great assortment of disc files and magnetic tape units – not to mention the remote consoles and teletype stations – all churning away. It seems easiest to approach this matter from the individual user's point of view – to see what he would like to have, what he might like to do, and then to try to figure out how to make a system within which his requirements can be met.

利克莱德关于互联网的"想象"不仅为之后数十年的互联网发展规划"路径",而且从一开始便将互联网视为不同智慧生物交流的工具和媒介。

最初,ARPAnet 连接的主机数只有 4 台,缘于军事保密要求,就技术而言还不具备向外推广的条件。随着社会发展,网络技术应用领域不断扩大,学校、企业也发展成为网络应用的主体。到了 1971 年,ARPAnet 已经连接了美国加州大学洛杉矶分校、斯坦福研究院、加州大学圣芭芭拉分校、犹他州大学、BBN 公司、麻省理工学院等 15 个节点,连接主机数增加到 23 台。① 1983 年阿帕网分割成两部分:军用部分称为 MILnet,民用部分仍称为 ARPAnet。1985 年美国国家科学基金会为方便科学家们进行交流,建立了广域网(National Science Foundation Network, NSFnet),该网于 1988 年替代阿帕网,成为当时美国的主干网,而阿帕网则于次年关闭,运行十年后 NSFnet 于 1995 年关闭。

3. 包切换与分时系统推动 internet 演进

1966 年 6 月,英国国家物理实验室(NPL)的戴维斯(Davies)首次提出"包切换"(Pack Switching)理论,美国科学家将这一理论应用到网

---

① 李树仁,杨涛,刘荣霞,等.网络与风险[M].北京:气象出版社,2011:2

络数据传输中并取得巨大成功。① 包切换技术是将数据加上信头、地址、错误校验码、传输控制信息后经由不同的路径传输,其技术本质是将信息分解为若干部分,每一部分可以由不同路径发送,最后在终点重新组合成完整的内容。这种信息传送方式摆脱了对单一传播渠道的依赖,使得信息总有办法可以完成传送,具有传播效率高、传输容量大、传输距离远等优点,缺点是安全性和保密性差、不易控制。在美苏争霸的时代背景下,美国半数的网络设施被破坏才会影响信息的传输,且只是减慢信息传播速度,更加费时而已。② 包切换技术至今仍是互联网运行的核心技术之一,互联网去中心化、匿名性等诸多传播特性均与这一技术创新有着密不可分联系。③

包切换技术的发明推动分时系统演进发展,所谓分时系统(time sharing system)简单来说就是一台高性能主机连接多个终端,允许多个用户同时通过终端共享主机资源。其工作原理就像餐厅,主机就是后厨,不同餐桌就是不同终端,客人就座后点餐(终端操作),后厨(主机)将时间分成若干段,依次为不同餐桌(终端)提供饭菜(服务),这样不仅能够充分利用(后厨),而且不影响客户点餐(终端操作)。分时系统的发明使得不同终端同时共享信息成为可能,为互联网普及奠定了重要的技术基础。

4. TCP/IP 协议发明推动 Internet 正式诞生

连接不同计算机除电铜线、光纤等"有线"介质,微波、红外线、卫星等"无线"介质外,还必须有某种约定和规则(即协议)以实现信息交换。④ 最初由于缺乏通信协议,不同类型计算机之间信息传输非常困难。1970 年 12 月卡恩开发、瑟夫等制定最早的计算机通信协议——"网络控制协议"(NCP),之后其他科学家、技术人员相继推出不同的计算机通信协议,想要建立一个得到广泛承认的通用标准非常困难。

---

① 陶善耕,宋学清.网络文化管理研究[M].北京:中国民族摄影艺术出版社,2002:5
② 孙素丽,郝向明,迟秀清,等.知识经济与信息产业[M].济南:黄河出版社,1998:96
③ 常晋芳.网络哲学引论:网络时代人类存在方式的变革[M].广州:广东人民出版社,2005:106
④ 俞席忠.无盘工作站组建及应用[M].北京:人民邮电出版社,2001:23

1972年10月,国际电脑通信大会结束后,科学家开始尝试建立计算机通信通用标准。包切换技术、分时系统为网络间的连接奠定技术基础,卡恩在自己研究的基础上,邀请请瑟夫共同制定"传输控制协议"(Transmission Control Protocol,TCP)和"因特网协议"(Internet Protocol,IP),即TCP/IP协议,[1]Internet由此正式诞生。

二、从SAGE到WWW网络形态演变

计算机"联网"可以追溯至20世纪50年代初以IBM AN/FSQ-7为核心的半自动防控系统(SAGE),该系统将雷达等设备与大型计算机连接,开启了计算机技术与通信技术的结合;60年代初美国航空公司SABRE-1订票系统由一台连接2000个终端的大型计算机构成,这种一台大型计算机连接大量终端的网络通常被称为"计算机—终端网"(简称终端网)。稍后劳伦茨辐射实验室(LRL)搭建OCTOPUS网络(1960年提出,1964年运行),北卡罗来纳州(North Carolina)三所大学共建TUCC网络(1965年提出,1966年运行),普林斯顿大学等创建的TSS网(1967年提出),通用公司搭建的GE网(1968年运行)等,[2]奠定了互联网(internet)雏形。[3]

20世纪60年代中叶,罗伯茨(Larry Roberts)在利克莱德等前辈探索的基础上,着手筹建"分布式网络"掀开了人类互联网(Internet)建设大幕。1968年阿帕网概念正式被提出,1969年四个节点联通标志着阿帕网初步建成,成为今天国际互联网(Internet)的开端。与阿帕网同期的还有英国国家物理研究所(NPL)研发的网络(1966年开始研究),以及稍后的英国邮政局(BPO)的EPSS网(1973)、法国信息与自动化研究所的Cyclades网(1975),加拿大的DATAPAC网(1976),日本电报电

---

[1] 李树仁,杨涛,刘荣霞,等.网络与风险[M].北京:气象出版社,2011:3
[2] 王行刚.计算机网的发展与设计[M].北京:北京市科学技术情报研究所,1979:1
[3] 全国科技名词审定委员会信息科学新词审定组.关于Internet的汉语定名及相关词的推荐名[J].中国信息导报,1997(8);郭良方.要"互联网",还是要"因特网"[J].中国青年科技,1997(10);方兴东,钟祥铭,彭筱军.草根的力量:"互联网"(Internet)概念演进历程及其中国命运[J].新闻与传播研究,2019(8)

话公司 DDX-3 网(1979)等。在技术创新推动下,互联网先后经历四个阶段的跨越式发展,如图 4-2-5 所示。

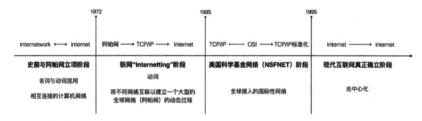

图 4-2-5 互联网演进历史①

三、浏览器推动互联网走向普通民众

HTML 是 Internet 重要的信息载体,是编制 Web 页面的基础。1990 年 10 月,Tim 基于 NEXTSTEP 系统开发出世界第一个图形界面的超文本浏览编辑器,②将其命名为 World Wide Web。③ 该计划名称就叫做 World Wide Web。可以说,这是第一次提出万维网的英文名称。同年 11 月份,建立了世界上第一个 Web 服务器。浏览器是 HTML 解析表现工具,从单机互联到多机相连、从硬件直连到传输协议、从阿帕网到万维网,随着互联网技术平台建设逐渐成熟,特别是浏览器的发明,互联网开始走出专业人士范畴,走入普通人生活。

1. 马赛克(Mosaic):为普通民众开启便利之门

1993 年在伊利诺大学(University of Illinois)国家超级计算应用中心(National Center Super Computing Applications,NCSA)工作的马克·安德森(Marc Andreessen)及其同伴,用四个月时间写出在 UNIX 平台工作的 Mosaic 软件,稍后编写出在 Macintosh 和 MSWindows 平台运行

---

① 方兴东,钟祥铭,彭筱军. 草根的力量:"互联网"(Internet)概念演进历程及其中国命运[J]. 新闻与传播研究,2019(8)

② NeXT 计算机公司由乔布斯在 1985 年创办,1996 年被苹果公司以 4 亿美元收购,其技术构成苹果 Mac OSX 和 iOS 两大操作系统的核心基础;NEXTSTEP 是由 NeXT 公司研发的操作系统,在当时具有良好 GUI(Graphical User Interface,图形用户界面)著称。

③ [美]加丰凯尔. Web 安全与电子商务[M]. 何建辉,译. 北京:中国电力出版社,2001:41

的版本。它不仅是世界上第一个图形界面(GUI)浏览器,也是第一个能够读取 HTML 文件的浏览器。[1] Mosaic 还能根据 URL 的不同来调用集成在一起的不同协议,如图 4-2-6 所示。

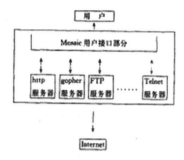

图 4-2-6　左:Mosaic 工作界面,[2]右:Mosaic 工作原理[3]

人们喜欢看图形,Mosaic 浏览器使之成为可能,万维网借此迅猛发展起来。[4] 当年网络数据传送量增长 341634%,即使不懂计算机的人也可以驰骋网络空间。[5]

很多人沉迷网络成为网络发烧友,杨致远(Jerry Yang)和费罗(David Fill)就在其中。随着网页数量不断增多,如何通过浏览器快速获取所需信息成为一个亟待解决问题。杨致远和费罗在畅游网络过程中也发现了上述问题,他们开始尝试对网页进行分类并且公开分享——"杨致远费罗全球资讯网导览"由此而生。[6] 随着网页数量越来越多,网站分类越来越完善,影响力不断壮大,导致斯坦福大学服务器无法承载如此多访问量,最终杨致远和费罗决定终止博士学业,借助风险资本的投资创办雅虎公司,为普通人使用互联网通开辟一扇便利之门,网络

---

[1]　张福德.商务信息化[M].北京:中国商务出版社,2006:39
[2]　章群,冯晖.全球互联网络使用指南[M].北京:中国铁道出版社,1996:126
[3]　黎连业,陈建华,王兆康.Internet 网络应用指南——适合中国国情的 Internet 应用与操作[M].北京:科学出版社,1997:89
[4]　罗兰.Internet 浏览器指南[M].北京:国防工业出版社,1997:2
[5]　贾玢,赵志运.信息社会[M].呼和浩特:内蒙古教育出版社,2004:105
[6]　何西.雅虎创世纪[M].北京:当代世界出版社,1999:9

由此走入普通人生活。

2. 网景(Netscape):商业多媒体浏览器掀起网络热潮

马赛克(Mosaic)是政府出资研制的一个标准网络浏览器,①功能相对简单。1994年马克·安德烈同詹姆斯·克拉克(James Clark)合作成立网景(Netscape)公司,部分马赛克浏览器研究人员加入网景公司,在其基础上进一步完善进而推出世界第一个商业多媒体浏览器——航海家(Navigator 1.1),作为新一代浏览器迅速取代马赛克浏览器,成为促进互联网蓬勃发展的强大助力。②

航海家(Navigator 1.1)推出后不到两个月,便占据六成以上市场份额,因此网景公司在2015年底市值超过70亿美元。③杨致远与费罗正是得益于这一技术创新带来的空前机遇,才能够受到风险投资青睐,进而将公益性"杨致远费罗全球资讯网导览"发展成为商业性"雅虎",④并衍生出电子邮件等诸多服务。

3. 微软IE(Internet Explorer):商业浏览器推广的中坚力量

在网景航海家(Navigator 1.1)研发中,马克等原团队成员未经授权便使用马赛克浏览器相关技术,引发相关方面不满。伊利诺大学为获取商业回报授权Spyglass公司马赛克浏览器特许使用与开发权,Spyglass继而研发出Spyglass Mosaic浏览器并授权给其他公司使用。1994年微软公司获得该浏览器使用权,并在其基础上开发出Internet Explorer 1.0,⑤1995年8月正式推出并同Windows95捆绑销售。

微软把IE与Windows系统软件捆绑,使美国在线(AOL)用户最终可以连接网络。从1994年网景公司首先发布商用版浏览器至今,浏览器走入大众已有20多年时间。浏览器产品有IE、Firefox、Chrome,以及国产的搜狗、360、邀游、世界之窗等至少几十种。浏览器功能也从单一的解析显示HTML,到目前具有渲染CSS、执行JavaScript,以及丰富

---

① [美]道蒂.电信技术入门[M].马震晗,等译.北京:机械工业出版社,2001:176
② 北京市信息化工作办公室.信息技术与电子政务[M].北京:清华大学出版社,2001:214
③ 王明亮,丁丽琼.管理秘经:关于管理的哲学思考[M].北京:当代中国出版社,2002:349
④ 何西.雅虎创世纪[M].北京:当代世界出版社,1999:10
⑤ 顾浩,罗远.计算机应用基础教程[M].上海:上海财经大学出版社,2004:165

的扩展和插件功能,甚至 Google 推出面向 Chrome 浏览器风格的 Google 操作系统。① 就普通人而言,互联网发明很长一段时间内只有文字界面,Mosaic 浏览器使设计包含图形的文档成为可能,网页由此诞生。②

四、信息高速公路计划促成网络社会

1991 年美国前副总统戈尔在一篇名为《全球村的基础架构》(*Infrastructure for the Global Village*)中率先提出"国家信息基础设施"(National Information Infrastructure, NNI) 和"信息高速公路"(Informaiton Superhighway)概念。1993 年初,美国 13 家主要计算机公司联合游说政府在国家研究与教育网 NREN(National Research and Education Network)等现有网络基础上,建设一个国家级宽带网络,以使更多民众能够享受到互联网提供的各种便利;同年 4 月,美国众议院巴歇(Boucher)建议将所有学校、图书馆、政府办公室乃至各类局域网都与因特网(Internet)相连;同年 9 月,美国副总统戈尔和商业部长布朗(Ron Brown)宣布启动国家信息基础设施(National Information Infrastructure, NNI)计划,俗称"信息高速公路计划",将其作为美国科技战略的关键与未来社会的核心部分。

虽然信息高速公路作为国家重大政策受到美国政府高度关注,但对于这一耗资巨大的工程,美国政府秉持"民建、民有、民用"原则,引导各类公司投资软硬件建设,以期建立一个连接社会每一个角落的高速网络系统,满足人们日常工作、人际交往、休闲娱乐等各个方面需求。个人计算机深入融入普通人生活,其深刻改变着人类生活方式与生存方式,伴随电视画面和音响感官刺激长大的"电视人"正逐渐让位于"电脑人"。③

---

① 兰雨晴,洪雪玉. 从 Windows 到 Linux 的应用移植实现[M]. 北京:国防工业出版社, 2014:1
② 佚名. 浏览器的历史[J]. Internet 信息世界,1999(3)
③ 李苗. 新网民的赛博空间[M]. 北京:经济日报出版社,2015:179

第三节　资本运作驱动技术创新与扩散

> 互联网发明于40多年前,但直到它从美国的军用通信网络转为商业化网络之后,特别是当上世纪90年代初网站和浏览器技术出现之后,其影响力才扩展到全球,辐射到更多的国家。
>
> ——邬贺铨①

没有二战时期军事领域大量计算需求,就不会有计算机出现;没有冷战时期美苏争霸,就不会有阿帕网诞生;没有20世纪90年代美国信息高速公路计划,因特网发展就不会如此迅速。国家意志(或者说政治因素)对现代信息与通信技术产生发挥着至关重要的作用,但计算机、互联网能够走进普通人生活,其主要动力并非政治因素,而是各类资本基于市场法则商业化运作的结果。

一、国家意志与资本运作角色互换

好的技术不一定能够为人们所用,普遍应用的技术不一定是好的技术,技术与普通民众之间隔着"商业化"这一重要环节。典型如1873年来人们一直使用的QWERTY键盘(根据键盘左上角6个字母命名),相较于1932年发明的德沃夏克键盘不仅需要花费两倍时间学习,工作效率也远远低于后者。即便美国国家标准协会、美国设备制造协会等都将德沃夏克键盘作为替代产品,但市场很难见到该键盘身影,制造商、销售商等商业化因素在其中发挥着关键性作用。② 更为典型的便是阿托(Alto)微型计算机作为技术发明的成功与作为技术创新的失败。

早在爱德华·罗伯茨之前,IBM和施乐公司(Xerox)都推出过类似

---

① 邬贺铨.中国全功能接入互联网的20年[J].中国科技奖励,2014(10)
② 罗杰斯.创新的扩散:第5版[M].唐兴通,郑常青,张延臣,译.北京:电子工业出版社,2016:10-13,141

的个人电脑,IBM 早在 1972 年便推出微型机"蓝箱子",但由于定位于"帮助用户辅助开发微处理器"错过发展良机。施乐公司在硅谷建立阿帕托研究中心(PARC)10 年投入 1 亿美元聘 100 多位电脑专家进行研发工作,1973 年推出阿托(Alto)电脑,就硬件而言,配有高清晰度显示器、8 英寸磁盘驱动器、鼠标、主机等个人电脑的标配;就软件而言,所见即所得技术和面向对象语言 Smalltalk 的广泛采用、视窗、图表、菜单驱动等均对个人电脑发展具有重要影响,但由于价格高昂等原因,普通民众根本无力承担,所以没有实现大规模商品化,阿帕托研究中心在生产了 1000 多台后正式解散。参与阿托研发的专家们带着相关新技术加盟微软、苹果等硅谷公司,并在其发展中起了举足轻重的作用。

遇到类似困境的还有我国的龙芯系列芯片。2018 年 4 月,"中兴危局"再次引发国人对中国高新技术行业无"芯"之痛的广泛讨论。其实早在 2001 年中科院计算所龙芯课题组便开始进行中央处理器(CPU)研制,并于 2002 年推出首款产品龙芯 1 号。虽然龙芯 1 号流片很成功,专家鉴定也给予很高评价,国家更是连续十多年相继投入 10 多亿元用于支持龙芯系列芯片研发,但时至今日龙芯依然面临"用户不用你",[①]无法走向市场、实现商业化运作的困境。技术很重要但没有经过商业化阶段,很难形成较大范围影响。与计算机诞生初期国家意志扮演主要角色不同,在市场化高度发达的 ICT 产业,商业资本在技术创新扩散中扮演着举足轻重的角色,国家力量逐渐以政策规划、法律制定等形式间接发挥作用。

二、纳斯达克推动技术创新及扩散

20 世纪二三十年代资本主义经济危机时期,美国政府投入大笔资金用于国防、公共事业等领域,阿莫斯(Ames)空间基地落户硅谷、斯坦福大学资金设备支持等因素,孕育了硅谷创新的火种。二战期间,硅谷科技人员积极投身军事技术研究与相关产品生产,典型如惠普、IBM 等

---

① PCB 哥. 国产 CPU 遭嫌弃:联想拒绝用龙芯[EB/OL].[2015-09-11]. http://tech.qq.com/a/20150911/030035.htm

硅谷公司就是在这一历史条件下崛起的。① 1957年11月戈登·摩尔（Gordon Moore）、朱利亚斯·布兰克（Julius Blank）、尤金·克莱尔（Eugene Kleiner）、金·赫尔尼（Jean Hoerni）、杰·拉斯特（Jay Last）、谢尔顿·罗伯茨（Sheldon Roberts）和维克多·格里尼克（Victor Grinich）、罗伯特·诺依斯（Robert Noyce）等"八叛将"创立仙童半导体公司（Fairchild Semiconductor）以来，逐渐形成集成电路、微型计算机（个人电脑）、因特网、社交媒体等为一体的ICT产业链条，具体如图4-3-1所示。

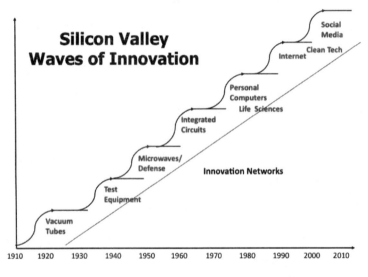

图4-3-1 硅谷技术创新发展演化史②

整个ICT产业中，硬件是基础，软件是灵魂，应用是核心，服务是关键，处理好四方面关系，就能取得良好的经济效益和社会效益。③ 硅谷（Silicon Valley）独特之处在于在技术创新驱动下，既有Intel、AMD等

---

① 景俊海.硅谷模式的发展、模仿与创新[M].西安：西安电子科技大学出版社，2001：4-6
② 佚名.什么是硅谷成功的秘密[EB/OL].[2018-10-06].https://diyitui.com/content-1477360410.59890226.html
③ 上海市仪表电讯工业局《当代上海电子工业》编辑部.当代电子工业[M].上海：上海人民出版社，1988：270-271

致力于硬件研发的企业,也有微软、甲骨文等软件开发企业,还有亚马逊、脸书(Facebook)、推特等互联网应用企业。

如果说18、19世纪是基于机器和劳动力的制造业社会,家庭资本主义占主导地位,那么20世纪则是依靠科学和技术的工业社会,社团资本主义和管理资本主义居于主导地位。① 一个个硅谷科技传奇的产生与美国强大的风险基金与纳斯达克上市套现体系密不可分,②沙山路甚至聚集上百家知名风险投资公司,成为硅谷技术创新的弹药库。③ 没有强大商业资本做后盾,就不可能有互联网应用的蓬勃发展。

三、信息革命带来信息文明的崛起

20世纪90年代以来,以人工智能、大数据、云计算、移动互联网等为代表的第四次工业革命快速崛起,人类正在走入全新的智能化时代,如图4-3-2所示。

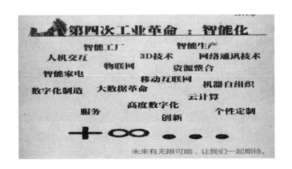

图4-3-2 第四次工业革命代表性技术及特点④

---

① [美]贝尔.后工业社会的来临:对社会预测的一项探索[M].高铦、王宏周、魏章玲,译.北京:新华出版社,1997:20
② 曾强.瀛海威的十条警示:在理想与实业之间寻找时空转换的最佳点[J].互联网周刊,1998-10-12
③ Frank.斯坦福、风投和仙童八叛逆成就了硅谷的辉煌[EB/OL].[2018-10-06].http://news.ifeng.com/a/20170826/51766888_0.shtml
④ 新华科技.一张图看懂:工业革命的发展历程[EB/OL].[2018-07-30].https://www.sohu.com/a/244234158_100005954

新的工业革命带来了新的技术动力:2004年后Web2.0技术的大力推广使得互联网正式进入Web2.0时代。[①]"人"成为网络中心,内容退居其次;交互成为网络传播最大特色,用户不仅参与内容生产(User Generated Content,UGC),而且参与整体"生态系统"建设。以2007年苹果IPhone的推出为标志,互联网与手机开始走向融合,之后各类智能手机纷纷出现,特别是2008年国际电信联盟正式公布第三代移动通信(3G)标准之后,3G技术迎来了一个快速发展的新阶段,通信资费的不断下降和传输效率的不断提升,微博、微信等各类新兴媒体的快速崛起,手机在线直播等新的传播形式不断涌现,2016年被称为网络直播元年,手机也被称为四大媒介之外的第五媒介。由于计算机功能日益强大,与之紧密相关的机器人与人工智能技术(如近两年出现的航拍设备、AI写作机器人)、数据挖掘与可视化技术(如2012年兴起的数据新闻)、媒介融合技术等,给信息传播带来许多全新的变化。近年来,基于大数据、人工智能、语意网等技术的Web3.0的讨论逐渐升温,未来传媒格局还可能发生更加深刻的变化。

[①] 彭兰.社会化媒体:理论与实践解析[M].北京:中国人民大学出版社,2015

第五章　原生新媒体技术架构的扩散

> 就我所知,世界运作的方式是,技术是一种工具。自从中国40年多前开始改革开放,引入了各种各样的西方技术,微软、IBM、亚马逊,他们在中国都很活跃。自从我们开始建设1G、2G、3G和4G,所有的技术都来自西方发达国家,而中国的政治体制并未受到这些技术的威胁。
>
> ——傅莹①

2020年慕尼黑安全会议(Munich Security Conference,MSC)中国无疑是最大的焦点,华为、5G成为热议话题,②傅莹反驳洛佩西的上述谈话不仅在现场赢得许多掌声,更是被国内外媒体广泛报道。与2019年聚焦各类具体挑战不同,今年会议旨在探寻表象下的深层成因——西方衰落(the decay of the western project),会议主题不再纠结于"谁来收拾碎片的大谜题"(The Great Puzzle: Who Will Pick up the Pieces?)而是直指"西方的缺失"(Westlessness)及其深远影响。对此有学者一针见血地指出"重要的是技术,而非西方的缺失"(It's Technology, Not "Westlessness" That Matters),只有学会接受并利用技术和数字化才能实现繁荣,中国、俄罗斯等国家正是得益于技术创新才能实现社会快速发展。③

---

① 《人民日报》公众号.傅莹当场站起来反驳佩洛西,现场响起掌声[EB/OL].[2020-02-18]. https://baijiahao.baidu.com/s?id=1658664573484919511&wfr=spider&for=pc
② Daniel W. Drezner. What I Learned at the 2020 Munich Security Conference: China, China, China! [EB/OL]. [2020-02-17]. https://www.washingtonpost.com/outlook/2020/02/17/what-i-learned-2020-munich-security-conference/
③ Judy Dempsey. It's Technology, Not "Westlessness" That Matters [EB/OL]. [2020-02-15]. https://carnegieeurope.eu/strategiceurope/81080

新中国成立初期国内仅有30多个专门研究机构,科技人员不超过5万人,其中科研人员不到500人,工业生产技术落后,农业生产停留在传统农耕阶段,先进科学技术几乎是空白。① 钱学森、华罗庚等科学家回国带来欧美前沿的科学知识、工程技术,苏联通过派遣专家、接收留学生、提供技术资料和图纸等方式对新中国科学技术发展起到了重要推动作用。② 新中国ICT产业就是在此背景下,几乎从"0"开始起步,经过近30年探索,在20世纪70年代末打下一定基础。80年代中叶以来,随着经济体制改革深入和社会主义市场经济理论的提出,③以跨国公司为推手的ICT技术扩散在我国全面展开:从程控交换机、电话机,到PC计算机、手机,以集成电路为基础的我国电子业实现了一次次飞跃,④不仅推动了我国从传统农业社会向网络社会(信息社会)跨越式发展,也为我国原生新媒体崛起奠定了物质基础。

第一节　我国计算机事业受到苏美双重影响

中苏两国合作研发计算机,完成一场成功的技术转移,从规划、官员和科学家互访、合作协议的签订,还有器材、设备的交易与人员培训,全面实施。

中国科技干部、科学家和青年技术人员承接了苏联成果,在中国计算机事业的初创期开出了绚丽多姿的花朵。中国计算机的创立,前一阶段以苏联技术转移为主;后一阶段则是中国科技人员独立自主的创新。

从西方回到中国的知识分子带回了电子学理论、计算机知识、科学实验操作能力,为技术转移奠定了基础。中国计算机的创业

---

① 王握文,孔净.国情教育教程[M].长沙:国防科学技术大学出版社,1990:140
② 周叔俊.我国第一个五年计划时期的工业增长速度[M].北京:中国青年出版社,1956:55
③ 详见《中共中央关于经济体制改革的决定》(1984年10月20日)、《中共中央关于建立社会主义市场经济体制若干问题的决定》(1993年11月14日)。
④ 工业和信息化部软件与集成电路促进中心.中国集成电路黄金十年[M].北京:电子工业出版社,2011:7

成功是苏美两方面计算机科学与技术在新中国的成功交汇。

——徐祖哲①

国人关于计算机的认知,源于20世纪40年代孙明经等学人翻译的文章以及《科学画报》等杂志关于计算机的新闻报道。新中国成立后,在华罗庚、钱三强等归国科学家推动下,我国计算机事业正式起步。与苏联、欧美诸国计算机源于工业革命以来深厚的电子技术基础不同,我国计算工业最初作为新中国电子工业重要组成部分,同电子器件、半导体器件、雷达、电子通信设备、电视机、收音机、录音机、录像机等其他工业部门几乎同时诞生,②仿制苏联M-3小型电子管计算机成功标志着我国现代信息通信产业(Information and Communication Industry,ICT)开始起步发展,整个产业最初发展受欧美和苏联技术创新扩散深刻影响。

任何社会都混合了各种不同的经济、技术、政治和文化体系,技术并不是一种独立的因素,而是一种分析的因素,可以用于观察新技术出现以后会产生什么样的社会变迁,以及社会及其政治制度必须解决什么样的问题。③将技术置于社会发展进程之中加以考察,从技术演进角度审视社会发展,不仅有助于加深对技术的理解,而且能够更好地读懂技术对社会的影响。

一、美国计算机技术启蒙国人计算机观念

计算机从设计之初便没有局限于"数值计算",而是作为一种"思想机器""智慧机器"、减轻"脑力劳动"机器来设计。④ 1945年7月,万

---

① 徐祖哲.溯源中国计算机[M].北京:生活·读书·新知三联书店,2015:64
② 上海市仪表电讯工业局《当代上海电子工业》编辑部.当代上海电子工业[M].上海:上海人民出版社,1988:3-4
③ 丹尼尔·贝尔.后工业社会的来临:对社会预测的一项探索[M].高铦,王宏周,魏章玲,译.北京:新华出版社,1997:8
④ 博客中国.思想机器,从美国到中国[EB/OL].[2020-02-24]. http://jisuanji1952.blogchina.com/847145453.html

尼瓦尔·布休在《大西洋月刊》发表 As We May Think 一文,次年3月孙明经便将其译为中文,题为"美国战时科学研究总指挥布休博士谈记录通讯归档取档的科学方法——科学家今后努力的路线",文中关于"辅助脑——忆索机""脑神经索引法"等论述给孙明经留下深刻印象,在译文第八部分"进一步以体外电流与体内神经电流直接沟通"中,用大号字体将相关总结性文字重点标出:①

> 在人体以外,任何资料不论其实为声音或景物,都可化为变动的电流以便传达。在人体以内同样的事亦存在着。但我们是否必须加入机械的过程,才能把一种电流现象转变为另一种电流现象?这是一种暗示,同时并未脱离现实,许多可采取的步骤确已存在。

孙明经生怕读者不能体会这段文字的重要意涵,特在正文前附上按语加以说明:

> 这篇文章是布休博士对战后科学家的挑战,他主张科学家届时应从速将人类已有之大量知识化为人人可及,多年来种种方面曾将人类机械力增加,而忽视智力的发展。人类以巨锤代无数之拳,以微波敏化视觉,无数供毁灭的机器,层出不穷,但凡此种种仅系新结果,而非最后结果。

布什"辅助脑"等构想无疑给孙明经带来重要启发:以往机器对人的各种延伸只是"新结果",对人类智力的发展延伸才是"最后结果"。

相较于孙明经译文题目的含蓄,桐阁刊发在《科学画报》1946年第5期的译文直接将标题定为"能够思想的机器——美国科学家的预言",更加突出文章主旨与亮点。汪家正刊发在《东方杂志》1946年第1期的译文将题目定为"思想和记忆底机械化",也是直奔主题。通过这些译文,我国民众开始萌发关于作为"思想机器"的计算机最初

---

① [美]布休.科学家今后努力的路线[J].孙明经,译.电影与播音,1946(3).

认知。①

1946年2月14日,世界第一台可运行的电子管通用计算机埃尼阿克(Electronic Numerical Integrator and Computer,ENIAC)正式宣告诞生,不仅让全世界看到计算机专家的远见卓识,更让世人看到了计算机对社会各领域产生的颠覆性影响——社会逐步"计算机化",迈向了一个真正的计算机时代。② 几个月后,《科学画报》《科学大众》《工程界》等杂志相继刊发介绍埃尼阿克的文章,③并给予积极的评价:

> 这个数字怪物(ENIAC)的速率和规模将无疑引起现代工业设计方法的一个革命。算学是大有希望可以放到工业上去,当做一种经济而迅速的工具,节省累月的数目工作,并且还可以使现在所做不到的也做得到了。
>
> ——《科学画报》④

> 这个高速计算器,英文简称作ENIAC(全称Electronic Numerical Integrator and Computer),是一件惊异的思维机器。它能够比任何数学家,计算更为精确,而有着不可思议的迅捷。
>
> ——《科学大众》⑤

通过这些科普性杂志和介绍性译文或亲自撰写的文章,计算机知识与信息得以在我国传播,普通民众关于电子计算机的认知多源于此。

二、苏联计算机技术提供效仿基础与对象

我国计算机研究最早可追溯至20世纪30年代中叶,曾经就读于

---

① 杨润利.20世纪40年代计算机知识在我国的传播[D].呼和浩特:内蒙古师范大学,2011:37-55
② 屈婷婷,刘戟锋.军事项目合作中颠覆性创新的困境及破解——以ENIAC的研发为例[J].科学技术哲学研究,2013(6)
③ 杨利润.20世纪40年代计算机知识在我国的传播[D].呼和浩特:内蒙古师范大学,2011:25-32
④ 顾同高.闪电式的计算机[J].科学画报,1946(9)
⑤ 伯雅.一九四六年世界科学十大成绩[J].科学大众,1947(5)

MIT 的清华大学李郁荣教授曾在计算机先驱维纳(Wiener)教授帮助下在清华大学开展计算机研究,开创了国人计算机研究的先河。① 20 世纪 40 年代末计算机之父冯·诺依曼着手研究存储程序计算机时,我国计算机事业倡导者华罗庚恰巧在普林斯顿研究院做访问学者,通过冯·诺依曼等人,华罗庚了解到当时美国计算机发展的最新情况,回国后便组织夏培肃(爱丁堡大学博士)、闵乃大、王传英等青年学者展开计算机研究,②钱学森、钱三强等专家鉴于我国国防等领域大量计算需求,也积极为我国计算机事业鼓与呼。这些专家很早便接触到美国计算机发展的前沿信息,回国后也组织团队做了许多开创性工作。

二战后随着美苏两大阵营格局逐渐形成,美国开始对中苏等社会主义国家开始实施严格贸易管制,并牵头于 1949 年 11 月成立由西方 17 个国家组建的巴黎统筹委员会,③旨在强化对武器装备、尖端技术产品和稀有物资等三大类产品与技术的转移,许多有志于新中国建设的留学生与华人不同程度地受到以美国为首的西方国家政府干扰,中科院院士颜鸣皋曾经在访谈中回忆道:

> 在我之后,每个月有 100 多位中国留学生坐船回来,从 6 月份开始美国不允许中国留学生回国了。那些执意要回国的中国留学生,想方设法回国。我听说,有的是绕道欧洲三三两两地结伴回来的。④

这种情况在当时并非特例,特别是在朝鲜战争爆发后,为了阻止留学生回国,美国政府采取了一系列政策,比如有意留美的学生放开居留与就业限制,予以高薪或补助金,申请回国的留学生不仅随时面临失业

---

① 魏宏森.中国最早电子计算机研究始于何处[J].清华大学学报:自然科学版,2001(3);魏宏森.N.维纳在清华大学与中国最早计算机研究[J].中国科技史料,2001(3)
② 胡守仁.计算机技术发展史(一)[M].长沙:国防科学技术大学出版社,2006:183-216
③ 崔丕.美国的冷战战略与巴黎统筹委员会、中国委员会(1945—1994)[M].长春:东北师范大学出版社,2000:128-147
④ 罗沛霖,师昌绪.1950 年代归国留美科学家访谈录[M].长沙:湖南教育出版社,2013:108

风险、媒体霸凌,还可能面临牢狱之灾。①

20世纪50年代初,随着东西两大阵营对抗日趋激烈,我国同欧美各国间技术联系被迫中断,继而转向学习苏联计算机技术。② 中国科学院和中国政府采取了一系列重要措施,在苏联援助下实现了一次成功的技术转移,③主要体现在以下两个方面:

首先,苏联帮助新中国搭建计算机事业技术基础。新中国成立之初,我国电子工业基础几乎为零:不能生产电子管,连专业元件厂都没有,十几家小厂只能依靠进口原材料进行简单装备和维修工作。④ 电子管是现代工业兴起的基础,长期以来我国电子管依赖进口,20世纪20年代中期上海、天津、南京开始建立电子工厂(场),⑤开始电子管试制相关工作。1936年单宗肃带领两名工人试制成功我国第一只电子管——30型直热式放大管。1949年从美国进修归来的单宗肃等七人筹建南京电工厂(即南京电子管前身),并于当年12月研制成功国内第一只866A高压电子管,中国电真空事业由此起航,为通信、电子计算机等相关工业发展提供物质保障。⑥ 稍后以苏联援建的156个大型项目为中心、900余个大中型项目组成的工业建设,奠定我国工业体系雏形,⑦原本零散弱小的城市工业企业,经过三大改造后为我国电子工业体系添砖加瓦。

其次,苏联为中国计算机诞生提供直接技术支持。苏联1951年研制成功第一台电子管小型计算机 MESM,1952年研制成功大型电子管计算机 БЭСМ-1,1953年开始批量生产箭牌(СТРЕЛ)、M-3等型号

---

① 高帅. 20世纪50年代上海争取在资本主义国家留学生回国工作研究[D]. 上海:上海社科院历史研究所,2019:11-15
② 刘益东,李根群. 中国计算机产业发展之研究[M]. 济南:山东教育出版社,2006:95
③ 张春柏,姚芳,张春久,等. 苏联技术向中国的转移[M]. 济南:山东教育出版社,2005:245
④ 《当代中国》丛书编辑部. 当代中国电子工业[M]. 北京:中国社会科学出版社,1987:25-27
⑤ 蒋永才,狄树之. 南京之最[M]. 南京:南京出版社,1991:219-220
⑥ 蒋永才,狄树之. 南京之最[M]. 南京:南京出版社,1991:224-225
⑦ 陈夕. 中国共产党与156项工程[M]. 北京:中共党史出版社,2015:3

小型电子管计算机,苏联计算机工业由此展开。1956年底,中方向苏联订购 M-3 和 БЭСМ 计算机设计图纸,1957年苏方陆续将设计图纸、科研器材清单、部分元件器材交付中方,并派遣三位专家来华指导工作,我国计算机仿制工作由此开始。①

北京有线电厂(代号738厂)作为苏联援建156项工程之一,1955年破土动工,由苏方提供全部技术文件、图纸资料、生产设备、测试设备、仪表仪器,并且派技术专家来华指导生产、传授技术、帮助培训各类人员;1957年5月开始投产,9月正式运营。作为一座全新的现代化工厂,北京有线电厂原本为解决我国自动电话交换机严重依赖进口的难题,但为了落实电子计算机研制任务,在由食堂改建成的简易厂房内,于1958年6月仿制成功苏联 M-3 小型电子管计算机(我国称103),标志着我国第一台计算机诞生;1959年4月仿制成功苏联 БЭСМ-1 大型电子管计算机(我国称104),并完成我国有史以来第一次运算——五一劳动节天气预报。103、104电子管计算机的问世,标志着我国计算机研制成功仅比美国晚十二三年,比日本晚一两年,其各项性能指标仅次于美国、日本等少数国家计算机。② 研制任务完成后,参加人员各自回到原单位,成为燎原的星星火种,短短两三年高校、部队、各地区纷纷组建计算机研究机构。

三、自主创新发展推动我国计算机技术演进

苏联援建的各项技术、华罗庚等留学生带回国的计算机知识共同构成我国计算机技术创新扩散的源头。③ 但随着中苏交恶,我国计算机事业被迫走上广泛学习、自主创新之路,这集中体现在我国第二代计算机——晶体管计算机的演变发展。

生产一部电子管计算机需要数千乃至数万根电子管,我国直到20

---

① 刘益东,李根群.中国计算机产业发展之研究[M].济南:山东教育出版社,2005:98
② 王子恺.北京有线电厂[M].北京:当代中国出版社,1994:5-9
③ 叶连松,董云鹏,罗勇.中国特色工业化[M].石家庄:河北人民出版社,2005:48-50

世纪50年代初才具备电子管生产能力,①由于电子管存在体积大、寿命短等弊端,导致电子管计算机批量生产与日常运行都存在诸多问题。1951年巴丁、布拉坦和肖克莱共同发明晶体管,人类由此进入微电子时代。② 当我国在苏联帮助下开始研制电子管计算机时,西方各国已经开始淘汰电子管计算机,转向生产晶体管计算机。电子管与晶体管对比如图5-1-1:

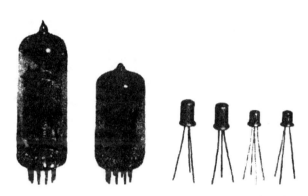

图5-1-1 电子管与晶体管对比图(左为电子管,右为晶体管)③

我国电子工业同计算机工业几乎同时起步,也是在一穷二白基础上由苏联帮助建立的。随着中苏关系恶化,王守武等科学家转而采用当时更为先进的美国方法与技术研制晶体管,并于1958年筹建我国第一家晶体管工厂,④使我国具备了生产晶体管电子计算机的条件。1961年底我国电子协会代表团访英时,参访许多计算机公司、研究所,直观地感受到晶体管计算机的诸多优点,回国后撰写系列《出国参观考察报

---

① 1883年爱迪生在研究白炽灯时发现电子效应,1904年英国人弗莱明发明二极电子管,1906年美国人德福雷发明三极电子管,之后人们又陆续发明四极电子管、五极电子管,人类由此进入电子时代。单宗肃从美国进修归来后,带领助手们于1949年12月研制成功我国第一只电子管,结束我国不能生产电子管的历史。详见:《新中国第一志》编写组.新中国第一志[M].郑州:河南人民出版社,1986:439-440。
② 毕克允.微电子技术:信息装备的精灵[M].北京:国防工业出版社,2000:46
③ 上海无线电七厂.晶体管原理与工艺[M].北京:科学出版社,1970:4
④ 王守武.以难民身份回国[M]//侯祥麟,罗沛霖.师昌绪,等.1950年代归国留美科学家访谈录.长沙:湖南教育出版社,2013

告》,详细介绍了以英国为主体的欧美计算技术发展情况。《出国参观考察报告1:英国电子数字计算机概况》指出晶体管已是大势所趋:

> 第三阶段(1958年到现在)为迅速发展阶段。计算机全面地过渡到他们所称的"第二代"(晶体管化、印刷电路化),设计、结构、工艺和外部设备等各个方面都获得很大的进步。①

《出国参观考察报告2:英国若干电子数字计算机及计算机在某些方面的应用介绍》着重介绍 ATALAS、KDF 等几款代表性计算机;《出国参观考察报告3:英国电子计算机的外部设备与机械结构》介绍了磁带、磁鼓、纸带输入输出设备等计算机外围设备;《出国参观考察报告4:参观英国计算机工厂、某些高等学校与研究机构纪要》介绍了知名的高校和公司。

相关职能部门在审阅完这些报告后,决定我国晶体管电子计算机研究由新成立的华北计算机所、华东计算机所等单位同时展开研制工作,我国第二代晶体管电子计算机研制生产正式展开,具体情况见表5–1–1。②

表 5–1–1 我国第二代晶体管计算机研制与生产统计表

机 名	研制协作单位	试制时间	鉴定时间	生产数量	机器规模(按当时标准)	说 明
441–B	哈尔滨军事工程学院 天津计算机厂	1963年	1965年	8台	小型	
121	北京有线电厂 华北计算所	1964年	1965年	130台	中型	后转在贵州南丰机械厂生产
112	清华大学 北京计算机三厂	1964年	1965年	16台	小型	
X–2	华东计算所 上海计算机厂	1963年	1965年	15台	中型	
108乙	华北计算所 北京有线电厂	1964年	1967年	156台	中型	

---

① 中华人民共和国科学技术委员会情报局出国参观考察报告1:英国电子数字计算机概况[R].1962:8
② 《中国计算机工业概览》编委会.中国计算机工业概览[M].北京:电子工业出版社,1985:160

1958年集成电路(IC)的诞生开启了新的技术革命,IBM公司投入50亿美元用于研发第三代集成电路计算机。当时我国第二代晶体管计算机刚刚展开研制工作。1964年IBM推出第三代集成电路计算机器IBM360,深刻改变了计算机软硬件系统。1958年我国开始能够生产单晶硅,1965年开始生产集成电路,但由于当时技术条件较差,加之"文革"影响所以直到20世纪70年代初才陆续推出111、112、150型等第三代集成电路计算机;同时由于生产条件跟不上,这些计算机无法实现批量生产,无法实现大规模推广。①

四、微型计算机技术带来创造性破坏影响

1977年4月23日,清华大学、四机部六所、安庆无线电厂联合研制成功我国第一台微型机DJS050,②鉴于当时西方国家技术限制,研究人员只能依靠书籍资料甚至显微镜等分析仪器分析Intel8008、8080芯片关键技术,对芯片电路一点点分析,③参见图5-1-2。

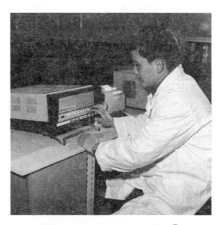

图5-1-2　DJS050照片④

---

① 《中国计算机工业概览》编委会.中国计算机工业概览[M].北京:电子工业出版社,1985:162
② 刘二灿.信息化建设与社会发展[M].长春:吉林科学技术出版社,2006:21
③ 夏莹.中国首台微机研制者回忆微机诞生过程[EB/OL].[2018-12-18].https://www.sohu.com/a/282753802_123713
④ 徐旻昊.从第一台到一亿台计算机[N].安徽日报,2019-08-19

之后我国又陆续研制051型、052型等后续产品,很多厂家试用后效果都不错。可惜当时我国微型电子计算机普及率很低,加之生产工艺落后,虽然有了先进的理念和设计技术,最终也没能将科技成果产业化。①

1982年底,与电子工业部六所有合作的香港商人带来一台IBM PC机,受其启发的国家计算机工业管理局次年决定将把生产IBM PC兼容机定为发展方向,并于1983年6月推出国产兼容机长城100(后正式命名为0520 A);1984年下半年,严援朝等技术人员赴香港研究0520型新一代产品,②并最终在1985年6月生产出我国第一台中文化、工业化、规模化生产的微型计算机——长城0520,参见图5-1-3。

图5-1-3 左:长城0520CH,③右:IBM PC

从长城0520CH起步,长城电脑逐步形成"市场导向、自主开发、委托加工、代理销售"的经营发展模式。④ 对此,《人民日报》1986年1月1日第4版刊发杨钟濂《驶向世界》一文予以高度评价:⑤

---

① 中安在线. 合肥造DJS-050机——中国微机的摇篮[EB/OL]. [2016-01-25]. http://ls.anhuinews.com/system/2016/01/25/007192047.shtml

② cctv7788. 长城0520CH:中国第一台IBM PC兼容机诞生记[EB/OL]. [2014-07-03]. http://club.kdnet.net/dispbbs.asp? id=10181794&boardid=1

③ 中关村在线. 民族之骄傲 我国第一款电脑长城0520CH[EB/OL]. [2007-01-04]. http://pc.zol.com.cn/49/490340.html

④ 厂商稿. 长城辉煌十九年 博大精深谱新篇[EB/OL]. [2005-12-26]. https://tech.china.com/zh-cn/data/11022462/200512261/12979599-2.html

⑤ 杨钟濂. 驶向世界[N]. 人民日报,1986-01-01

从1985年12月16日出版的美国《商业周刊》上，看到这样一幅画：一艘中国式海船，张着满帆，破浪而来；桅杆顶端五星红旗迎风招展；船台立着一台被画家人格化了的长城牌微型计算机，挥动着右臂向人们致意。这是一篇新闻报道的插画。新闻的标题是：《中国"长城"参加微型计算机的竞争》。内容大致说：在11月于美国拉斯维加斯举办的一个庞大的计算机工业展览会上，中国设计制造的长城牌微型计算机，以其优越的性能引起了观众的轰动。这家报纸惊呼："它是中国向美国计算机资本的第一次突然袭击。"

……

其实，今天远航海外的岂止"长城"计算机。打开案头的一本剪报集，五光十色的记载使人心旷神怡：我国微波针灸仪和"美佳乐"电风扇在保加利亚第四十届普罗夫迪夫国际技术博览会上获金质奖；我国制造的太阳能电池用在美国航天飞机上，经受住了飞行考验；我国向美国出口汉字软件，出口电子管生产线；我国微机控制的线切割机床销往欧、亚、美大陆；我国六米卫星电视地面站将赴莫斯科参加国际博览会……这一桩桩事情是党的对外开放政策取得巨大胜利的明证！这里举的只是在国民经济中所占比重尚小的电子工业的例子。但知识密集、技术密集、处于国民经济先导地位的电子工业的产品愈来愈多地打入世界市场，不正好说明我国电子工业振兴有望，整个国民经济振兴有望吗？

长城0520CH的发明，不仅终结了外国计算机充斥中国市场的局面，而且带动了东海0502、浪潮0521、百灵0520等国产微型机的发明，逐渐形成几十个工厂、几百家销售代理、上千个应用项目构成的产业链条，一改过去微型机生产单纯追求尖端、做样品的旧模式。

20世纪80年代末，我国计算机逐渐形成完整的产业，中国长城计算机集团公司、长江计算机(集团)联合公司、浪潮电子信息产业集团公司、南京有线电厂、北京有线电厂、太极计算机公司是当时最为知名的六家计算机生产企业，长城、长江两个更名列国务院首批试点集团企业名单中(共48家),[①]与浪潮被称为中国计算机行业三大支柱。[②] 北京四通集团公司、北京京海计算机集团公司、北方电脑公司、中国科学院计算机公司、北京信通集团公司、中国自动化技术公司则是当时国内著名的计算机经销与服务企业。[③] 可以说,我国计算机工业经过30多年的累积在20世纪80年代中叶已经初具规模,详见表5-1-2。

表 5-1-2　20世纪80年代我国计算机主要生产企业

企业名称	成立时间	1985—1986 年数据			对我国计算机发展贡献
		固定资产(万元)	职工人数(人)		
			总人数	技术人员	总产值(万元)	

企业名称	成立时间	固定资产(万元)	总人数	技术人员	总产值(万元)	对我国计算机发展贡献
专业计算机研发机构						
华东计算机研究所	1958 年					
上海计算技术研究所	1971 年	1128	694	403	----	在1969年成立的上海市计算中心基础上扩建而来,侧重软件开发、图像处理等领域
计算机生产相关企业						
上海元件五厂	1958 年	2883	1556	303	6731	晶体管、大规模集成电路
上海无线电十四厂	1960 年	2016	1182	263	4446	内存、中大规模集成电路
上海无线电七厂	1966 年	2559	2008	241	6009	与计算机配套的数字电路与接口电路
上海无线电二十九厂	1969 年	1275	1578	125	6172	厂史可追溯到1958年上海新时代木器厂,1966年改名为上海无线电二十九厂,1969年转产半导体器件,推出的LSTTL系列等产品为计算机国产化打下基础

---

① 秦子言,李文龙.如何建立现代企业制度[M].北京:经济管理出版社,1995:484
② 丁建明,宁丹阳.搞好工业企业对策论[M].长沙:中南工业大学出版社,1992:183
③ 朱发平.中国国情知识小百科[M].重庆:重庆出版社,1995:247

续表

企业名称	成立时间	1985—1986年数据				对我国计算机发展贡献
		固定资产（万元）	职工人数(人)		总产值（万元）	
			总人数	技术人员		
专业计算机生产企业						
上海电子计算机厂	1966年	977	1447	450	2304	原上海无线电十三厂,生产大、中、小、微电子计算机
黄浦仪器厂	1966年	1001	919	133	774	计算机外部设备
上海微电脑厂	1970年	168	623	63	743	原长江电子计算机厂,主要生产微型电子计算机
计算机企业重组与合并						
上海电子计算机工业公司	1978年					上海电子计算机厂、上海微电脑厂、黄浦仪器厂等14个企业组成,归上海仪表电讯工业局领导
上海计算机公司	1984年					上海电子计算机工业公司、上海市计算技术研究所合并而成
上海计算技术服务公司	1984年	230	502	224	752	可追溯到1979年上海电子计算机工业公司下属的电子计算机应用服务部,主要从事计算机技术服务
上海显示数字设备厂	1985年	----	60	21	27	液晶显示器
长江计算机(集团)联合公司	1987	--	----	--	--	由上海市计算机公司改组而成

20世纪90年代初,随着后冷战时代西方技术壁垒的消逝,以及社会主义市场经济建设目标的设定等一系列制度性变革因素影响,以微软、英特尔等跨国公司为代表的美国ICT企业开始大举进入我国。以微型计算机行业为例,英特尔等美国公司的微型计算机相关技术与产品大规模进入,推动了我国微型计算机事业快速壮大。截至1997年,

市场涌现出长城、浪潮、联想、方正、同方、实达、同创、海信等几十个国产品牌。国内外微型计算机品牌及其市场份额如表5–1–3所示。①

表5–1–3 1997—1998年中国市场品牌机市场占有率

1997年				1998年			
排名	品牌	销售量（万台）	市场占有率（%）	排名	品牌	销售量（万台）	市场占有率（%）
1	联想	43.6	12.5	1	联想	58.5	15.7
2	IBM	24.5	7.0	2	IBM	26.7	7.2
3	Compaq	22.8	6.5	3	方正	21.8	5.8
4	同创	20.1	5.8	4	Compaq	20.3	5.4
5	HP	18.8	5.4	5	金长城	19.2	5.1
6	方正	13.5	3.9	6	HP	18.6	5.0
7	AST	9.5	2.7	7	同创	14.4	3.9
8	DEC	8.0	2.3	8	浪潮	11.4	3.9
9	金长城	7.5	2.1	9	实达	11.0	3.1
10	ACER	7.2	2.1	10	海信	7.6	2.0
小计		175.5	50.1	小计		209.5	56.2
	其他	174.5	49.9		其他	198.5	43.8
合计		350.0	100	合计		408	100

我国个人电脑行业在相当长一段时期内，生产与销售都与国际市场非常靠拢，实际不过是一个组装工业。② 在激烈的市场竞争下，即便是长城、长海两大国有大型计算机集团，也逐渐从自主生产演变为代工生产，最终在激烈价格战中失去优势，以长江计算机集团为例，见图5–1–4。

长江计算机集团起源于1996年成立的上海无线电十三厂，后发展

---

① 刘益东,李根群.中国计算机产业发展之研究[M].济南:山东教育出版社,2006:127
② 程青.个人电脑在中国[J].瞭望周刊,1993(2)

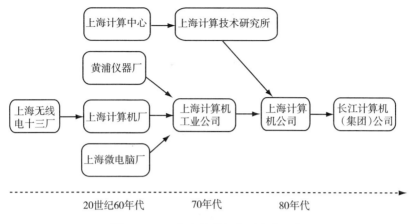

图 5-1-4 长江计算机集团演化历史

成为上海计算机厂,与黄浦仪器厂等合并后,20 世纪 70 年代正式组建为上海计算机工业公司,1979 年底年产量和累计装机量均为全国第一,1980 年研制成功第一台微型计算机 DJS051,后同上海计算机研究所共同组建上海计算机公司,1994 年改制为长江计算机(集团)公司,但仅十多年时间便在激烈市场竞争中被淘汰。几乎与此同时,遵循戴尔模式、致力于"贸工技"的联想快速崛起并成为全球 IT 产业链中重要的微型计算机厂商。[1]我国计算机产业深度嵌入国际产业链条,我国 IT 行业成为国际 ICT 产业链的重要环节。

第二节 国有企业主导互联网基础架构建设

> 我们这个世界正在以全球化的形式发生着全方位的剧烈变革,推动这种变革的主要力量是跨国公司,表达这种变革的信息则是互联网。……因特网源于美国,并首先在西方资本主义国家得到了扩散。从这个意义上来说,因特网的出现和快速扩散和资本主义的内在发展规律紧密相关。

---

[1] 张桂森.贸工技:联想发展的战略排序[J].企业改革与管理,1998(11)

——杨伯溆①

自鸦片战争以降,西方各类新发明、新媒介源源不断输入我国,不仅带来现代化生活方式而且改变原有知识秩序,②中国逐渐融入欧美强国主导的世界版图。作为新技术孵化器,二战带给人类巨大灾难,但也催生出计算机等诸多新技术:1946年埃尼阿克的发明标志着人类开始进入信息时代,之后数字技术、通信技术、网络技术等相继而生,IT业与IC业相互交融,ICT作为一个新兴产业快速崛起。③后二战时代苏美争霸成为全球地缘政治的核心特征,美国数字技术、商业文化随着冷战一道被拒于国门之外,④国人转向前苏联学习计算机技术、通信技术等新技术,逐步奠定我国ICT产业基础。

1971年至1972年随着地缘政治关系的改变,中美开始尝试建交,为迎接这一重要历史转折,美国在太平洋上空部署了一个新的卫星用于通信,之后我国开始雄心勃勃的通信现代化建设:进口卫星地面站、安装海底电缆等,中国与新兴数字资本主义连接起来。⑤从早期互联网(局域网)建设到稍后正式接入因特网,我国互联网发展伊始面临着资金不足、技术匮乏、配套法规政策空白等一系列问题,国外资金、技术在我国互联网孕育发展过程中发挥着重要的作用,是推动我国互联网发展的外部因素。

一、网络技术引进推动我国早期互联网探索

我国互联网作为"舶来品"萌发于20世纪70年代中叶,北京市计算机中心1976年利用电话线完成科技局到马神庙机房单路终端联机

---

① 杨伯溆.因特网与社会:论网络对当代西方社会及国际传播的影响[M].武汉:华中科技大学出版社,2002:1-2
② 黄旦.媒介变革事业中的近代中国知识转型[J].中国社会科学,2019(1)
③ 阿里研究院.数字经济2.0报告[R].阿里研究院官网,2018-12-28
④ [美]席勒.大众传播与美利坚帝国[M].刘晓红,译.上海:上海译文出版社,2006:14
⑤ [美]席勒.新兴资本主义的兴起与扩张:网络与尼克松时代[M].王维佳,译.北京:北京大学出版社,2018:17-18

试验,1977 年完成四路终端联机试验……这些探索性尝试开始将国外互联网技术引入我国,并取得诸多实践成果。① 1978 年,铁道部在在中科院等相关单位支持下,开始建设"全国铁路电子计算机网络";②1979 年,沈阳计算机网络办公室联合邮电研究院数据所等单位共同展开网络数据传输实验。③ 1980 年,以北京、济南、上海等铁路局为节点开始联网实验,节点交换机采用 PDP.11,而网络体系结构为 Digital 公司的 DNA。④

在 1952 年冷战大背景下,巴黎统筹委员会成立中国委员会以便对新中国实施物资、技术等限制,因此改革开放前我国互联网在相关技术引进方面受到以美国为首的西方国家严格管控,只能转而从德国引进相关资金与技术。改革开放后,IBM 公司的 IBM-PC、Wang 公司的 Wangnet、Nester 公司的 Plan400、Novell 公司的 Net Ware S-Net、东芝的 TOTAL/LAN/RING、TOTAL/LAN/BUS 等国外互联网设备与技术开始被引入国内,我国互联网基础建设驶入快车道;⑤1980 年铁道部完成覆盖北京、济南、上海等铁路局计算机联网实验;1985 年在德国卡尔斯鲁厄大学措恩教授帮助下,借助德国巴登-符腾堡州提供的资金支持,中德两国网络实现互联互通,国内网络开始与国外网络建立连接。⑥

20 世纪 80 年代后期,公安、银行、军队等部门陆续搭建起广域网(Wide Area Network,WAN),许多企事业单位纷纷建立各自局域网(Local Area Network,LAN)。⑦ 1989 年我国第一个与外国合作的网络——中国学术网络 CANET(China Academic Network)正式开通,CAnet 使用 x.25 技术通过德国一所大学的网络接口与 Internet 相连。同

---

① 佚名.为建设市计算机网络进行数据传输试验[J].电子技术应用,1978(3)
② 黄俊武.全国铁路电子计算机网络座谈会[J].铁道科技动态,1978(12)
③ 黄小荣,凌瑞昌,张伏丽.利用沈阳市话线作为计算机网络通信线路的探索[J].辽宁机械,1980(1)
④ 朱士明,施艳昭,周杰副.计算机网络及应用[M].北京:北京理工大学出版社,2012:5
⑤ 尤念祖.国内外在国内运行的局域网功能特性一览表[J].微型机与应用,1987(1)
⑥ 李南君,维纳·措恩.中国接入互联网的早期工作回顾[J].中国网络传播研究,2007:237-251
⑦ 中国机械工业教育协会组.计算机网络技术[M].北京:机械工业出版社,2001:8

年我国第一个公用分组交换网 ChinaPAC(China Public Packet Switched Data Network)建成,以 CCITTX.25 协议为基础将网络连接在一起。①

20 世纪 90 年代初苏联解体彻底改变世界格局,原社会主义国家开始发展商品经济。在这一大背景下,1992 年党的十四大提出"建立和完善社会主义市场经济体制"目标,②探索具有中国特色的社会主义市场经济道路,中国委员会也因冷战结束而逐渐失去作用,于 1994 年 3 月 31 日正式解散,③跨国企业取代国家在全球范围内进行无国界生产、科研与销售活动。④尤其在信息产业领域,资本驱动的技术创新扩散不仅推动微型计算机、互联网向全球扩散,而且推动人从自然人、社会人过渡到信息人,⑤人类社会从工业社会迈入信息社会。⑥

二、四大主干网络奠定我国社会数字化基础

20 世纪 90 年代以前,由于美国对于互联网技术的严格控制,我国互联网一直没有与互联网源头与重心——美国直接相连。随着冷战结束,和平与发展成为世界主题,美国开启互联网商业化之路:1993 年美国"信息高速公路"计划借用国家力量推动互联网发展,1995 年基本实现互联网商业化运营,1996 年提出下一代互联网倡议,1997 年推出"全球电子商务框架"政策。在这一大背景下,以硅谷企业为代表的新兴互联网公司应时而生,美国政府为了鼓励技术创新甚至立法承担风

---

① 以 CCITT X.25 协议为基础,可满足不同速率、不同型号终端之间,终端与计算机之间,计算机之间以及局域网之间的通信,是原邮电部建立的第一个公用数据通信网络。
② 中国社会科学院马列主义毛泽东思想研究所编写组. 新阶段·新思考 中国共产党十四大报告研究[M]. 北京:中共中央党校出版社,1992:180 – 186
③ 巴黎统筹委员会(简称巴统组织)是二战后以美国为首西方 17 个主要国家建立的组织,其成立后联合 30 余个合作国对苏联、中国等社会主义国家进行国际性贸易管制。详见:崔丕. 美国的冷战战略与巴黎统筹委员会、中国委员会(1945—1989)[M]. 长春:东北师范大学出版社,2000:293,446。
④ 陈更生,洪韵珊,冯良勤,等. 后冷战时代的世界[M]. 成都:四川人民出版社,1996:114 – 115,101
⑤ 岳剑波. 信息环境论[M]. 北京:书目文献出版社. 1996:85 – 88
⑥ 江泽民. 论中国信息技术产业发展[M]. 北京:中央文献出版社,2009:12

险投资的赔付责任,为创新提供了很好的环境支持。①

在世界地缘政治发生重大变化、世界经济态势发生重大调整背景下,1993年3月中科院高能物理研究所与斯坦福大学线性加速器中心间64K专线开通,标志着我国正式建成与国际互联网(Internet)相连的第一条专线,②我国互联网与美国互联网直接相连。1994年4月20日,根据原邮电部与美国商务部协议,电信总局通过美国普林特(Sprint)公司分别在北京和上海开通一条64K专线,我国由此全功能接入国际互联网,被公认为拥有互联网国家。③

互联网以TCP/IP协议为基础,该协议自1973年提出以后,经过市场的淘汰在数十种网络协议中脱颖而出,最终成为互联网的基础,详见图5-2-1。

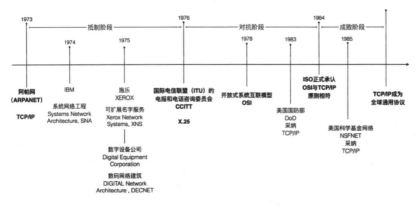

图5-2-1 互联网基础协议演进历程④

鉴于当时我国互联网主干网络仍以CCITTX.25协议为基础,为了推动以TCP/IP协议为基础的新一代互联网尽早取代基于CCITTX.25协议的原有网络,国家相关部门开始着手建设四大主干网络:中科院负

---

① 李方旺. 美国信息技术产业的发展动因及启示[N]. 中国经济时报,2001-02-23
② 李大友,邱建霞. 计算机网络:第2版[M]. 北京:清华大学出版社,2003:149
③ 张燕. Web2.0时代的网络民意表达与限制[M]. 上海:复旦大学出版社,2014:8
④ 方兴东,钟祥铭,彭筱军. 草根的力量:"互联网"(Internet)概念演进历程及其中国命运[J]. 新闻与传播研究,2019(8)

责的中国科技网(China Science and Technology Network,简称CSTNet,1994年4月开通)、教育部主导的中国教育和科研计算机网(China Education and Research Network,简称CERnet,1994年11月开通),两者用于教育科研等非商业化领域;原邮电部主持的中国公用计算机互联网(Chinanet,1995年4月开通)、原电子工业部主持的中国金桥信息网(China Golden Bridge Network,简称ChinaGBN,1995年8月开通)主要用于商业化运营,它们共同奠定我国互联网商业化的技术基础。①

为了紧跟国际互联网发展潮流,我国相继推出"三金"工程、"八金"工程、"十二金"工程等,②具体如表5-2-1所示。

表5-2-1 我国"八金"工程情况简表

名称	年份	主办方	名称	功能
金桥工程	1993	中国科协	国家公用经济信息通信网工程	将天网(卫星网)和地网(光纤网)互联以建立公用信息"国道"
金关工程	1993提出	国务院	国家对外经济贸易信息网工程	对外贸易活动废除票据文书,实现无纸贸易
金卡工程	1996	外经贸部牵头	电子货币工程	建立全国统一的金融交易卡发行体系
金税工程	1994	国家税务局牵头	税务电子化系统	实现金融电子化和银行卡管理
金农工程	1994	农业部牵头	农业综合管理及信息服务系统	灾情监测、预报、防治,市场监测
金企工程	1994	经贸委牵头	企业生产与流通信息系统	建立三级企业数据库和产品数据库
金宏工程	1994	国家发改委牵头	国民经济宏观决策服务系统	建立国民经济和国家办公决策支持系统

---

① 国务院信息化工作领导小组审定,国务院信息办发布.中华人民共和国计算机信息网络国际联网管理暂行规定实施办法[M]//.黄泽林.网络犯罪的刑法适用.重庆:重庆出版社,2005:488-491

② 郑理."三金"工程简介[J].电子标准化与质量,1994(3);佚名."九五"期间我国将建"八金"工程[J].船舶工业技术经济信息,1995(6)

续表

名称	年份	主办方	名称	功能
金智工程	1994	教育部牵头	科研教育计算机网与人才工程	
金盾工程	2003	公安部牵头	公安通信网络与计算机信息系统建设工程	
金保工程			劳动和社会保障电子政务工程	劳动和社会保障业务经办、公共服务、基金监管
金水工程	1999			
金质工程			质检业务监督管理系统等"一网一库三系统"	质量监督检验检疫信息化平台

它们连同政府门户网站、政务内网和政务外网、人口数据库、法人单位数据库、空间地理和自然资源数据库、宏观经济数据库,被统称为"一站两网四库十二金",广泛应用于政府管理公共事务多个领域。

三、国企推动互联网服务走入普通民众生活

我国互联网诞生伊始,政府职能部门、高校、科研院所曾经发挥了重要作用,但随着互联网开始向普通民众开放,互联网服务商(Internet Service Provider,ISP)开始在互联网发展过程中扮演核心角色。我国互联网服务商主要是移动、联通等大型国有企业,瀛海威昙花一现的主因就在于企图建立自己的网络,最终由于缺乏足够资金支撑其网络扩张速度,资金链断裂致使公司倒闭。现有民营ISP虽然数量较多但规模普遍较小,通常借助几大运营商的网络设施提供配套服务以赚取商业利润。

最初我国正式开通的面向全社会用户的商业互联网服务只有邮电部主导的Chinanet,电子部下属吉通公司主导的GBnet成为我国第二家商业互联网服务提供商。[①] Chinanet是我国邮电部门经营、管理的中国公用互联网络,是Internet在中国的延伸,用户可通过Chinanet接入全球Internet,享用丰富的信息资源和各种信息服务。Chinanet于1994年9月开始建设,首先在北京和上海建立国际节点与Internet互联,且

---

① 周慧玲,张玉祥. INTERNET实用指南[M].北京:海洋出版社,1997:24

与国内公用数据网 DDN 互联,为社会各界提供 Internet 的接入和信息服务。1995 年 3 月 Chinanet 北京节开始试运行,推出免费试用 3 个月服务;1995 年 6 月 20 正式向全社会提供服务,翻开了中国互联网发展史上新的一页。

自此以后,国内用户不论在何地,均可通过公用数字数据网(ChinaDDN)、公用分组交换网(ChinaPAC)、公用电话交换网接入 Chinanet,享受国际互联网的服务。其后 Chinanet 积极发展二期骨干网工程,并于 1996 年底完成。二期骨干网包括全国京、津、沪、渝四个直辖市和所有省会城市的 Chinanet 节点,构成遍布全国的主要信息通道,整个骨干网的网管中心设在北京。[①] 中国普通民众由此开启互联网生活时代。

与美国互联网基础建设由私营公司主导原则不同,我国互联网硬件建设方面国家力量占据主导地位,目前已经形成三大基础运营商:中国电信、中国移动、中国联通;十大网络互联网单位:中国公用计算机互联网(Chinanet)、中国科技网(CSTnet)、中国教育和科研计算机网(CERnet)、中国金桥信息网(ChinaGBN)(已并入网通)、中国联通互联网(UNInet)、中国网通公用互联网(CNCnet)、中国移动互联网(CMnet)、中国国际经济贸易互联网(CIETnet)、中国长城互联网(CGWnet)、中国卫星集团互联网(CSnet),这些国有企业主导国内互联网服务市场。

第三节　新兴互联网企业主导互联网内容服务

> 互联网是高度市场化的领域,商业网站相对于传统媒体其体制机制比较灵活,创新思维和赢利运作成为他们在激烈竞争中生存发展之根本。今天不论是在搜索、视频、文学、音乐、游戏、商务、金融、社交等各个领域,都是商业网站占据最大的市场。
>
> ——闵大洪[②]

[①] 黄凯卿.图书发行自动化[M].武汉:武汉大学出版社,1991:315
[②] 闵大洪.从边缘媒体到主流媒体——中国网络媒体 20 年发展回顾[J].新闻与写作,2014(3)

许多学者将1969年阿帕网(Advanced Research Projects Agency Network,ARPAnet)的发明视为互联网时代的开端,①但其浓厚的军事色彩与今天的互联网相去甚远。1985年美国国家科学基金网(National Science Foundation Network,NSFnet)开通,标志着互联网开始从军事领域拓展到科研、教育等民用领域,许多公司借此良机纷纷接入互联网。②1991年美国政府将国家科学基金网(NSFnet)主干网交由私营公司经营,互联网服务商业化由此展开;③1995年美国科学基金网全部交由Sprint、MCI和ANS三家公司运营,互联网服务商业化基本完成,三家公司也成为最早一批互联网服务提供商(Internet Service Provider,ISP)。④

1993年美国政府提出EDI(Electronic Data Interchange)计划拉开了互联网内容商业化大幕,⑤1994年雅虎(Yahoo)、易贝(EBay)、亚马逊(Amazon)等互联网内容服务商(Internet Content Provider,ICP)开创互联网内容商业化先河。⑥这些缘起于互联网服务商业化浪潮、以硅谷新兴互联网企业为研发主体,以雅虎、谷歌、亚马逊、推特、脸书等为代表的新媒体,不仅与"媒体"一词的内涵与外延有很大不同,也与《纽约时报》、CNN等传统媒体及其新媒体在实践层面大相迥异。

1994年我国正式接入国际互联网,1995年开始面向普通民众提供互联网服务。与美国互联网服务、内容生产完全交由私营公司不同,我国互联网服务商业化主要由移动、电信等国有企业完成,互联网内容商

---

① Abbate,Janet. Inventing the Internet [M]. Cambridge:The MIT Press,1999:40
② Naughton,John. A Brief History of the Future:The Origins of the Internet [M]. London:Phoenix,2000: 169-184
③ 杨伯溆.因特网与社会:论网络对当代西方社会及国际传播的影响[M].武汉:华中科技大学出版社,2002:47
④ 互联网商业化由服务商业化与内容商业化两部分构成,互联网服务商业化(与ISP相关)源自Sprint、MCI等美国公司,互联网内容商业化(与ICP相关)始于雅虎、易贝等美国ICP企业。
⑤ 王伟.电子仲裁协议的形式与效力研究[M]//杨柏.全球化与经济发展.北京:经济管理出版社,2011:75-80
⑥ 吴小坤,吴信训.美国新媒体产业:修订版[M].北京:中国国际广播出版社,2012:51

业化主要由搜狐、新浪、网易、BAT等本土新兴互联网公司完成。[①] 仅20余年时间,从电子邮件(E-mail)到门户网站、垂直网站,再到博客、微博、微信等社会化媒体,本土互联网企业主导的原生新媒体不仅深刻改变国人生活场景及对媒介的认知,[②]而且从获取新闻资讯到消费购物、休闲娱乐,再到教育医疗、日常工作,与普通人日常生活紧密相连。[③]

一、瀛海威时空普及百姓网功不可没

1992年,张树新辞去媒体工作创办北京天树策划公司,开始自主创业。1994年底一次偶然的美国之行,那个能让普通人在家里便能同外界通信、购物、娱乐乃至上班的互联网,不仅给她留下深刻的印象,[④]也让她感受到"百姓网"的巨大商机。[⑤] 回国后张树新夫妇于1995年5月15日创办瀛海威(Information Highway 信息高速公路音译)科技有限责任公司,致力于"1+Net"发展战略:"1"指微型计算机,"+"指连接互联网的电脑专卖店、"Net"指自建信息网络系统——瀛海威时空。[⑥] 为贯彻这一战略,同年9月瀛海威通过购买惠普(HP)、太阳(SUN)、思科(CISCO)等美国公司相关网络软件,正式面向普通民众推出"瀛海威时空",[⑦]成为我国最早的民营ISP与ICP。[⑧]

为向国人介绍互联网是什么,瀛海威不仅于北京魏公村创办第一

[①] 我国虽然也有许多能够提供互联网服务的ISP,但规模非常小,实力非常有限;反之,我国传统媒体创办的新媒体虽然数量不少,但在规模与实力等方面都与BAT等商业ICP相差悬殊。
[②] 强荧,吕鹏.新闻与传播学国际理论前沿[M].上海:上海社会科学院出版社,2017:1
[③] V. Schafer. Memories and Testimonies:Tell us about...[J]. Internet Histories:Digital Technology, Culture and Society,2017(1-2)
[④] 张树新,方兴东,何远琼.中国互联网口述史:中国互联网"黄埔军校"和"第一代织网人"[J].汕头大学学报:人文社会科学版,2016(8)
[⑤] 白勇,张继红.不以成败论英雄:瀛海威总裁辞职内幕[J].企业销售,1998(10)
[⑥] 徐坤.张树新很精彩:记"瀛海威"女总裁[J].北京经济瞭望,1998(3)
[⑦] 佚名.瀛海威与瀛海威时空[J].电子出版,1997(6)
[⑧] 国家互联网信息办公室.中国互联网20年·网络大事记[M].北京:电子工业出版社,2014:44

家民营科教馆,供人们免费使用瀛海威时空网络服务,而且在中关村立起那个至今为人称道的广告牌"中国人离信息高速公路还有多远?向北一千五百米——瀛海威时空",如图5-3-1所示。

图5-3-1　左:瀛海威时空广告牌,右:瀛海威时空LOGO

为让更多普通民众了解互联网知识,瀛海威不仅在新闻媒体开设专栏普及互联网知识,为互联网走向普通民众鼓与呼;①而且投资上千万元推出"网上中国"等大型网络精品节目,以吸引更多民众使用互联网。

与"上海热线"等公共信息网单向传播大信息量不同,瀛海威时空的定位是我国第一个大众化百姓网,②力求以相对低廉的价格为普通民众提供E-mail、BBS、即时通信、网络游戏、法律咨询等信息服务,③为中国老百姓搭建一个集工作、学习、娱乐、购物为一体的全新空间。以科普形式进行市场推广以实现商业利润,是许多高科技公司的成功秘诀。④记者出身的张树新虽然具有敏锐的商业眼光,但却没有足够市场化运营经验,虽然在互联网推广方面作出许多卓越贡献,但在实现商业利润方面一直举步维艰。成立之初的瀛海威更像事业单位而非现

---

① 江晨.寻梦人和她的梦:记瀛海威科技责任有限公司总经理张树新[J].国际人才交流,1996(7)
② 陆群.建设中国人自己的信息网络:瀛海威公司总经理张树新访谈录[J].电子展望与决策,1996(4)
③ 江巍文.百姓网:瀛海威时空[J].现代通信,1997(5)
④ 曾强.瀛海威的十条警示:在理想与实业之间寻找时空转换的最佳点[J].互联网周刊,1998-10-12

代企业,①由于缺乏技术创新支撑、扩张速度过快、贷款比例过高等,张树新夫妇投入的 700 万元很快用完。1996 年 9 月张树新接受中国兴发集团、中国通信建设总公司等投资,公司更名为瀛海威信息通信有限责任公司(瀛海威)。② 这次合并除注入大量资金外,并没有解决上述结构性问题,因此在注入资金很快消耗殆尽时,瀛海威再次陷入困境。

二、商业化互联网企业引入美国新媒体形态

"一部风险投资在华史就是一部中国互联网史",③以风险投资(VC)为代表的海外商业资本不仅在我国原生新媒体成长初期曾经发挥过重要作用,至今仍然在其发展中扮演着重要角色。以腾讯公司为例,假如没有 IDG 和盈科数码 1999 年投入 200 万美元,创业之初的腾讯公司很可能因为资金匮乏导致无法运营,最困难时马化腾甚至准备卖出 QQ 相关专利。2001 年 DIG 和盈科数码撤资后 MIH 注资 2000 万美元为腾讯公司发展提供资金保障,腾讯公司股权结构也随着发生重大变化,如图 5-3-2 所示。④

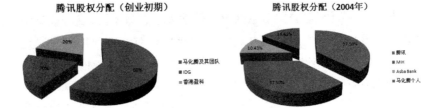

图 5-3-2 腾讯公司股权结构演变

纳斯达克更成为国内互联网企业争相上市融资的首选之地,腾讯、搜狐、新浪等知名新媒体公司纷纷通过上市融资获得生存所需资金。

---

① 何是.瀛海威和我:于干剖析瀛海威[J]软件世界,1999(1)
② 周小力.瀛海威启动世纪之门[J].科技潮,1996(3)
③ 薛芳.企鹅凶猛:马化腾的中国功夫[M].北京:华文出版社,2009:37
④ 风仁记.市值上千亿的腾讯最大股东竟然不是马化腾[EB/OL].[2018-12-28].https://baijiahao.baidu.com/s?id=1550889783666918&wfr=spider&for=pc

腾讯、阿里等知名互联网企业因为注册地、公司股权等因素,更被纳入外企范畴。①

1996年6月,汪延等创办的"利方在线"主要提供聊天室、论坛等服务,互联网服务逐渐成为公司新的主要业务,我国商业中文网站由此肇始。1997年1月张朝阳在国外风险投资资助下创办爱特信网(搜狐网前身),同年6月丁磊自筹资金创立网易公司……这些新兴互联网公司以雅虎、亚马逊等国外互联网内容服务商为效仿对象,不仅学习其技术架构与运营模式,而且通过借鉴其融资方式从风险投资、纳斯达克等途径获得资金。在大量资金支持下,他们将美国互联网的各类应用模式引入我国:电子邮件、BBS、门户网站……我国商业化的原生新媒体由此而生。仅20余年时间,搜狐、腾讯、百度、阿里巴巴等商业化互联网公司从无到有,市值少则上百亿元、多则上万亿元。② 它们不仅创造了巨大经济效益,而且通过中国版电子邮件、搜索引擎、门户网站等原生新媒体形态,为普通民众提供海量网络内容,深刻改变普通人日常生活的众多方面。

我国新媒体资深观察家林军认为,互联网在美国每一细小创新,都会被国人学习、借鉴、模仿和跟随,乃至形成一套约定俗成的成功路径:用最快速度学习美国经验,迅速本土化、赢得用户、获取收入,再到美国资本市场融资,融资后再进行发展,甚至形成自己特有创新。③ 原生新媒体在我国发展壮大不仅是技术创新的产物,更是创新扩散结出的硕果。原生新媒体的兴起,不断地改变着人们的信息消费习惯,不断地重塑着传媒结构乃至社会管理模式。

---

① 2018年中国民营企业500强排行榜[EB/OL].[2018-12-28]. http://www.xinhuanet.com/tech/2018-08/29/c_1123347566.htm
② 证券日报·中国资本证券网.2015年互联网百强榜单 上市公司市值备受关注[EB/OL].[2018-12-29]. http://www.ccstock.cn/gscy/gongsi/2015-07-20/A1437363055688.htm;新浪和搜狐的市值居然已经排不进国内互联网前15了[EB/OL].[2018-12-29]. https://bbs.hupu.com/14395596.html
③ 林军.沸腾十五年:中国互联网(1995—2009)[M].北京:中信出版社,2009:XIV

第六章　PC时代原生新媒体形态创新扩散

> 互联网在美国每一细小创新,都会被国人学习、借鉴、模仿和跟随,乃至形成一套约定俗成的成功路径:用最快速度学习美国经验,迅速本土化、赢得用户、获取收入,再到美国资本市场融资,融资后再进行发展,甚至形成自己特有创新。
>
> ——林军[①]

新媒体之"新"不仅在于物质层面新表征:新型计算机、新款手机、新出 APP 等,更在于应用模式的不断突破创新,在于隐藏在物质表征之下算法、理念等内涵要素创新。以往新媒体研究多着眼于物的层面,以某一具体新技术、新产品或新媒体组织为研究对象,应用社会科学方法展开实证研究,涌现出大批优秀研究成果。[②] 作为一个没有定态对象的概念,新媒体一词在 20 世纪 80 年代与个人计算机紧密相连,90 年代又与互联网(因特网)发明密切相关,E-mail、BBS/论坛、博客,到微博、微信……新应用、新形态层出不穷,技术创新奠定了新媒体演进的内在物质基石,应用创新构成了新媒体发展的外在表现形态,两者更迭演进历史就是一部新媒体发展演化历史。

20 世纪 90 年代以来,资本与互联网成为影响我国传媒生态的两大新变量,在政治、资本、互联网三大变量相互影响下,我国原生新媒体应时而生。资本与互联网(技术)构成原生新媒体两大支柱,同时也成为研究原生新媒体的两个重要视角。杜威认为新的传播技术将

[①] 林军.沸腾十五年:中国互联网(1995—2009)[M].北京:中信出版社,2009:XIV
[②] 胡春阳.寂静的喧嚣 永恒的联系:手机传播与人际互动[M].上海:上海三联书店,2012;余红.网络时政论坛舆论领袖研究:以强国社区"中日论坛"为例[M].武汉:华中科技大学出版社,2010;陈彤,曾祥雪.新浪之道:门户网站新闻频道的运营[M].福州:福建人民出版社,2005

会导致社会价值体系的重构,从资本驱动下的技术创新角度切入,不仅可以发现全球化背景下国外技术、资金等对我国的深刻影响,而且可以看到新技术在我国演变发展、再次创新的过程,有助于将西方与中国,媒介与社会等方方面面有机结合在一起,从更宽广视野分析原生新媒体带来的深刻影响。就本章而言,主要从技术发展脉络出发依次讨论电子邮件、BBS、即时通信工具、搜索引擎、垂直网站等原生新媒体及其商业化实践给个人乃至整个社会信息传播带来的巨大影响。①

第一节 电子邮件开启人际交流革命

> 那个同学给我讲了什么叫 E-mail,他们通过远程上网用 BBS。我们班就有一个 BBS,他们在那里发的消息。说实话,我当晚就像开了天眼一样,我第一个感觉就是"这是一场革命",人类开始走向与物理空间无关,只跟网络有关的世界了,人类的时空变化有了更大进展。
>
> ——张树新②

与传统媒体新媒体实践始于报刊数字化、新闻网站搭建不同,原生新媒体自诞生伊始便与人类社会交往活动紧密相连,从最早电子邮件、BBS、匿名聊天室,再到博客、SNS 等社会化媒体,再到微博与微信,一部原生新媒体发展史某种意义上就是一部人类网络社交变迁史。③ 原生新媒体发展不断改写着人类社会的交往方式,人类社会生存深度变革反过来推动原生新媒体创新发展,而这一切可以从今天人们司空见

---

① [美]斯特林. 媒介即生活[M]. 王家全,崔元磊,译. 北京:中国人民大学出版社,2014:169
② 张树新(1963—),女,瀛海威创办者,中国互联网领域先驱。详见:张树新,方兴东,何远琼. 中国互联网"黄埔军校"和"第一代织网人"[J]. 汕头大学学报:人文社会科学版,2016(8).
③ 不能为空. 我的网络社交变迁史[EB/OL]. [2018 - 12 - 5]. https://www.jianshu.com/p/435b6b513c64

惯的一个互联网应用——电子邮箱(E-mail)谈起。

电子邮箱原本是汤姆林森"无心插柳"之举,没想到居然成为阿帕网最重要的历史遗产。1972年阿帕网三剑客:电子邮件(E-mail)、远程登录(Telnet)和文件传输(FTP)陆续发明以来,只有电子邮件至今仍然被广泛应用。① 20世纪90年代中叶电子邮件开始面向普通民众提供服务以来,短短20余年不仅彻底改写了国人延续千年的书信通信历史,而且对我国邮政事业造成几乎毁灭性冲击。电子邮件不仅为人际交流提供新的渠道,而且推动数字讨论空间——BBS出现,四方利通论坛等更在BBS基础上进一步演化为门户网站。

本节从电子邮件出发以时间为序依次梳理BBS、即时通信软件等对普通人日常生活产生重要影响的原生新媒体,不仅梳理其产生与演化的历程,彰显其作为"传播"工具的重要意义,重点分析它们普及带来的创造性破坏作用。

一、电子邮箱开启人际延迟式交流新路径

信息传递方式(通信)作为人类文明的象征,古有烽火台、驿站,近代有邮局,现代则是电子邮件,②其产生可以追溯到阿帕网时期。阿帕网原本是冷战大背景下,美国为规避苏联核武器威胁研发的计算机信息传输网络。1971年秋雷·汤姆林森(Ray Tomlinson)向同事展示了其新发明——电子邮件(E-mail)时,还不忘提醒:"千万别告诉其他任何人!我们拿钱可不是为了搞这个的。"出乎意料的是,半年后E-mail已经成为阿帕网最重要的应用软件,③很多技术人员发现打电话还不如编写小消息对话来得方便。1974年西部联盟(Western Union)将这种基于大型主机的信息系统(computer based messaging systems)注册为电子邮箱(electronic mail),④E-mail由此逐渐成为该信息系统的代名词,并随阿帕网民用化以及其他局域网兴起迅速扩散开来。直至

---

① 贾玢,赵志运.信息社会[M].呼和浩特:内蒙古教育出版社,2004:106
② 朱鹏举.最新一代信使——电子邮件[J].今日电子,1994(1)
③ 佚名.发明E-mail的Ray Tomlinson[J].外语电化教学,1999(2)
④ 夏云.Internet实用技术与生物医学应用[M].北京:军事医学科学出版社,1997:100-101

现在,电子邮箱仍是互联网使用频率最高的社会应用之一,其出现不仅引发人们对电脑的全新理解,而且对人类交流产生革命性影响。[1]

由于冷战等因素隔绝,电子邮箱传入我国相对较晚。1986年8月25日,中国科学院高能物理研究所吴为民通过一台IBM-PC机远程登录到日内瓦一台CERNVXCRNA机,从王淑琴账户向位于日内瓦的Steinberger发出了一封电子邮件,[2]见图6-1-1。

```
#13          25-AUG-1986 04:11:24                    NEWMAIL
From:    VXCRNA::SHUQIN
To:      STEINBERGER
Subj:    link

dear jack,i am very glad to send this letter to you via computing link which
i think is first succesful link test between cern and china.i would like
to thank you again for your visit which leads this valuable test to be success.
now i think each collaborators amoung aleph callaboration have computing link wh
ich
is very important.ofcause we still have problems to use this link effectively
for analizing dst of aleph in being. and need to find budget in addition,but mos
t
important thing is to get start.at the moment,we use the ibm-pc in 710 institute
to connect to you,later we will try to use the microwave communicated equipment
which we have used for linking m160h before,to link to you dirrectly
from our institute.
lease send my best regards to all of our colleagues and best wishes to you.cynt
hia
and your family.
by the way,how about the carpet you bought in shanghai?
weimin
```

图6-1-1　中国人通过远程登录发出的第一封电子邮件

这是中国人发出的第一封电子邮件,具有重要象征意义,但这封邮件并非通过我国自己的邮件系统发送,而是通过远程登录方式借助瑞士邮件系统送出,只因当时电子邮箱尚未引入我国。在措恩教授领衔的德国技术团队帮助下,1987年9月14日,王运丰、措恩教授等11名科研人员联合署名,发出那封标题为"越过长城,走向世界"(Across the Great Wall can Reach Every Corner in the World)的著名邮件,[3]见图6-1-2。

这封英德双语邮件由北京发出后经过7天漫长传输最终顺利到达

---

[1] 郭良.网络创世纪——从阿帕网到互联网[M].北京:中国人民大学出版社,1998:82-83
[2] 闵大洪.中文网络媒体20年(1994—2004)[M].北京:电子工业出版社,2016:2
[3] 李南君,维纳·措恩.中国接入互联网的早期工作回顾[J].中国网络传播研究,2007:237-252

```
Date: Mon, 14 Sep 87 21:07 China Time
Received: from Peking by unikal; Sun, 20 Sep 87 16:55 (MET dst)

"Ueber die Grosse Mauer erreichen wir alle Ecken der Welt"
"Across the Great Wall we can reach every corner in the world"

Dies ist die erste ELECTRONIC MAIL, die von China aus ueber
Rechnerkopplung in die internationalen Wissen-schaftsnetze geschickt wird.
This is the first ELECTRONIC MAIL supposed to be sent from China into the
international scientific networks via computer interconnection between Beijing
and Karlsruhe, West Germany
(using CSNET/PMDF BS2000 Version).

University of Karlsruhe — Informatik      Institute for Computer Application of
                                          State Commission of Machine
Rechnerabteilung — (IRA)                  Industry (ICA)
Prof. Dr. Werner Zorn                     Prof. Wang Yuen Fung
Michael Finken                            Dr. Li Cheng Chiung
Stephan Paulisch                          Qui Lei Nan
Michael Rotert                            Ruan Ren Cheng
Gerhard Wacker                            Wei Bao Xian
Hans Lackner                              Zhu Jiang
                                          Zhao Li Hua
```

图 6-1-2 中国人经由本地邮件系统发出的第一封电子邮件

德国,标志着电子邮箱技术开始在我国落地生根。1988 年清华大学引进加拿大哥伦比亚大学(University of British Columbia)研制的基于 X400 协议的电子邮件软件包,并通过 X.25 网与其相连进而提供电子邮件服务;同年中国科学院高能物理研究 DECnet 通过 X.25 协议与西欧中心 DECnet 连接,实现与欧洲和北美地区电子邮件通信。[1] 电子邮件不仅是人与人之间的交流工具,还是人们接入互联网的"钥匙":只要安装 Modem,购买一个 E-mail 账号,普通民众便可通过电话线登录互联网。1995 年后,随着互联网向普通民众开放,任何申请接入互联网的用户都可以拥有一个 ISP 提供的电子邮箱,电子邮箱使用范围不断扩大,但如果更换 ISP 原电子邮箱便无法使用。

1997 年美国雅虎公司推出免费电子邮箱——雅虎邮箱(Yahoo!

---

[1] 朱士明,施艳昭,周杰副.计算机网络及应用[M].北京:北京理工大学出版社,2012:5

Mail),同年11月刚刚成立五个月的网易自主研发出国内首个全中文免费电子邮件系统,①随着野虎(5415)邮箱、363邮箱、中国人邮箱等数十种免费邮箱相继推出,到1999年时免费邮箱已经非常普遍,②当时主要邮箱见表6-1-1。

表6-1-1 20世纪90年代我国主要邮箱

邮箱名	网址	邮箱域名	POP3	SMTP	提供者
百兆邮箱	http://100m.hl.cnifo.net	@100m.hl.cnifo.net	—	—	
21世纪邮箱	http://www.21.cn	@21.cn.com	√	—	
263邮箱	http://freemail.263.net	@263.net	√	√	首都在线
363邮箱	http://www1.freemail.363.net	@363.net	√	√	
5415邮箱	http://www.5415.com	@5415.com	—	—	我是野虎
777邮箱	http://www.777.net.cn	@777.net.cn	—	—	支点科技
990邮箱	http://www.990.net	@990.net	√	√	金陵热线
搜狐邮箱	http://freemail.sohu.com	@sohu.com	√	×	搜狐网
网易邮箱	http://freemail.netease.com	@netease.com @yeah.net	—	—	网易
新浪邮箱	http://mail.sina.com.cn	@sina.com.cn	√	√	新浪网
网络邮局	http://www.chinabytemail.com	@chinabyte	—	—	网络邮局
中国人邮箱	http://www.chinaren.com	@chinaren.com	—	—	中国人网
润迅网	http://www.cmmail.com	@commail.com	×	√	润迅公司
云南免费邮箱	http://www.ynmail.com	@ynmail.com	—	—	云南信息港
信息世界	http://writetome.inforworld.sh.cn/FreeMail/	@inforworld.shu.cn	—	√	上海信息世界
长通飞华	http://mail.tonghua.com.cn	@tonghua.com.cn	√	√	长通飞华
天丽鸟	http://www.telekbird.com.cn	@telekbird.com.cn	√	√	天丽鸟公司
凯丽邮箱	http://www.kall.com.cn	@kall.com.cn	√	√	中国凯丽

① 网易邮箱介绍[EB/OL].[2018-09-13]. http://gb.corp.163.com/gb/about/overview.html
② 韦禾.免费邮箱总动员[J].电脑采购周刊,1999(41)

续表

邮箱名	网址	邮箱域名	POP3	SMTP	提供者
永动信箱	http://cenpok.net	@cenpok.net	√	√	世纪互联通讯公司
人民邮箱	http://www.renmin.net	@renmin.net	√	√	
赛迪网邮箱	www.ccidnet.com	@ccidnet.com	√	—	赛迪网
上海热线	www.online.shu.cn	@citiz.net	√	√	
索易邮箱	http://www.soim.net	@soim.net	√	√	
艺龙邮箱	http://mail.elong.com	@elong.com	√	×	艺龙网
亿唐邮箱	http://mail.etang.com	@etang.com	√	√	亿唐网;该网 2006 年倒闭
天极邮箱	www.yesky.com	@yesky.com	√	√	天极网
酷我邮箱	http://mail.coolwo.com	@coolwo.com	√	√	
淑女邮箱	http://www.beayu.com	@beayu.com	√	√	
哆来米	http://freemail.myrice.com	@myrice.com	√	√	
网大邮箱	http://mail.netbig.com	@netbig.com	√	√	

邮箱开始在国人情感与信息交流等方面发挥重要作用,瞿琮《越洋的伊妹儿》一书收录了 2001 年 8 月 7 日至 2002 年 4 月 22 日写给远赴美国攻读硕士学位女儿的两百余封电子邮件,"所有文字都是信手拈来,信笔写来""为求得真实语境,收录时未动一字",[1]这些家长里短文字里流淌着父母亲那份浓浓的思念之情。女儿刚刚离开,父母的思念便随着女儿一同远行:

主题:开始 e 的话（2001 - 8 - 17　15:36）
楠楠:
好挂念你！真想和你一起走。

爱你的妈妈、爸爸[2]

----
① 瞿琮.越洋的伊妹儿[M].武汉:武汉大学出版社,2010:8
② 瞿琮.越洋的伊妹儿[M].武汉:武汉大学出版社,2010:3

短短 11 个字饱含着浓厚的思念之情,其后几乎每天都会发出一封或短或长的邮件,当女儿没有能够及时回复邮件,人到中年的爸爸竟然"埋怨"起来:

主题:这带戏变得不好玩了(2001-9-2 11:35)
楠楠:
接连给你写了三封邮件,却没有收到回信。就像往深潭里扔了一块石头,老半天也听不到声音,这游戏变得不好玩了。"来而不往非礼也",无论如何,也应该打一个收条才是。

爱你的妈妈、爸爸①

除了情感表达,家庭成员病故、新近趣闻等信息交流也占据很大篇幅。

免费邮箱使得普通民众不再因为更换 ISP 而无法使用原邮箱,普通民众可以持有长期稳定的邮箱。从使用角度看,邮箱最初通常需要借助 Outlook、Foxmail 等国外专业软件,通过 POP 服务器收发邮件,②随着相关技术的进步,人们通过 IE 等浏览器便可在线收发邮件,典型如 263.net 是一个集国外 usa.net 和 hotmail 等免费 E-mail 功能为一体,提供收件存储、在线收发邮件、POP3 收信等服务。③

电子邮箱越来越便利,即便远隔万里也能很快抵达,但技术带来的空间压缩并不一定意味着心理距离必然缩短,也可能带来信息交流"噪音",某种程度影响人们信息与情感的交流。当时有学生在天涯社区发帖讨论,引发许多人共鸣:

自从用过了 E-mail 后,我和同学经常用电子邮件联系,以前的写信的方式越来越少了,可久了忽觉得好像大家反而又疏远了。过生日那天,收到的都是电子贺卡,一点也不实惠。如是真的贺卡

---

① 瞿琮. 越洋的伊妹儿[M]. 武汉:武汉大学出版社,2010:4
② 武军. 免费邮箱任你挑[J]. 电脑技术,2000(8)
③ 武荣. 263 的免费邮箱[J]. 网络时代,1998(4)

还会有点回味,有时从抽屉中找出,躺在床上看过后,闭上眼睛想起上学时美好的回忆……

(来自:天涯社区·情感天地,作者:吉利男孩,时间:2000 年 5 月 29 日 21:18)

除去个人层面影响,电子邮箱的出现对原有社会信息传播系统也带来巨大冲击,其中影响最大的当属邮政业。从《中国统计年鉴》等公开的数据资料可知,1985 年至 2016 年 30 余年我国邮政信件数量、从业人员数量等均呈下降态势,电子邮件是其中主要诱因之一,①如图 6-1-3 所示。

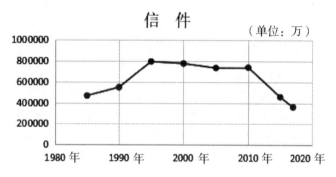

图 6-1-3 1985—1999 年国人信件与公众电报数量演变

就原生新媒体而言,1999 年 QQ 等即时通信工具兴起之前,从 1985 年至 1995 年,我国信件数量都呈快速增长态势,1985 年 467824 万件,1995 年达到峰值 795543 万件,十年增长近 1.7 倍;1995 年我国信件数量达到峰值后开始逐年下降,随着业务量不断萎缩,从事邮件分拣、运输、投递工作的相关人员数量逐年下降,仅以投递员为例,1985 年城镇投递员 35808 人、乡村投递员 1009 人,1998 年城镇投递员 27242 人、1998 年乡村投递员 23267 人。

新世纪以后这种趋势更加明显,以邮政员工张先生为例,张先生同

---

① 邮件减少还与电子邮件普及、即时通信工具兴起、固定与移动电话普及等因素密切相关。

时担任位于 Z 大学和 A 社区两个邮政营业厅的负责人,作为一名从业十多年的邮政老员工,他亲身经历了信件最后的辉煌,也见证了信件今天的衰落:

> 我刚入职的时候每逢教师节、元旦等重要节日,Z 大学每天收寄的贺卡有上万封,平时个人信件也很多。后来贺卡、信件越来越少,现在 Z 大学每年只有高考录取结束后寄送录取通知书才忙一阵,其他时候信件业务很少。去年装修的时候干脆把营业厅隔成三个块,邮储占了大部分、快递业务占一部分,我们占了一部分,现在主要经营邮政商品业务。开在另外一个社区的营业厅一年都没有什么信件往来业务。
>
> (张先生,邮政营业厅经理)

与之形成鲜明对照,电子邮件使用人数快速增长,截至 2016 年第四季度,网易邮箱总有效用户数达到 9.1 亿个。[①]

二、电子公告栏使群体时交流成为可能

电子邮件发明实现"人—人"间延迟式交流,BBS 的发明则使得"人—人""人—群体"实时交流成为可能,[②] 多人相互交流信息成为其最大特点。从 PC-BBS 到 Internet BBS,从电子公告栏到网络社区,电子公告栏逐渐走出计算机发烧友狭小范畴,BBS 不仅成为电话后普通民众实时交流的又一重要载体,作为最早的数字交流空间也为公共议题生成提供了技术可能。

1. 从 PC-BBS 到 Internet BBS:实时人际交流数字化表达的形成与演化

BBS(Bulletin Board System,电子公告栏)是 20 世纪 70 年代西方

---

① 2016 网易个人电子邮箱用户行为研究报告[EB/OL].[2017-02-21]. http://www.199it.com/archives/566149.html

② 张保明. BBS 一大众化的信息交流工具[J].科技与经济,1995(1)

"解放计算机"运动时期计算机发烧友搭建的交流平台。1978年芝加哥电脑爱好者俱乐部(CACHE)成员Ward Christensen 和 Randy Suess 使用8080汇编语言编写出世界第一个BBS——CBBS(Computerized Bulletin Board System),[①]如图6-1-4所示。使用者可以通过电话线和调解器访问。1977年Apple Ⅱ个人电脑推出后受到广泛欢迎,基于苹果个人电脑的BBS系统因时而生。

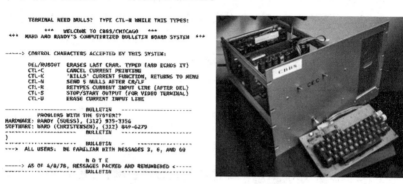

图6-1-4 左:CBBS界面,右:CBBS硬件

1981年IBM个人电脑(PC)推出后,人们将基于苹果Ⅱ的BBS转移到PC上;1982年Buss Lane用Basic语言为IBM个人计算机编写BBS雏形,1983年Capital PC User Group(CPCUG)的Communication Special Interest Group会员将其改编为RBBS-PC,最后Thomas Mach整理成RBBS-PC第一版。这套源程序全部公开的BBS为稍后开发的各类BBS系统提供了重要参考,常被称为BBS鼻祖(也被称为PC BBS),由于没有考虑多站联合操作情形,不同站之间只能通过印刷刊物或磁盘联系。[②]

1984年旧金山Tom Jenninges等开始开发出Fido程序,不同BBS间自动通信得以实现,BBS网络化由此开始。随着惠多网(Fidonet)建立不同用户可以通过点对点方式转发电子邮件,原本分散孤立的BBS

---

① Wikipedia. CBBS [EB/OL]. [2018-12-04]. https://en.wikipedia.org/wiki/CBBS
② 沈文智. Internet/FidoNet 网络技术实务[M].武汉:华中理工大学出版社,1996:67

开始彼此相连,①BBS成为计算机爱好者下载程序、上传数据、阅读新闻、交换消息的新手段。② 这一时期使用者只能借助电话线路登陆,用户地域、数量均受限且使用费用较高;加之基于DOS系统的BBS只能Telnet登录,界面粗糙、功能简单、使用存在诸多不便。1992年因特网发明以后,基于因特网的Internet BBS迅速成长,仅需较少费用便可以登录国内外各类BBS,用户数也不再有限制,且WWW界面交互性好、使用方便、功能更加丰富,为商业化奠定技术基础。

2. 技术创新扩散叠加:我国BBS多元发展与商业化网络社区崛起

BBS作为舶来品进入我国始于20世纪90年代初,1991年北京人罗依架设的"长城站"成为国内最早BBS系统。与美国非常相似,我国BBS兴起同样带有业余发烧友色彩,许多站长不仅自己购买硬件、支付上网费用,且每天花费许多时间精力管理网站内容,③各类PC-BBS的相继建立为计算机发烧友、专业人士聚集讨论计算机相关话题提供了虚拟交流空间。北京西点程序员站(1996)、珠海西线程序员站(1996)、东北红日站(1996)、镇海WinZen站(1996)等站点都曾经拥有众多"粉丝",④1996年也被称为中国BBS兴起之年。

这些BBS不仅方便国内计算机发烧友、专业程序员等讨论问题,许多海外留学生也纷纷加入其中。由于站长们每天都互相交换电子邮件,中国惠多网(China Fidonet)在此基础上逐渐形成,不同地区用户可以通过本地BBS与异地网友互通信息。⑤ 这一时期技术爱好者搭建的各类"业余"BBS占据主导地位,商业BBS数量极少且影响力非常有限。鉴于当时我国个人电脑及其外围设备价格仍然较高,加之我国刚刚全功能接入互联网,所以PC-BBS发展较快,在专业人士范围内形成一定影响力。当时国内知名BBS如表6-1-2所示。

---

① http://fidonet.us/; FidoNet [EB/OL]. [2018-12-04]. Wikipedia. https://en.wikipedia.org/wiki/FidoNet
② 欧阳友权.网络文学词典[Z].广州:世界图书出版广东有限公司,2014:73
③ 施彤宇.BBS:一种新的信息与文化交流形式[J].中国计算机用户,1996(16)
④ 郑心.网络高手:网上技巧与精彩网址[M].北京:兵器工业出版社,1997:82-85
⑤ 陆巍.网络聊天通信全攻略 新人类聊出位[M].北京:兵器工业出版社,2005:112

表 6-1-2　20 世纪 90 年代国内知名 PC-BBS

站名	地点	电话	站长	最大用户数	开放时间	建站时间
长城站	北京	010-62515423	罗依	1000	24 小时免费	1991 初建 1995 复建
金融资讯站	石家庄	0311-3031617	栗彤	80	8:00-18:00	1996-02
西线程序员站	珠海	0756-3331930 0756-3331931 0756-3331932	卢新东 赵晓丽	800	24 小时免费	1996-03
大自然信息咨询站	北京	010-64237461	周志农 朱崇君	600	24 小时免费	1996-05-01
西点程序员站	北京	010-62878307 010-62878308 010-62878309 010-62878310	王全国 余京	1000	24 小时免费	1996-06-01
东北红日站	朝阳市	0421-2839568	管志均	50	24 小时免费	1996-06-01
Shake-Rive 站	上海	021-59572197 021-59578888	Linmin Chen	300	24 小时开放	1996-03
镇海 WinZen 站	宁波	0574-6253920	徐永久	较少	18:00-7:00	1996-06-05
Morning	虎林	0453-5836237	Li Yong	—	24 小时	—
北极星 BBS	漠河	0456-2886876	Tang Songtao	—	24 小时	—
月亮河 BBS	苏州	0512-7280019	Sheng Bin	—	24 小时	—
天网 BBS	仪征	0514-3276266	Andre Yan	—	24 小时	—
绿叶 BBS	昆山	0520-7534570	Zhuang Junming	—	24 小时	—
Little Fox	宁波	0574-7297040	Yang Zhen	—	24 小时	—
Cipher-one Club	台州	0576-8897877	Kong Mingyun	—	24 小时	—
大泽乡情	福州	0591-3047774	Yang Ann	—	24 小时	—
雁风小站	温州	0577-3812002	Xu Yansheng	—	24 小时	—
环球 BBS	温州	0557-8253806	Liu Ciming	—	24 小时	—
Guangling Village	邵武	0599-6331287	Chen Ruilong	—	24 小时	—
江南明珠	黄石	0714-6237524	Bull Chen	—	24 小时	—
心剑堂	荆沙	0716-8216649	Shen Liang	—	24 小时	—
WUYI-BBS	新会	0750-6600551	Ye Hunting	—	24 小时	—

续表

站名	地点	电话	站长	最大用户数	开放时间	建站时间
太阳花	新会	0750-6600557	Mark Xu	—	19:00-7:00	—
梦 BBS	新会	0765-2226994	Pan Gang	—	24 小时	—
未来世界	广安	0826-6213218	Yang Feng	—	24 小时	—
白塔 BBS	威远	0832-8226450	Chen Yanyu	—	24 小时	—
大漠明珠	鄯善	0995-222175	Wu Yong	—	24 小时	—
原森软件技术交流站	北京	010-62187996	Loyal Poet	—	22:30-18:00	—
曼陀罗	北京	010-62187996	Gordon Chen	—	24 小时	—
全新证券之窗	北京	010-65759285	Rodney Leo	—	24 小时	—
光明天使	北京	010-67291789	Persia Cat	—	24 小时	—
新圆资讯站	北京	010-67337672	Da Cheng	—	22:00-0:00	—
INFO-POINT	上海	021-62594455	Wang Quanhua	—	24 小时	—
Rocket BBS	上海	021-64164550	Dai Linggang	—	19:00-8:00	—
东傲程序员站	天津	022-26435509	Zhai Xudong	—	24 小时	—
华储资讯站	沈阳	024-3895234	Sea Gull	—	24 小时	—
劲捷电子站	武汉	027-3648668	James Qi	—	24 小时	—
石门驿站	石家庄	0311-7061953	Torjan Wang	—	17:00-7:00	—
巨星 BBS	唐山	0315-2316153	Jung Lechun	—	24 小时	—
Remote Sensing	太原	0351-3191392	Liu Jingchun	—	24 小时	—
Countryside	太原	0351-7025925	Gao Feng	—	24 小时	—
Victor	运城	0359-2026604	Xie Gengxin	—	24 小时	—
Wisdom Star	辉县	0373-6280148	Wisdom Star	—	24 小时	—
Rich home	鞍山	0412-2223252	Qiu Dong	—	24 小时	—
凌晨	吉林	0431-5661655	Wang Hui	—	22:00-17:00	—

1994 年随着科技网（CSTnet）、教育和科研计算机网（CERnet）两大网络相继投入使用，中科院率先开通我国第一个互联网 BBS——中科院曙光站。众多高校利用良好的网络条件相继开通 BBS：水木清华（清华大学，1995）、日月光华（复旦大学，1996）、饮水思源（上海交通大

学,1996)、小百合(南京大学,1997)、一塌糊涂(北京大学,1999)、北大未名(北京大学,2000)等,据不完全统计,有 81 所高校开通 111 个 BBS 论坛。① 与美国 BBS 循序渐进式发展不同,以高校 BBS 为前驱,我国的 BBS 发展呈现出扩散重叠、交叉发展的态势,Internet-BBS 用户数量不限、交互界面良好等特性为 BBS 商业化打下坚实技术基础。

1995 年公用计算机互联网(Chinanet)、金桥信息网(ChinaGBN)两大用于商业化运营的骨干网相继建成,张树新敏锐地捕捉到其间蕴藏的巨大商机,同年创立的"瀛海威时空"开启我国互联网商业化源头,不仅是我国最早的民营 ISP 服务商,而且面向普通民众提供网吧、E-mail、BBS 等各类服务,许多普通民众通过瀛海威开始了解互联网,而真正将 BBS 带入普通大众视野的是四通利方论坛。1996 年汪延大学毕业回国加盟四方利通集团,②同年 6 月创办的利方在线主打聊天室和体育论坛,在当时颇具知名度。1997 年 9 至 11 月世界杯预选赛期间,四通利方"体育沙龙"利用网络优势抢先在传统媒体之前将比赛结果和过程图文并茂地报道出来,正是由于这段时期它的亮眼表现,才真正将 BBS 带入大众视野,商业论坛引发普通民众对 BBS 的关注,推动 Internet-BBS 成为各大网站吸引人气的重要手段,打造了最早的网络公共空间。

1997 年中国论坛第一帖《大连金州不相信眼泪》迅速传播,使社会意识到互联网为人们带来的不仅是新鲜的上网冲浪的娱乐体验,还能够连接人与人并产生全社会的情感共鸣,③就连作者老榕自己也惊叹不已:

> 那篇文章有那么大影响我是绝对没想到的。到现在我还在纳

---

① 段昌林.浅谈国内 BBS 论坛的现状、发展与管理[J].电脑迷,2018(6)
② 汪延(1972—),北京人,高中毕业后赴法国巴黎大学求学,获法学学士学位,1996 年回国创办利方在线,1998 年任新浪中国区总经理,2001 年出任新浪总裁,2003 年任新浪 CEO,2012 年卸任。
③ 方兴东,刘伟.阿里巴巴正传:我们与马云的"一步之遥"[M].南京:江苏凤凰文化出版社,2015:76

闷是不是谁在背后人为炒作的?那篇帖子到后来因为流传甚广,连我都记住了,发帖时间是两点十五分。那是我常规开始上网聊天儿的时间,不务正业呗……有人在网上说:你不是刚看球回来嘛,快说说感受。我想那就写两句吧,一气呵成写了那么多,写完也没再看一遍就发送了。①

一篇无心插柳的帖子爆红不仅为成立不久的新浪论坛聚集人气,而且掀起商业BBS发展热潮:1997年猫扑网成立,快速成为日均浏览量7500多万人次的人气社区;1998年西祠胡同创立,网友自开讨论版多达8万多个;1999年天涯社区成立,仅5年时间便开通有300多个板块、日均页面浏览量超过150万次,②等等。BBS开始从特定群体逐渐走向普通民众,从PC模式进化到因特网模式,从简单聊天室演化为网络论坛。③

三、即时通信依托软件实现网络社交革命

几乎与网络论坛同时兴起的,还有一种被称为因特网中继聊天(俗称网络聊天室)技术曾经在20世纪末非常流行。1988年芬兰人Jarkko Oikarinen尝试拓展Oulu大学扩充电子布告栏系统,因特网中继聊天技术(Internet Relay Chat,IRC)在这一背景下被发明。我国网络聊天室主要盛行于1997年至2000年,碧海银沙、四通利方、网易聊天室、搜狐聊天室等成为中国第一批网民的聚居地,④许多人通过网络聊天室闲聊、交友:

---

① 冯振.总裁告诉你:中国著名电子商务网站大透析[M].北京:中国对外翻译出版公司,2000:9
② 易庆召.大学生的休闲时光:上网·旅游·娱情[M].武汉:武汉大学出版社,2006:78－82
③ 欧阳友权.网络文学词典[Z].广州:世界图书出版广东有限公司,2014:33
④ 肖莹佩,刘思远.网易聊天室闭门谢客 曾招来首批网民[EB/OL].[2018－12－17].http://news.163.com/08/1024/10/4P0UPDF600011229.html

> 1999年时,OICQ还没有兴起,大多都是在BBS和各种聊天室里泡着,后来OICQ也有各种各样的聊天室,不过,时间长了,发现没有去找人主动聊天很白痴,愿意主动找你的,也大多抱着一些目的。
>
> (vkisiter 水木社区)①

网络聊天室火爆不仅催生GG、MM、886、大虾等网络词汇,而且逐渐形成文字、符号、图片等混合使用的独特的交流模式,其语音聊天功能更将人类网络交往带入音频时代,为即时通信软件兴起做了多方铺垫。

作为一种面向终端使用者的交互通信工具,即时通信(Instant Messaging,简称IM)软件借助互联网与移动通信技术得以实现多平台、多终端、多元信息符号(文字、图片、音频、视频、文件)同平台或跨平台交互式通信。② 与前面提及的互联网应用一样,我国QQ、微信等即时通信软件兴起同样是西方互联网技术创新扩散的产物。1996年,由4名以色列青年创建的Mirabilis公司推出IM鼻祖——ICQ;1998年,腾讯在其基础上推出OICQ(OPEN ICQ);2004年,网易推出网易泡泡、搜狐推出搜Q等个人IM,在聊天室之外为普通人提供更多实时交流渠道,应用范围更加广泛。有受访对象从小学便开始使用QQ一直使用至今:

> 小学三年级,上电脑课的时候,第一个QQ号叫北方的热带鱼,从初中开始一直使用QQ号,可以发表情表,打电话不能;和别人说话更随意,有些话打电话说不出来,但是用QQ的话可以很自然说出来。比如打电话说"我想你"非常正式,QQ的话轻松一点。
>
> (王先生,伊利公司员工)

---

① 水木社区. 最早的聊天室[EB/OL]. [2018-12-17]. http://m.newsmth.net/article/Age/18981947? p=1
② 孙翌. IM即时通信技术在图书馆中的应用[M]. 上海:上海交通大学出版社,2010:1-2

从最早的文字交流,到稍后的图片、文字传输,再到动态表情、音/视频交流,以及朋友圈等功能不断增加,QQ 逐渐取代聊天室成为人们在线交流最主要的工具。

第二节　搜索引擎重塑信息获取模式

> 我们常常嘲笑对门那个每天在网上要闲逛几个小时的小子。在我们看来,在网上游荡,不过就像在一个糟糕的图书馆里瞎逛一样,用崇拜的眼光打量着那些书架,但根本不知道哪里能找到有用的东西。
>
> ——冈特利特①

在我国互联网面向公众提供商业化服务初期,互联网内容匮乏,网络社交曾经一度成为人们上网最重要的活动。随着互联网使用范围越来越大、信息量越来越多,获取信息成为人们上网的又一重要活动。对没有专业信息检索技能的普通人而言,如何从互联网获取自己所需要的内容成为一大难题,"马赛克"的发明为普通人使用互联网提供极大便利,雅虎、谷歌的出现则使得海量的网络信息变得清晰条理、容易获取。有专家感慨"Internet 有朝一日将改变整个世界,但若没有雅虎,恐怕连门还摸不着"。② 这些搜索引擎最初只是网络信息的"搬运工",虽然不生产信息,但在信息传播过程中发挥着至关重要的作用,推动互联网由专业人士领域走入普通人生活。

就我国而言,搜狐、新浪、腾讯、百度等搜索引擎作为国外搜索引擎的"中国版",不仅直接借鉴来自硅谷的技术,而且吸纳大量海内外商业资本,经过一系列成功的产业化运作之后,逐渐被视为传媒行业的重要组成部分。新中国成立后,传媒行业一直是一个必须经过严格审批

---

① ［英］冈特利特.网络研究指南［C］// 冈特利特.网络研究:数字化时代媒介研究的重新定向.北京:新华出版社,2004:3

② 上游新闻.雅虎终于死了:从 1000 亿到破产贱卖,最后连名字都没保住［EB/OL］.［2018 – 01 – 30］.http://www.cqcb.com/uctoutiao/wealth/2017 – 01 – 30/250772.html

方许进入的特殊行业,①不论是传统大众媒体还是其新媒体,政府高度关注国有资本控股以确保对其拥有完全控制权,②民营资本和国外资本只能通过参股或者业务合作等方式与传统媒体合作。王志东、张朝阳、丁磊等人在国外资本与民间资本支持下,以搜索引擎为基础综合免费电子邮箱、BBS、网络论坛等人际交流应用,推出搜狐网、新浪网、网易等门户网站,以及百度、搜狗、360等搜索引擎。1998年,新浪网、搜狐网、腾讯网、网易四大门户网站集中亮相标志着我国传媒新格局、新气象。③

一、人工分类开启信息商业化实践

1990年Archie的发明使得人们查询FTP主机中文件成为可能,1993年Veronica发明后新增网页检索功能,稍后发明的Judhead其功能类似,上述软件作为网络信息检索前驱探索,④对普通人而言,这些软件太过专业,无法满足日常信息检索需要。特别1993年美国政府推出"信息高速公路计划"后,催生出一大批软件公司和互联网公司,互联网进入第一个高速发展的十年,1995年互联网站点数量首次超过100万个,普通用户已经无法用人工浏览方式获取自己的所需信息,以Yahoo! 为代表的分类目录检索式搜索引擎、以Alta Vista、Infoseek为代表的关键词检索式搜索引擎应时而生,⑤1995年成为商业搜索引擎发展的重要起点。⑥

1. 从分类搜索到门户网站:雅虎开启互联网全新应用模式

浏览器马赛克(Mosaic)的发明给人们上网带来极大便利,正在斯坦福读博士的杨致远(Jerry Yang)和费罗(David Filo)受其影响很快就

---

① 魏永征.中国大陆传媒业吸纳业外资本的合法性研究[J].中国法律(香港),2001(2)
② 王慧.论国有资本在我国传媒业发展中的责任和作用[J].中州大学学报,2010(5)
③ 国家互联网信息办公室,北京市互联网信息办公室.中国互联网20年·网络大事记[M].北京:电子工业出版社,2014:47
④ 海涛.信息检索与利用[M].北京:北京航空航天大学出版社,2015:75
⑤ 庞慧萍.信息检索与利用[M].北京:北京理工大学出版社,2017:105
⑥ 张俊林.这就是搜索引擎:核心技术详解[M].北京:电子工业出版社,2012:2

迷上互联网,开始着手建立自己喜爱的网站名单,后发展为"杨致远费罗全球资讯网导览"(雅虎雏形),其设计思想很简单:通过人工分类、层级目录方式整理内容,帮助使用者在互联网"大海捞针",找到所需东西,雅虎借此在商业运营方面取得巨大商业成功,直至后来这种设计思想都没有太大变更。这种简洁的信息检索方式对普通人而言非常便于操作,一经推出便受到人们的热情赞誉,网站访问量快速增长,得益于斯坦福大学浓厚的创业氛围,两人果断放弃博士学位开始创业。与同时期 Inofoseek 等搜索引擎专注于关键词搜索、通过收取使用费维持发展不同,杨致远视雅虎为媒体产业而不仅仅是目录,①其发展第一阶段主要开展搜索引擎业务,1997 年底大幅改变,增加新闻、股市、旅行、购物、电子邮件等多项服务,对此杨致远接受采访时有过一段详细说明:②

> 我们去年在美国经历了很大的转变,我们从搜索引擎转变成完全的网络媒体(full internet media)。这个转变有几个部分:第一是我们提供的服务除了搜索引擎外还有很多不同内容,包括聊天、语音信箱的功能,提供的服务愈来愈广这是第一步。……对我们而言从搜索引擎的形态改为"雅虎!运动""雅虎!金融""雅虎!闲聊"。

雅虎作为互联网商业化应用的产物,反过来又推动互联网商业化应用的进程,它不仅通过商业化手段将诞生于阿帕网时代的电子邮箱、FTP 等教育科研人员使用较多的互联网应用推向普通民众,而且将搜索引擎、即时通信、网页广告等集纳于一体,力求"一站到底,全程服务",覆盖人们生活的方方面面,一度成为世界上覆盖面最大的互联网门户网站。曾几何时,雅虎几乎就是互联网代名词。③

---

① 何西.雅虎创世纪[M].北京:当代世界出版社,1999:16,23
② 张志伟.YAHOO! 雅虎称霸互联网精彩传奇[M].北京:生活・读书・新知三联书店,2000:87
③ 上游新闻.雅虎终于死了:从 1000 亿到破产贱卖,最后连名字都没保住[EB/OL].[2018−01−30].http://www.cqcb.com/uctoutiao/wealth/2017−01−30/250772.html

2. 从雅虎到四大门户网站:互联网应用创新扩散带来传播革命

1996年7月,张朝阳注册成立 ITC(Internet Technologies China,音译名爱特信)公司并着手赴美融资,经过艰苦的努力,1996年11月尼葛洛庞帝、罗伯特、邦德三人注资17万美金,张朝阳利用这笔钱置办服务器,并于1997年1月开通 ITC 网站。网站创办初期由于缺乏资金和方向,尼葛洛庞帝追加5.5万美元投资且介绍张朝阳访问美国在线(AOL)和杨致远。ICT 网站最初效仿 AOL"内容为王"模式,但关注的人很少,反而提供分类连接的"指南针"栏目非常受欢迎,稍后张朝阳效仿雅虎致力于分类检索服务,对此张朝阳受访时曾经回忆道:①

> 因为互联网的本质是信息共享,所有最好的出路是收集内容并做一个搜索引擎,告诉人们去哪儿找他们需要的东西。这样整个互联网就变成一个图书馆或电子市场。

张朝阳并于1997年10月将公司改名为搜狐(sohu),喊出"美国人用 Yahoo!,中国人用搜狐"的响亮口号,②甚至有人一度认为张朝阳不过是在中国克隆了一个雅虎,甚至只不过做了个中国的山寨版雅虎。③搜狐分类搜索给普通人带来极大的便利,搜狐网采用中文分词技术将涉及生活的内容分为18个大类,拥有40多万个网页、5万多个不同主题类目,构成一个庞大的树状结构网页体系,累积收录中文网站150多个,每天新增网站信息1000条,可以根据类目和主题关键词继续查询。④ 跟随着雅虎转型的步伐,1998年3月25日正式推出搜狐网站,同月从英特尔和道琼斯两家公司融到210万美元用于相关技术拓展。

与张朝阳只身回国凭借美国风险投资起步不同,王志东创业初期虽然也尝试从硅谷融资但没能如愿,1993年底四通集团(首家在香港上市的国内 IT 企业)注资500万港币使得王志东专注于 windows 中文

---

① 董国用.没有不可能——并不陌生的张朝阳[M].北京:中信出版社,2011:66
② 阳光.搜狐传奇[M].沈阳:辽宁人民出版社,2000:25-26
③ 董国用.没有不可能——并不陌生的张朝阳[M].北京:中信出版社,2011:82
④ 天宇.搜索张朝阳[M].北京:世界知识出版社,2006:71

环境"利方多元系统支持环境"等软件产品研发。1995年底至1996年初美国互联网热潮之际,王志东连续三次远赴硅谷学习取经,归国后马上将公司定位从软件开发企业转变为互联网企业,不仅开发出互联网中文环境 RichWin for Internet 4.3,而且成立国际网络部开通 SRSnet.com 网站。① 1998年并购海外最大华人网站"华渊资讯"成立"新浪网",推出"电子贺卡""网络游戏""速递电子杂志"三件新年礼;1999年推出"新浪搜索"、分类信息检索、酒店预订等服务,同年完成6000万美元的融资后开始筹备在美国纳斯达克上市;经过几年发展逐渐形成搜索引擎、社区交流、生活空间、财经、科技、体育、游戏、电子邮件与新闻九大板块协调发展的局面。

和王志东有些相似,丁磊最初也是程序员出身,曾先后服务于美国数据库软件公司 Sybase 公司广州分公司、飞捷(民营 ISP 公司)等公司。1997年6月丁磊创办网易,次年在国内率先推出免费电子邮件服务以及在线社区,1999年在国内首次推出在线拍卖服务,网易聊天室更在2000年创下32000人同时在线的世界纪录,同年网易还推出网易商城,成为网上门户功能的一个里程碑。② 可以说1997年前后,张朝阳、丁磊等效法雅虎,开启我国门户网站黄金时代,互联网由此走入寻常人生活。经过不断创新发展,③新浪网"新经"(新闻+BBS)、搜狐"搜经"(搜索引擎+注意力经济学)、网易"易经"(中国本土特色+网虫社区),④成为全新信息传播模式。

二、算法驱动关键词搜索开启人类信息获取革命

雅虎开创的分类目录搜索纯粹由人工完成,扩展性有限,绝大部分网站不能被收录。几乎与同一时间(1995),Alta Vista、Excite 等搜索引

---

① 阳光.新浪模式[M].沈阳:辽宁人民出版社,2000:157
② 李良忠.网易玩主丁磊[M].北京:经济日报出版社,2008:194-200
③ 中国网信网.互联网新闻信息服务单位名单[EB/OL].[2017-04-06]. http://www.cac.gov.cn/2017-04/06/c_1120759391.htm
④ 刘九如.互联网信仰[M]//阳光.搜狐传奇.沈阳:辽宁人民出版社,2001:3

擎开启算法驱动的人类信息革命,其发展如图6-2-1所示。①

图6-2-1 搜索引擎技术发展史

从Alta Vista、Excite等以布尔模型、概率模型计算为基础的第一代文本检索引擎,到Google等以PageRank技术为基础的第二代链接分析搜索引擎,再到以爬虫等技术为基础的第三代用户为中心的搜索引擎,算法推荐取代人工分类成为普通人信息获取的最为重要的方式。

Alta Vista、Excite等搜索引擎主要采取收取检索等形式运营,虽然在当时影响力仅次于雅虎,但由于其检索技术尚存在许多缺陷,检索精度尚有许多值得改进的地方。1998年以Google为代表的新一代搜索引擎技术的出现,不仅搜索精度大大提高,而且使得图像搜索、MP3搜索等成为可能,掀起了一场人类信息检索的革命性变化。

1997年,正在斯坦福大学攻读计算机博士的拉里·佩奇和谢尔盖·布林开始关注搜索引擎技术,得益于美国国防部"数字图书馆倡议"计划资助,1998年组建Google公司推出搜索引擎服务,2000年7月取代Inktomi成为Yahoo!内置搜索引擎,9月成为网易内置搜索引

---

① 张俊林.这就是搜索引擎:核心技术详解[M].北京:电子工业出版社,2012:4

擎。除搜索引擎之外,Google 先后衍生出几十种产品,现在更演化出"搜索与浏览内容""观看与播放内容""Google 制造""随时随地使用""通话与收发文字消息""让一切井然有序""更高效、更轻松地开展工作""拓展您的业务"等大类,每一类下包含若干具体产品,这些产品既不提供新闻也不提供娱乐,不仅与分类目录及其衍生门户网站等"新媒体"有很大差异,更与传统媒体及其新媒体有根本性不同,Google 一句广告对其特点有精确描述:

> 我们的使命是整合全球信息,供大众使用,让人人受益。

无论是最初的信息检索服务,还是稍后推出的 Google 地图、Google 学术等产品(或服务),Google 的出现重新定义了传媒产业的边界,路透社报道甚至认为 Google 超越时代华纳成为世界最大的传媒。①

作为谷歌在中国的最主要对手,甚至被称为中国版的谷歌,百度的诞生与发展同样是以谷歌为代表的美国搜索技术及其应用在中国实践扩散的产物。1994 年李彦宏于布法罗纽约州立大学计算机专业研究生毕业后加入道琼斯公司从事信息系统维护与研发,1997 年加入早期知名搜索引擎公司 Infoseek。②1999 年李彦宏与徐永两人在风险投资资助下于美国硅谷创立百度,同年出版的《硅谷商战》一书详述了对美国互联网商业化的亲身观察:

> 高科技产业的竞争,其实技术并不是唯一的决定性因素,商战策略才是真正决胜千里的关键。③

正是得益于这样的观察与思考,百度成立第二年便布局中国市场,在北京成立的中国公司由徐永出任法人代表,刘建国负责研发部门。

---

① 梁晓涛,汪文斌.搜索[M].武汉:武汉大学出版社,2013:96
② Infoseek 公司 1994 年 1 月成立,1995 年 2 月推出搜索引擎服务,是互联网早期最重要的搜索引擎之一。
③ 李彦宏.硅谷商战[M].北京:清华大学出版社,1999:V

百度的中国公司以美国 Inktomi 搜索为模仿对象,仅用四个月时间便推出第一代搜索引擎,在其美国投资人半岛资本公司牵线下,获得半岛资本公司投资的另一家公司——硅谷动力的订单而赚到"第一桶金"。①百度作为中文引擎佼佼者,曾一度为95%国内网站提供搜索引擎服务,三大门户网站(新浪、搜狐、网易)均为其用户。②

第三节 垂直网站构建数字生活形态

> 新媒体不但改变了信息传播方式,而且改变了人的生存境遇。新媒体"赋能"延伸人的体力和智力,概念和符号遮蔽人的主体价值,人的生存走向异化与幻化,虚拟社区使得人类生存空间从实在世界拓展到虚拟世界;新媒体"赋权"导致社会阶层变迁和社会权力结构重整、草根文化崛起,在虚拟身份掩盖下人们纵情娱乐、游戏至死。
>
> ——何华征③

新媒体崛起不仅带来人类交流革命、信息获取革命,而且完成娱乐与消费的数字化,推进人类数字化生存进一步深化。这些聚焦于特定领域或需求的原生新媒体以电子商务网站、网络游戏等形态出现。

一、网络购物从辅助手段到符号消费新模式

以往新媒体研究通常不会将电子商务纳入范畴,王松等认为电子商务在快速的信息流转过程中扮演着重要角色,不仅促成电子邮件、即时通信工具、网站、移动电话等新媒体信息交流整合,而且促成 C2C(消费者对消费者)、B2C(电商对消费者)等以消费者为中心的(及其信息)消费模式,理应纳入新媒体范畴之内。④ 不仅如此,电子商务彻

---

① 丁西坡.百度那些人和事[M].北京:中国人民大学出版社,2009:28-31
② 沈阳.中国域名经济(2002~2003)[M].北京:中国科学技术出版社,2004:339
③ 何华征.新媒体时代人的生存问题的现代性解读[M].北京:中国文史出版社,2016:1-3
④ 王松,王洁.移动互联网时代的新媒体概论[M].上海:上海交通大学出版社,2018:50-53

底改变传统"钱—物"或"物—物"直接交换的消费模式,符号逐渐成为消费的对象、支付的手段,很多时候从酝酿购买某种物品或服务的想法,到最终购入该种商品或服务,一切都通过在线虚拟活动完成,商品符号、数字货币已不再是实体商业的辅助手段,早已成为主导整个商业活动的核心枢纽。

1998年亚马逊等电子国外商务快速兴起,受其影响,1999年连邦电子商务事业部推出我国第一个B2C网站——8848网站,以中国特色的方式开始实践中国的电子商务,还原电子商务的本来面目——高新技术的本质是为社会和大众提供高质的生活,一下子拉近了高科技与普通大众的距离。① 同年由科文公司、美国老虎基金、美国IDG集团、卢森堡剑桥集团、亚洲创业投资基金共同投资的当当网正式上线,从早期的网上卖书拓展到网上卖各类百货,在库图书、音像商品超过80万种,百货50余万种。② 当当网等在线网络图书经销商的出现,不仅导致许多实体书店难以维系,而且深刻改变人们(特别是青年学生)的读书习惯。中北大学二年级学生A同学谈到在当当等B2C网站购物体验时,她的看法颇具代表性:

> 我买书很少去书店,大部分都是通过豆瓣等网站看书评,或者微信公众号看到推荐以后,在当当网浏览一下目录、看一下评价什么的就下单了。买回来如果觉得很不满意也可以退换货,非常方便。
>
> (中北大学二年级学生,A同学)

在B2C网站与电子支付兴起之前,人们购买相关物品只能在实体店挑选货物、用各类货币支付;B2C与电子支付兴起之后,人们越来越习惯于通过各种推荐、评价选择商品,而不是通过自己亲身体验决定是否购买。人们在拿到实体物品之前,从搜集信息、下单购买,到支付货

---

① 姜奇平,刘韧,王俊秀.知本家风暴:中国新知识分子宣言[M].北京:中国友谊出版公司,1999:13

② 当当网介绍[EB/OL].[2019-01-18].http://t.dangdang.com/companyInfo

款、查询物流,整个流程都是在特定网络框架内进行信息的消费与生产,在这个过程中逐渐形成全新的传播路径与模式。

同在1999年,毕业于哈佛大学商学院的邵亦波夫妇创办国内首家C2C电子商务平台"易趣网"为普通人之间商品交易提供平台。2002年eBay进军中国后被其收购。阿里巴巴受到两者影响推出基于C2C模式的淘宝网,同年淘宝推出支付宝,[①]2005年腾讯推出C2C模式的"拍拍网",2007年百度进军C2C业务。如果说博客、微博等自媒体使得人人都有"言论"麦克风,那么淘宝网在其之前已经赋予普通民众"经济"麦克风,相较于B2C网站集中式信息传播模式,商户与用户交流、用户与用户之间形成了多种交流渠道,如图6-3-1所示。

图6-3-1 左:商家与用户沟通,右:用户间互动

在淘宝网关注商家时会有相应的商铺群,可以通过加群等方式同卖家和其他买家交流;还有通过商品评价(类似BBS跟帖)形式彼此交流。对话内容也很多元化:

---

① 支付宝2003年之后独立,目前已经成为国内最大第三方支付平台。

我和商家沟通主要是问一下商品具体参数，或者问快递啥时候到。有时候买护肤品会问店家能不能推荐自己平时用的比较好的品牌，有的店家比较"调皮"，聊天时不仅会发文字还会发表情包啥的。看过一段网友@机智的何先生与客服的聊天记录，很有趣。

（李小姐，公司职员）

在 8848 等第一代电子商务网站诞生之初，它们仅作为购物工具或实体购物辅助手段，随着支付宝等电子支付手段的发明，商品评价、在线沟通功能逐渐完善，特别是近年来快递业的飞速发展，在线购物已经成为一种新生活方式：从获取商品信息、确定购买意愿、完成购买行为、消费评价与推荐，整个过程都是一种符号化虚拟消费行为，消费者与商家、买家与卖家间通过各种沟通保证上述过程顺畅进行。消费不再与实物直接相关，而是已经演化成为一种基于符号的新型消费方式，甚至可以称之为一种新的生活方式。

二、网络游戏从休闲娱乐到互联网虚拟生存

网络游戏作为依托 PC 机、智能手机的互联网应用起源于 20 世纪 70 年代，过去通常被纳入互联网产业范畴，王松等学者开始将其视为新媒体，[1]从传播视角加以研究，不再视其为单纯经济行为。其源头可追溯至 20 世纪 70 年代单机游戏，1971 年丹·戴格劳（Don Daglow）在 DEC PDP–10 开发出第一个电脑游戏《天生好手》，几年之后加里·吉盖斯克推出的电脑版《龙与地下城》改变了整个电子游戏产业，《魔兽世界》《仙剑奇侠传》等知名网络游戏深受其影响。1984 年苹果公司推出基于图形界面的个人电脑 Macintosh，1989 年乔丹·麦其纳（Jordan Mechner）率先推出 Mac 版《波斯王子》成为冒险类游戏开山鼻祖，《生化危机》《古墓丽影》等后续游戏多受其影响。1994 年暴雪公司（Blizzard）公司推出《魔兽争霸》游戏取得巨大成功，在国内几乎成为网络游戏代名词。

1995 年金山软件西山居工作室的成立标志着我国网游开始出现，

---

[1] 王松，王洁. 移动互联网时代的新媒体概论[M]. 上海：上海交通大学出版社，2018：61

该公司发布推出的《中关村启示录》是大陆地区第一款商业游戏。1998年7月四通利方网站(新浪网前身)开通游戏板块——《游民部落》,日访问量近万人。① 进入21世纪后我国网络游戏快速壮大:2001年韩国网游《传奇》由盛大代理正式上线、网易推出《大话西游》拉开门户网站进军网游序幕,2002年新浪签约韩国网游游戏《天堂》。2007年搜狐推出《天龙八部》网游,2008年腾讯开始代理韩国游戏《地下城与勇士》《穿越火线》《英雄联盟》,奠定其在游戏界龙头地位。网络游戏成为各大门户网站新的利润增长点,腾讯更依托QQ、微信两大平台推出角色扮演游戏、动作游戏、竞技游戏、休闲&平台、网页游戏、手机游戏等五大类数十种网络游戏,②如图6-3-2所示。

图6-3-2 腾讯公司网络游戏布局

网络游戏火热不仅快速催生游戏产业链条,造就陈天桥等诸多富豪,而且形成独特的文化体验与交流模式。以角色扮演类游戏RPG(role-playing game)"剑灵"为例,腾讯通过搭建官方网站,设置新闻、公

---

① 阳光.新浪模式[M].沈阳:辽宁人民出版社,2000:315
② 腾讯.腾讯游戏官网[EB/OL].[2018-11-25].https://game.qq.com/

告、活动、论坛等板块,不仅将"剑灵"游戏作为重要新闻源,而且围绕游戏组织一系列线上、线下活动,通过搭建论坛、设置"玩家互动"栏目等措施更为游戏玩家之间互动提供线上平台,详见图6-3-3。

图6-3-3 "剑灵"游戏媒体平台

网络游戏盛行不仅造就独特的游戏文化,而且围绕游戏形成虚拟"工会"等各种组织,许多线上关系随着时间推移逐渐转变成为线下的友谊:

> 我刚到大学的时候不太喜欢交际,大一也没有参加学生会、社团一类组织,整个人都比较无聊,所以常去网吧玩一会儿游戏。高中时间太紧想玩没时间,大一虽然事情多,但还是比起高中轻松多了,因为在游戏里会参加工会,慢慢发现里面有本校的学长,甚至还有同一个学院的,感觉特别好玩,所以会留给微信、电话什么的。认识时间长了,除了玩游戏,遇到不懂的事情经常也会去问问。
>
> (龙先生,学生)

这种情况并不鲜见,由游戏、动漫衍生而来的"二次元"等已经成为一种非常重要的亚文化形态。这种线下的圈层与线上虚拟关系彼此交织,构成一种集现实与虚拟于一体的特殊交往方式。

第七章 手机时代原生新媒体形态创新发展

> 从长远看,能够使一切信息信手拈来即手指头与运动的腿脚结合起来,也许是手机施惠于人的更加意义深刻的好处。这个好处比它给人提供的随时随地与任何人谈话的机会更重要。
>
> 互联网可以被认为是手机的副手。身体的移动性,再加上与世界的连接性——手机赋予我们的能力——可能会具有更加深远的革命性意义,比互联网在室内带给我们的一切信息的意义更加重大。
>
> ——保罗·莱文森[①]

20世纪90年代末,3G技术发明、WAP通信协议推出、智能手机出现,不仅使得手机上网成为可能,而且催生出一批基于手机终端的新媒体形态,如手机短信/彩信/彩铃、手机报、手机出版、手机电视、手机游戏、手机商务、手机搜索等。[②] 鉴于短信/彩信/彩铃属于2G时代产物,手机报、手机出版、手机电视等属于数字化传统媒体范畴,手机游戏、手机商务、手机搜索等前面已提及,本章聚焦微博与微信两类原生新媒体形态,两者均由商业化互联网公司主导,呈现出浓厚的平台型媒体色彩。

第一节 原生新媒体基础架构与内容生产模式创新

媒介形式不仅决定着人们接受信息的总量和周期,也决定着人们接受信息的方式和方法,更决定着影响的向路和强度。正是

---

① [美]莱文森.手机:挡不住的呼唤[M].何道宽,译.北京:清华大学出版社,2004:9
② 匡文波.手机媒体:新媒体中的新革命[M].北京:华夏出版社,2010

在这个意义上,可以说有什么样的媒介形式,便有什么样的传播形态,最终也便会孵化出与之相匹配的生存状态。

——刘少文①

媒介技术决定媒介形式,媒介形式决定媒体形态与人们的信息接收方式:晚清西方印刷技术的传入催生现代报纸,报纸的出现改变晚清知识分子阅读习惯,在读书人中引发强烈心灵震荡;②广播技术引入我国后各类电台纷纷建立,传播消息、音乐、歌曲等内容颇受社会人士欢迎;③ICT 技术创新推动互联网进入普通人的生活,不仅催生电子媒介人,④而且逐渐形成若干平台型新媒体,在应用层面实现许多创新。

一、智能手机为原生新媒体形态演化搭建新的终端

智能手机作为通信技术与网络技术融合的创新结晶,将手机从最初通信工具升级为新的网络节点:从 1999 年摩托罗拉推出具有 WAP 无线上网功能、能够手写输入汉字的第一款智能手机 A6188,到 2007 年苹果推出 iPhone 这一智能手机划时代产品,"触屏+应用"引爆智能机新时代;再到 2008 年 HTC 推出首款安卓系统手机 HTC G1,2010 年前后智能手机进入开发者生态圈时代,⑤各类手机新应用层出不穷,将普通人日常生活与智能手机逐渐紧密地绑在一起。⑥ 苹果公司更是每年一款新机型,每款新机型都引领智能手机新潮流、新变化,不仅形成数量庞大的"果粉",而且推动其他厂商技术革新。苹果手机十几年发

---

① 刘少文.1872—2008:中国的媒介嬗变与日常生活[M].北京:中国社会科学出版社,2010:7

② 卞冬磊.古典心灵的现实转向:晚晴报刊阅读史[M].北京:中国社会科学文献出版社,2015:3

③ 《申报》关于新新公司广播电台开播的报道[M]//赵玉明.现代中国广播史料选编.汕头:汕头大学出版社,2007:46

④ 夏德元.电子媒介的崛起:社会的媒介化及人与媒介关系的嬗变[M].上海:复旦大学出版社,2011:61-66

⑤ Ittbank.图说手机发展史[EB/OL].[2018-10-20].http://www.sohu.com/a/144943355_202311

⑥ 杰夫.当日生活须臾离不开智能手机时[N].上海证券报,2013-04-20

展史在某种程度上可以视为智能手机技术创新历史,①参见图 7-1-1 所示。

图 7-1-1 苹果手机十年产品演变

应用程序日益增多的智能手机不再是单纯的通话工具,早已成为个体间、群体或组织内人们彼此交流的工具,特别是微博这一新型 SNS (Social Networking Services,社会性网络服务)软件的发明,更使得智能手机成为普通人面向大众的传播工具。② ICT(尤其是智能手机)融合创新为人际传播、组织传播与大众传播重叠奠定物质基础,原本清晰的边界逐渐模糊,混合传播传播形态初步显现。

二、移动网络为原生新媒体形态演化提供技术支持

自 20 世纪 80 年代初 1G 模拟通讯技术发明以来,短短 30 年时间移动通信技术已经有过 5 次质的飞跃,详见图 7-1-2 所示。

---

① 网易科技报道.细数 iPhone 十年进化史:2007—2017 年都有哪些变化[EB/OL].[2018-10-20]. http://tech.163.com/17/0912/15/CU551RLN00097U7S.html
② 彭兰.社会化媒体:理论与实践解析[M].北京:中国人民大学出版社,2015:229

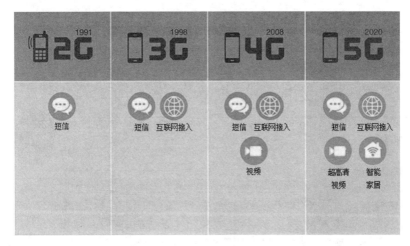

图 7-1-2 手机通信技术发展历史①

20世纪80年代初,1G模拟电话时代,由于移动通信技术尚不成熟,仅能为用户提供信号较差的语音服务。1991年,随着2G技术的发明,短信(SMS)、彩信、彩铃(MMS)成为可能,手机不仅可用于人与人之间的"点对点"符号或语音通信,在重大事件发生时还可以用作群发工具,实现"点对面"大规模信息传播,初步具备大众传播工具潜质。1998年,随着3G技术的发明、无线网络通信协议 WAP(Wireless Application Protocol)1.0的推出,手机成为网络终端(或节点),普通人通过手机可以随时登录互联网,视频通话、手机电视、手机网游、手机商务等新媒体应用开始出现,手机已经成为移动平台。② 2008年前后集3G与 WLAN 于一体的4G技术的发明,视频直播、移动宽带上网等成为可能,2013年我国大规模开始展开4G网络建设,截至2018年5月渗透率已经超过73.5%。③ 随着网络技术与通信技术的不断融合,未来泛

---

① SethChai.1G、2G、3G、4G、5G 移动通信发展简述[EB/OL].[2018-05-30]. https://blog.csdn.net/a493823882/article/details/80504263

② 黄河.手机媒体商业模式研究[M].北京:中国传媒大学出版社,2011:17

③ 三大运营商上半年4G用户总数突破11亿[EB/OL].[2018-07-31]. http://finance.sina.com.cn/7x24/2018-07-31/doc-ihhacrcc9662084.shtml

在网正逐渐成为可能,如图7-1-3所示。①

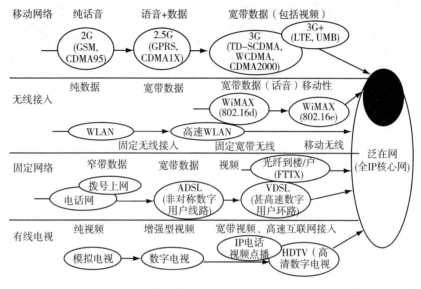

图7-1-3 网络技术与通信技术发展与融合

随着5G技术逐渐走向成熟,未来手机、平板电脑、智能手表、健身腕带、智能家庭设备等都将成为网络终端,人类将迎来一个全新的媒介生态格局。

三、UGC模式为原生新媒体演化提供内容保障

博客(Blog)20世纪90年代兴起于美国,最初主要是程序员用以书写技术感想与生活琐事,1997年Jorn Barger的"Robot Wisdom Weblog"首次使用Weblog一词,他将博客从无人称、机械式写作转换成有人称、有个性的自由书写,②Blog一词由此而来。2001年美国"9·11"事件后全球最大博客网站blogger.com出现大量报道"9·11"的个

---

① 江泽民.新时期我国信息技术产业的发展[J].上海交通大学学报,2008(10)
② 孙翌.学科化服务技术与应用[M].上海:上海交通大学出版社,2013:176

人博客站点,博客(Blog)开始走进普通人生活,①2002年更被称为"博客之年"。②汉语"博客"一词于2002年由方东兴、王俊秀提出,音译自英文单词Blog(Weblog的缩写),意为网络日志。③ 作为继E‐mail、BBS、ICQ(IM)后的第四种网络交流方式,博客集个人性与公共性为一体,不仅能够完成人际交流,而且能够实现以个人为中心的信息生产、过滤与传播。④

方东兴受国外博客热潮影响,于2002年8月创办我国大陆地区首个博客——"博客中国"。在那封充满理想与激情的《中国博客宣言》中,他将那些书写博客的人视为"信息时代的麦哲伦","同当年麦哲伦的航海日志一样,博客们将工作、生活和学习融为一体,通过博客日志(Blog或Weblog),将日常的思想精华及时记录和发布,萃取并连接全球最有价值、最相关、最有意思的信息与资源,使更多的知识工作者能够零距离、零壁垒地汲取这些最鲜活的思想",⑤姜其平将博客这一特性称之为知识的自由生产。⑥

2003年8月成立不久的中国博客网(Blogcn.com)刊发木子美"遗情书"系列网络性爱日记,每天访问量接近20万人次,成为当时国内点击率最高的私人网页之一。⑦ 作为其主要竞争对手,博客中国(Blogchina.com)随后也借用木子美、芙蓉姐姐、流氓燕等商业意味浓厚的元素提升流量,方兴东甚至一度被冠以"唯流量论者"之名。⑧ 谁都没有想到木子美使博客家喻户晓,"博客中国"和"博客中文"甚至因为访问量太多而陷入瘫痪状态。博客以这种方式走向大众虽然有些出

---

① 周海英.博客的传播学分析[J].江西社会科学,2004(7)
② 方兴东,王俊秀.博客——e时代的盗火者[M].北京:中国方正出版社,2003:56
③ 汪寅,黄翠瑶.博客文化现象探析[J].云南社会科学,2006(3)
④ 宋双峰.什么是博客[J].中国记者,2004(10)
⑤ 博客中国.中国博客宣言[EB/OL].[2018‐10‐12].http://blog.sina.com.cn/s/blog_4b400deb0100o67w.html
⑥ 余文森.教育博客:教师专业成长的航程[M].福州:福建教育出版社,2007:7
⑦ 徐龙建.中国两大博客网竞争史 木子美成就方兴东劲敌[EB/OL].[2018‐10‐12].http://m.chinabyte.com/net/122/2350122_mi.shtml
⑧ 潘采夫.方兴东和他的女人们[EB/OL].[2018‐10‐12].http://blog.sina.com.cn/s/blog_4866a434010003g5.html

人意料,但也在情理之中。①

我国博客诞生伊始虽然定位为自由生产平台,但普通人的个人化书写无法在短时间内为博客赢得足够关注度——点击量(流量)。没有流量便无法吸引广告商投放广告、无法吸引风险投资等社会资本注入,没有资金支持使得博客日常运营都变得捉襟见肘。博客在美国的发展得益于克林顿与莱温斯基绯闻以及稍后"9·11"事件带来的巨大流量。博客在我国的推广缺乏上述因素助力,迫切需要寻找新的推动元素,木子美、芙蓉姐姐等应时而生,她们借助博客"公开"诉说心事、暴露地描写情欲的方式,不仅给博客服务托管商带来大量流量,而且刺激更多博客们去效仿,仿佛每个人心里都藏着一个芙蓉姐姐。②

随着关注度不断增加,博客开始受到风险投资青睐:2004年7月,中国博客网获得IDG(美国国际数据集团)的一笔风险投资;2004年10月,BlogBus获得UCI(维众中国)20万美元的风险投资……无论商业模式介入博客,还是博客介入商业运作都迅速变为现实,2004年成为博客商业化年。③ 2005年9月新浪博客上线、11月搜狐博客上线,2006年9月网易博客上线,从2006年到2009年是中国博客最辉煌的时代,到2010年中国博客达到一个顶峰,当时国内博客使用人数过亿,同期网民总人数4.57亿人,约合每4个人中就有1人用博客,④博客真正走入普通人生活,成为一种非典型大众化新媒体。博客内容生产模式和商业资本运作模式对微博都有很大影响。

博客"一对多"的信息传播方式便于信息共享,博主根据不同主题或线索将自己撰写或转发博文整理后,通过自己的博客供人们阅读,这种模式不仅方便人们条理清晰地通过网络记载自己所思、所感,而且成

---

① 木子美.遗情书[M].长春:时代文艺出版社,2003:29
② 郝婧妤.博客也是芙蓉姐姐[J].互联网周刊,2005(21)
③ 李琳.博客网站:商业化进行时[J].管理与财富,2005(8)
④ 金错刀.博客的死,是必然![EB/OL].[2018-10-12].https://baijiahao.baidu.com/s?id=1609753049488224057&wfr=spider&for=pc

为一种以个体为中心的表演舞台,为普通人大众化转向提供更多便利。① 博客开启普通用户创造与分享的新时代,但不到十年光景便开始逐渐淡出人们视野,究其原因,一方面是由于博客过于个人化的内容虽然为网站吸引大量用户,但却没有带来足够的广告收入,盈利模式难题一直伴随着博客发展始终;另一方面是由于移动通信技术与网络技术协同创新,共同孕育一种新的传播工具——微博,逐渐蚕食原本属于博客的用户与市场份额。

第二节 微博作为商业化运作原生新媒体的多重想象

> 微博就是每次发布不超过140字的微型博客,是表达自己,传播思想,吸引观众,与人交流的最快、最方便的网络传播平台。
> ——李开复②

微博(Micro-blog)是2006年前后发明的一系列社会化媒体总称,国外比较流行的是Twitter、Tumblr、Google+等,我国主要是Chinese weibo。③ 虽然微博脱胎于博客,但两者在基础技术、传播特性、商业化运作等方面两者存在较大差异,特别是与博客强烈的个人化传播色彩不同,微博具有浓厚的公共性色彩,通常被视为社交化的大众传播平台。④

一、技术创新与资本运作奠定新浪微博"独跑者"的垄断地位

微博起源于Twitter,本质就是一条短信:可以是文字、照片、视频,也可以指向某个网页或URL,其核心就是following和粉丝be followed,将两者连接在一起的是短信(内容)。其工作原理也非常简单:当博主

---

① 徐涌.博客与BBS的差异研究[J].现代情报,2005(5)
② 李开复.微博:改变一切[M].上海:上海财经大学出版社,2011:1
③ 维基百科.Microblogging[EB/OL].[2018-10-29]. https://en.wikipedia.org/wiki/Microblogging
④ 彭兰.社会化媒体:理论与实践解析[M].北京:中国人民大学出版社,2015:229

发出一条微博(短信)后,Twitter 自动将其复制成多份(有多少粉丝就复制多少份),然后根据粉丝是否在线、活跃程度等标准,分批发送给粉丝,因此 Twitter 技术架构由一系列缓存(cache)构成进而实现分批发送功能,如图 7-2-1 所示。

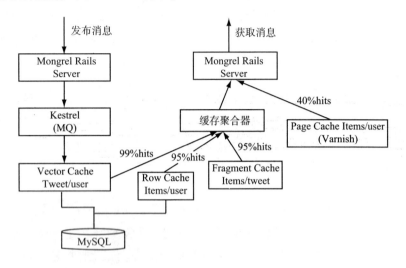

图 7-2-1　Twitter 技术架构图①

由图 7-2-1 可见,整个 Twitter 技术架构就是由一个大型数据库(MySQL)和一系列承担缓存功能服务器构成,短信"群发"模式使得 Twitter 可以兼具人际传播、组织传播与大众传播的混合特色。

我国各类微博均源于 Twitter,2007 年"做啥网"通常被认为中文微博早期代表,之后陆续出现"饭否""嘀咕"等,由于政府管制原因,这些微博昙花一现便被迫关闭,但微博作为一种新媒体形态其传播特性却引起许多互联网企业的兴趣,之后新浪、腾讯、网易、百度等国内互联网 ICP 企业纷纷投入微博平台建设,有研究者对国内微博发展情况做过较为细致的梳理,详见表 7-2-1。

---

① 梁晓涛. 微博[M]. 武汉:武汉大学出版社,2013:22

表7-2-1 中文微博发展情况①

产品名称	上线时间	备注
做啥网	2007年正式上线	2009年7月因特殊原因被关闭
叽歪	2009年6月	
饭否	2009年1月	
嘀咕网	2009年2月8日正式上线	
同学网	2009年5月进军微博领域	
9911微博客	2009年5月底正式上线	
新浪微博	2009年5月,"新浪微博"进行业务调研,2009年8月28日,新浪微博进行内测	
Follow5	2009年6月上线,同年8月开始正式测试	
百度i贴吧	2009年11月推出	
搜狐微博	2009年12月14日上线,2010年4月11日开放公测	
网易微博	2010年1月20日上线内测	
腾讯微博	2010年4月1日启动对外小规模测试	
凤凰微博	2010年4月6日凤凰微博内测	

腾讯依靠QQ积累用户一度高达5.4亿个,每天有300G存储量、1千亿次服用调用、5万亿次超强计算量。② 新浪微博凭借名人策略(网络大V)和公共议题讨论广受欢迎,经过激烈竞争,新浪终于在2015年取得一家独秀的垄断地位,腾讯、网易、搜狐等逐步战略性放弃微博产品。③

新浪微博同Twitter工作原理相同,也是由短息(微博)、关注(following)和粉丝(be followed)三大板块构成,通过群发"短信"方式实现信息传播。与Twitter不同之处在于新浪微博在应用层面增加粉丝头条、微博钱包等新应用,技术架构相应地做出许多调整与创新,具体如

---

① 陈静茜. 表演的狂欢:网络社会的个体自我呈现与交往行为[M]. 北京:北京交通大学出版社,2014:51
② 腾讯微博用户数量统计[EB/OL]. [2017-09-25]. http://www.chinabgao.com/k/weibo/29338.html
③ 从领跑者到独跑者 新浪微博路在何方[EB/OL]. [2015-07-24]. http://it.chinabyte.com/319/13484819.shtml

图7-2-2所示。

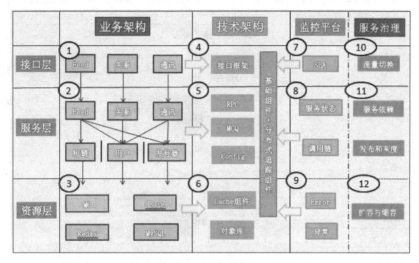

图7-2-2 新浪微博底层技术架构①

除上面提到的业务架构层面变化外,新浪微博增加的"监控平台"与"服务治理"技术模块,尤其是"监控平台"设置在内容审查等方面发挥重要作用。

二、新浪微博为个人社会生活与公共议题讨论提供新平台

人们为什么要使用微博,有人曾经有过一段非常到位的评论:

> @木瓜开花结果:微博就是我消除疲劳的地方,干活累了,上来就能放松;微博也是我获取新闻的地方,没活干了,上来寻找最新资讯;微博更是我发泄的地方,想说什么就说什么。

微博信息"群发"的技术特性、畅所欲言的应用特征,使得微博在人际交流、组织传播之外,常常成为社会公共议题的讨论平台。加之评

---

① 大树叶.新浪微博技术架构分析和设计[EB/OL].[2018-04-04].https://blog.csdn.net/bigtree_3721/article/details/79779249

论、转发、收藏等功能,使得微博不仅融合博客、BBS等新媒体传播特点,而且碎片化、快速化、多渠道、多形态的特点,使其在网络舆论生成过程中扮演重要角色,参见图7-2-3。①

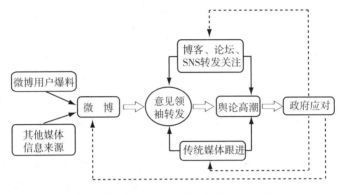

图7-2-3 微博舆论生成演变示意图

"微博策动革命,围观改变中国"一度成响亮口号,2010年更被称为微博元年。②微博不仅分享甚至挑战传统媒体话语权,成为许多重大事件和突发事件报道的第一渠道,发挥着重要议程设置功能、影响着公共事件中社会话语空间的释放,如2011年"谣言事件"导致浙江许多民众抢购食盐等。③ 学者们较多关注微博民主功能,将其同公民新闻、草根话语权等联系起来。④

有学者认为微博改变了由资本和强权垄断的传播格局,创造了一种新的传播文化,⑤但微博作为技术与资本结合产物,在逐渐形成垄断过程中,实现新的强权,在社会信息传播中充当重要的把关人角色。新

---

① 周志平.微博舆论影响力研究——基于突发公共事件视域[M].杭州:浙江工商大学出版社,2013:65
② 谢蓓.论微博传播与公共决策的互动模式[C]//巢乃鹏.中国网络传播研究.杭州:浙江大学出版社,2013:155
③ 徐正,夏德元.突发公共事件与微博治理研究[M].杭州:浙江大学出版社,2014:68,128
④ 尹连根.结构·再现互动:微博的公共领域表征[C]//张国良,王昊青.中国新媒体传播和互联网社区.上海:上海人民出版社,2013:235
⑤ 夏德元.传播的焦虑[M].上海:上海科学技术出版社,2016:4

浪微博最具特色的便是各类大 V,本节尝试对拥有 48.8 万粉丝的新浪大 V"台湾那点事"的发展演化、内容运营进行考察,分析新浪微博在社会信息传播中的垄断地位和把关人作用。

微博账号"台湾那点事"博主为辽宁沈阳人,职业不详,因对台湾问题比较感兴趣,经常浏览台湾各类新闻媒体报道,结交许多台湾志同道合的朋友,典型如台湾女生@水杯里的鱼,甚至义务担任过其微博账号小编,用他的话来说"虽然有很多政治观点不同,但只要反对台独支持两岸统一,都应该是我们的朋友,应该是我们团结的对象",所以当@水杯里的鱼因旧号被封、开通一个新号时特地予以推送。①

因话题敏感被封号的情况并不少见,"台湾那点事"前身叫"台湾那些事",当粉丝数量突破 3 万多人时,突然被封号,所有内容均不可见,博主稍后又开通"台湾那点事"新号,主要转载台湾相关新闻,偶尔也转载大陆地区热点议题。

因为关注内容关乎时政,博主除了经历账号被封、粉丝封号风波外,审查、删帖等都有碰到,有时候太过气愤会直接发帖吐槽新浪微博的审查机制,如 2018 年 1 月 17 日转载的新闻《台湾法院认证过的两大谣棍,一个是周玉蔻一个是段宜康》、2018 年 5 月 31 日转载的新闻《蔡英文当局"绿色恐怖"下的"匪谍就在你身边"》等新闻因为敏感一直处于"审核中"无法发布。对于这种情况,新浪小编有时候通过文字消息予以说明,如 2018 年 1 月 10 日新浪小编因为频繁审核导致内容无法传播,特向博主做了简要说明:

> 您好老师,这边想要通知您近期您所发布的内微博内容会先进行短时间审核,请您耐心等待,不要重复发布相同内容,审核通过的微博会自动发布出去,感谢您的配合。

有时候发布文字、视频不加说明会被直接删除,如 2018 年 10 月 21 日博主发微博吐槽"视频是发啥都被删啊"。

---

① 详见:@台湾那点事 2017 年 9 月 11 日微博。

张涛甫认为微博经过商业网站推广以及用户力捧被迅速制造成一个巨大媒介神话,承载了许多不能承受之重,承载了过多光荣与梦想。① 经过网络大V被整顿等一系列事件后,新浪微博内部把关更加严格,对特定公众号、热搜话题都实施严格控制,与之相对应,娱乐明星、各种影视剧、综艺节目等常常占据热搜位置,新浪微博越来越娱乐化、商业化,这点从对"台湾那些事"的梳理可见一斑。

三、新浪微博商业化运作使得"传播"成为普通人的新生意

微博作为一种基于智能手机与移动互联网的原生新媒体形态,隶属新浪、腾讯、百度等商业化互联网公司,其本质是这些公司推出用以盈利的产品,获取商业利润是微博存在的根本目的,服务公众是微博实现目的的重要手段。新浪微博不仅通过网络广告、增值服务等赚取丰厚利润,而且许多普通人也通过依托新浪微博将"传播"变成一门生意,甚至演化出完整的产业链条。

据2017年新浪发布的用户行为报告显示,微博用户关注的话题主要集中在明星、帅哥美女、动漫、电影、美食等领域,②打开新浪微博,热搜几乎都被这些话题占据。以影视剧、综艺节目乃至艺人宣传为例,围绕新浪微博已经形成一个完整的产业链条,通常包含四道环节:甲方是各类影视公司、卫视频道、艺人工作室等;乙方是宣传外包团队,负责相关作品、节目和艺人的统筹宣传工作,丙方则是手里握有几千甚至上万微博账号资源的个人或小公司;丁方则是运营微博的个人或团队。整个宣传工作通常采用项目制,主要活动通过微信或QQ等社会化媒体完成。以某电视剧微博宣传为例,围绕该剧建群以后乙方会在群里把相关资料给丙方,丙方根据对方要求选择目标公众号,双方敲定推送内容、价格等内容后,由丙方向目标公众号投送并及时将推送情况在群里回馈给乙方。经过一周时间对宣传群的观察以及对负责微博渠道维护的丙方负责人访谈,对其间"传播"生意经有基本了解:

---

① 张涛甫.大时代的旁白[M].上海:复旦大学出版社,2013:272
② 新浪微博数据中心.2017微博用户发展报告[R]. 2018 – 12 – 25

大学毕业后我一个人来到北京找工作,因为本科学的是新闻专业,所以找一家传媒公司负责渠道拓展,说白了就是找各种各样微博公号合作。做我们这行没有啥技术,所以这个行业招人大多数是拒绝研究生的,研究生一方面是读书多有点傻,另一个大问题是傲。这个行业不是理科的东西,不好学,学会就是时间问题。我们的工作主要就是和人打交道,学历、技术什么的没有多大用,主要还是看个人的感觉。这是一个领进门教会之后,做的时候靠灵感的行业。

　　我手里有上万个号,主要做的就是大号渠道,平时工作就是选一些优质的和价格优势的发给客户,让客户从中筛选。因为各大卫视、视频网站、大小项目都要做这些,艺人更是持续的,现在的现象是朝品牌方向发展。因为我这边有价格上的优势,还有和一些乙方公司合作的时间比较长,他们就没有设立相应部门直接和我合作了。现在微博太作了,热搜他们可以控制,甚至明码标价,没有商业合作,一些热门项目和艺人很难上热搜。

　　这种行业利润大、差距也大,有的博主带好几个号,单多他们忙不过来就得招助理,广告投放价格从几十、几百到几万、十几万元不定,一些知名的博主甚至一两年就能买房了,所以现在北京、上海的好多毕业生,工作挺久了还在靠着理想和追求挺着,就是因为看到了太多成功的例子。

(宋先生,传媒公司经理)

　　基于微博号的广告宣传产业链已经非常成熟,不仅催生大量依靠推送而生的营销账号,即便是非营销大号也很难抵挡住资本的渗透与诱惑。以前面提及的"台湾那些事"为例,作为一个聚焦台湾时事的公众号,一开始坚持不做广告,稍后开始试水"抽奖"活动,慢慢开始植入各种软广告,微博逐渐成为许多人的一门新生意。

第三节　微信成为承载普通民众日常生活新媒体平台

　　微信不只是个体之间的联结,也不仅是为达致共识而进行的交流。微信是随身携带的"移动场景",通过日常生活的习惯性使用,建构了全球化时代的"实践的地方"感,人们通过多个"节点主体"实现在世存有。

——孙玮①

微信如仅作为信息交流工具也许不会引起太大关注,但作为一种生活方式已成为移动互联网时代智能手机 APP 影响的一个缩影,其对商业化探索、对未来生活模式尝试已经使得它从一个 APP 开始向平台转变。② 与微博诞生伊始便扮演"准大众媒体"的角色不同,微信最初作为通信工具出现,且一个手机号只能注册一个微信账号,而不像同属腾讯的 QQ 那样一个手机可以注册多个账号,鉴于我国手机号与身份证号直接挂钩,微信因而与现实生活中个体直接建立影射关系。随着版本升级,微信稍后增加"附近的人""朋友圈"等社交功能,成为普通人日常社会生活重要的社交软件;随着微信、卡包、收藏、小程序等新功能不断增加,微信最终演化为承载普通人日常生活的新媒体平台。

一、技术创新推动微信从通信工具转型为手机社交平台

2011 年是微信求生之年,一年之内连续推出三个版本:1 月推出 1.0 版,定位于手机端文字通信工具;5 月推出 2.0 版本,开始向多媒体通信工具发展;10 月推出 3.0 版,朝着强调陌生人交友方向发展;2012 年 4 月,4.0 版时推出,标志着微信正式转型为手机社交平台。

1. 微信 1.0:逐步取代短信成为人际间交流的重要通信软件

2010 年 10 月,一款只具短信聊天功能的即时通信软件 Kik 正式登录美国 App Store 和 Android Market。这款软件界面与功能都非常简单,几乎和手机短信差不多,但短短 15 天便吸引 100 万用户注册。雷军与张小龙受到启发几乎同时展开中国版 Kik 研制,2010 年 12 月雷

---

① 孙玮.微信:中国人的"在世存有"[J].学术月刊,2015(12)
② 阮颖.微信来了·前言[M]//朱艳婷,丁当.微信来了.北京:北京理工大学出版社,2014:3-5

军率领的团队推出米聊安卓版,很快又推出 iSO 版。

2011 年 1 月 21 日,张小龙率领团队推出"微信 1.0 for iPhone(测试版)",仅支持 iOS 使用操作系统的 iPhone4、iPhone3G/3GS、iPod Touch 等设备,功能非常简单仅支持文字和图片聊天,无法显示头像,[①]稍后相继推出安卓版和塞班版。两款软件一经推出便广受好评,在微信、米聊等手机 APP 出现之前,人们每发一条短信都要向移动、联通等运营商支付 1 毛钱短信费,每打 1 分钟电话都要根据自己所定套餐向运营商支付价格不等的电话费,仅短信一项就给运营商带来巨额利润。以中国移动为例,2010 年短信、彩信收入高达 468.89 亿元,2011 年在微信、米聊等手机 APP 冲击下首次出现下降,为 464.62 亿元。[②] 就像电子邮件引入后纸质信件书写逐渐成为历史一样,微信、米聊等手机 APP 出现后许多人开始习惯用软件互发消息,不知道从什么时候开始短信已经成为历史:

> 短信? 好久没有发了。平时手机里能收到的短信基本都是支付宝付款、微信、快递之类给发的,通知付款成功、拿快递一类事情。上次发短信好像是一个月前了吧,当时因为有事情联系另外一所学校的领导,因为担心对方上课所以没有直接打电话,先发了一条短信联系。后面通了电话、加了微信,联系主要通过微信或者打电话了。
>
> (崔女士,高中教师)

特别是在年轻人之间,当他们拥有手机时微信已经比较成熟,因此从一开始便习惯用微信等手机 APP 互发消息:

> 因为短信要收费,一般只有在对方不使用微信、QQ 等聊天软

[①] 8 年前的今天"微信"诞生了,微信 1.0 原来长这样[EB/OL].[2019-01-21]. https://baijiahao.baidu.com/s? id=1623249527295546231&wfr=spider&for=pc

[②] 中移动短信收入首次下跌[EB/OL].[2012-03-16]. http://news.163.com/12/0316/04/7SML0GNS00014AED.html

件情况下,为了联系到她才会发短信。平时基本用微信、QQ,方便省事、不用花钱,还能发各种表情比较好玩。

(林同学,高中学生)

虽然近年来短信业务在经历低迷之后重新开始增长,但已经与普通人日常交流没有太大关联,银行资金变动通知、运营商话费提醒、优惠活动通知、会员生日祝福等企业短信成为主力军。① 虽然微信1.0功能远不及米聊功能强大,但有网友对两者进行认真对比后认为微信在使用方面更胜一筹:②

(微信)1.0没有图片功能也不能读取手机通讯录,当时还觉得挺遗憾(但作为跨国免费短信APP依然很兴奋,当时的Kik网络很不稳定),但清爽和稳定。依然比当时高大全的米聊要舒服。微信直到1.3才能发图片,当时的米聊已经图片、表情、手写、语音对讲全支持了,但程序流畅稳定清爽。依然明显比不上微信,所以微信真不只是靠腾讯大树才站住脚,打铁还需自身硬。

(网友 iLight)

这些技术差距在微信2.0版中快速得以解决。

2. 微信2.0:"查看附近的人"功能推动向社交媒体转型

与微信1.0版几乎同时,正在香港理工大学读研究生的黄何带领团队推出国内第一个"按住讲话"开源即时通信手机应用Talkbox,③以方便那些使用智能手机时文字输入困难的群体。Talkbox语音输入不仅更加便捷,而且大大降低使用者门槛,在一个月内靠着自然增长就获

---

① 短信业务真的不行了吗?[EB/OL].[2019-01-02]. https://baijiahao.baidu.com/s?id=1607385047318935351&wfr=spider&for=pc
② 沈星佑. 微信八年:从1.0到7.0版本,一个通信工具的进化史[EB/OL].[2019-01-02]. https://www.ifanr.com/1155523
③ Foad Hamidi, Melanie Baljko, Toni Kunic, Ray Feraday. TalkBox: a DIY Communication Board Case Study[J]. Journal of Assistive Technologies,2015(5)

得了100万用户量,并且登上苹果商店即时通信分类的榜首。①

　　受其启发,张小龙率领的团队于2011年5月便推出带有语音功能的微信2.0版,并且新增"查看附近的人""QQ号码查找到我""将我推荐给QQ好友"等功能。语音功能进一步增强微信的通信工具特性,虽然尚无法取代电话的通信作用,但许多简单的事情可以通过微信语音联系,打电话不再是手机语音通信的唯一方式,普通民众交往有了更多选择:

　　　　文字简单明了但打字比较麻烦,所以需要说明很多事情的时候,用语音很方便。如果周围环境很吵,发出的语音有时候经常听不清,没有耳机发过来的语音也听不清。

　　　　　　　　　　　　　　　　　　　　(王女士,私营文具店主)

虽然移动电话普及率不断提升带动手机通话时长继续保持增长,但在微信、米聊等手机APP冲击下,增长率从2011年开始直线下降,如图7-3-1所示。

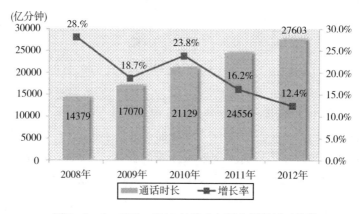

图7-3-1　2008—2012年移动电话去话通话时长②

---

① 搜狐财经.电视剧《创业时代》原型人物黄何还原Talkbox创业故事真相[EB/OL].[2018-11-03]. http://business.sohu.com/20181015/n552281057.shtml?from=timeline&isappinstalled=0

② 运行监测协调局.2012年全国电信业统计公报[R].2013-01-24

由图7-3-1可知,移动电话去话通话时长增长率由正转负、移动电话通话时间增长乏力。这种趋势在之后几年更加明显:据工信部2018年7月公布数据显示,2017年1-7月全国移动电话去话通话时长同比下降4.5%,为14986亿分钟,预计全年通话时间低于2012年水平。①

微信2.0更为重要的意义在于开始提供社交功能,通过与手机通讯录关联能够不断增强熟人社交,通过"查找附近的人"功能,开启陌生人交友模式。天涯网友"魚遇雨欲語"一则"微信附近的人已经祸害了很多人了你知道吗"帖子,直指微信交友带来种种弊端,回复达3000多条,点击量超过1000多万人次。正反方通过亲身经历各自表示支持或反对,以下几位颇具代表性。② 帖子发起人"魚遇雨欲語"对微信这一交友功能表达强烈不满:

> 微信大家都知道吧,它还有个功能叫附近的人,这个功能现在已经沦为微商做广告、鸡骗钱赚钱的工具以及一些假扮成女人的男人骗红包的工具了!我曾经也玩过一段时间附近的人,好多男人假扮女人骗红包。为什么说他们是假扮的,因为他们朋友圈的照片网上我都看见过了。
>
> (楼主 魚遇雨欲語)

有人通过自己亲身经历表示应和,人员混杂导致微信这一功能被滥用:

> 记得12年刚玩微信的时候,开附近人,出去一会再回来看手机都是一大堆打招呼,感觉挺恶心的,现在就不玩微信附近的人了。有的人想约也是他们的自由,只希望妹子们注意点吧。
>
> (24楼 索己)

---

① 赵鹏. 2018年手机用户已净增1.07亿 通话时长下降[N]. 北京日报, 2018-08-24
② 魚遇雨欲語. 微信附近的人已经祸害了很多人了你知道吗[EB/OL]. [2018-11-03]. http://bbs.tianya.cn/post-funinfo-6980327-2.shtml

但也有人不以为然,问题在人而不在工具:

> 其实我有时候也喜欢开了附近的人看看,有一些广告促销或者卖东西啊家政服务之类的,代驾之类也有点意思。副作用就是很多不要脸的人,我的办法就是随便他怎么发消息打招呼,我就当没看见,特别恶心的投诉或者拉黑名单。自己想不被骗是可以的,不过也要自己没有乱七八糟的心思。我想也是有人上当的,不过这种是自己本身就有点想法,就算没有微信、QQ的平台也会有其他方式啊。
>
> (44楼 吾与豆行)

有人表达反对声音,分享正面个案:

> 我从来不用这个功能,我邻居家女儿玩附近的人然后发展到结婚了。
>
> (76楼 万千少女的黄瓜片)

"查找附近的人"功能仿佛打开潘多拉的盒子,引发的后续效应很难简单地加以给予评价,即便是时隔多年之后这种争论依然没有结果。在五个月之后,微信推出更具争议的"摇一摇"功能,不过这次尝试很快便有了结果。

3. 微信3.0与4.0:"摇一摇""漂流瓶"、朋友圈推动微信转型为社交软件

2011年10月微信推出微信3.0,新增"摇一摇"(找到同时也在摇手机的朋友)、"漂流瓶"(扔漂流瓶匿名交友)等陌生人交友功能,引发更加激烈争论。张小龙稍后回母校发表演讲时曾经对"摇一摇"有过这样介绍:[1]

---

[1] 极客公园. 微信之父张小龙和他的孤独星球[EB/OL]. [2018-11-03]. http://it.sohu.com/20170929/n515235818.shtml

这个体验跟技术没有关系,但是如果你没有找女朋友,你就理解不了这个体验,因为这是一个性的暗示。"咔嚓"声是暴力又性感的来复枪上膛,而女生如果摇得太大力,还会看见一个"bug",裸露的大卫的生殖器。

因为"始于寂寞,止于色情","摇一摇""漂流瓶"等功能在稍后版本升级中相继下线,①这两种陌生人交友尝试最终以不太体面的方式收场。

2012 年 4 月微信推出 4.0 版,并附上这样一段感性的描述:

　　如你所知,微信不只是一个聊天工具。一切从照片开始,你拍了一张照片,你就拥有了自己的相册,在"朋友圈"你可以了解朋友们的生活。如你所见,微信,是一个生活方式。

之所以称之为"一个"生活方式而不是"一种"生活方式,一方面是张小龙团队不满足于微信仅作为通信工具使用,希望能将微信能深度融入普通人生活;另一方面是强调这种方式专属于微信,是独特的那一个而不是那一种。② 除了支持拍照分享给通讯录里的朋友之外,新版微信还可以分享音乐、新闻、商品等给朋友,支持实时对讲、多人实时语音聊天,完成从通信工具到社交平台的转化。

二、公众号与微信支付推动微信真正成为一个生活方式

虽然推出 4.0 版时微信便打出"微信,是一个生活方式"的口号,但那时微信刚刚从通信软件转型为社交媒体,虽然正在逐步实现张小龙团队的设想,但还不能称之为专属微信的"一个生活方式"。③ 2013

---

① 沈星佑.微信八年:从 1.0 到 7.0 版本,一个通信工具的进化史[EB/OL].[2019-01-02]. http://www.ifanr.com/1155523
② 讲述微信 8 年走来心路历程 张小龙四小时超长演讲全文[EB/OL].[2019-01-10]. http://tech.163.com/19/0110/00/E54A5TH900097U7R.html
③ 讲述微信 8 年走来心路历程 张小龙四小时超长演讲全文[EB/OL].[2019-01-10]. http://tech.163.com/19/0110/00/E54A5TH900097U7R.html

年8月,微信推出5.0版,新增微信支付、公众号(服务号)、增强版"扫一扫"等功能,微信作为用户间通信工具、社交媒体的时代彻底成为过去,开始成为各类商家的舞台。① 对微信用户来说,微信集免费即时通信、全新社交网络(朋友圈)、公共信息平台(公众号)、实用生活受到(微信支付)为一体,"微信,是一个生活方式"的口号真正得以实现,有学者甚至认为它开启"微生活"的理念与媒介实践。②

1. 公众号赋予微信"准"大众传播媒介功能

公众号最初只有订阅号和服务号两种,后又增加企业号共计三种。就其定位而言,订阅号具有强烈自媒体色彩,个人、各类组织与商家均可以申请,主要用于信息传播,每天可以推送一条群发消息;服务号主体为各类商家与组织,主要用作彰显企业与商家服务品质,一个月只能向用户推送四条信息;企业号则是专门为企业提供移动服务平台。③随着微信公众号影响力不断扩大,党政机构、传统媒体、各类社团等纷纷开通微信公众号,黄楚新与王丹合著《微信公众号的现状、类型及发展趋势》一文分别从公众号内容、公众号运营主体两个方面着手,将公众号分为十几种类型。④

对自媒体而言,微信公众号内容管控较微博更加严格,有新媒体小编受访时谈到自己亲身经历:

> 腾讯会筛选一些关键词,如果文章、标题带有那些关键词,大概五分钟之内就会被删除。图片带二维码或者文章带有链接之类的也都会很快被删除。新浪微博管控比较松,很少碰到这种情况。
>
> (郝先生,自媒体小编)

---

① 吉拥泽.在孤独中醒来:微信之父张小龙[M].武汉:华中科技大学出版社,2018:224
② 唐魁玉,王德新.微信作为一种生活方式——兼论微生活的理念及其媒介社会导向[J].哈尔滨工业大学学报:社会科学版,2016(5)
③ 于雷霆.微信公众号营销实战[M].北京:北京理工大学出版社,2016:2,20
④ 黄楚新,王丹.微信公众号的现状、类型及发展趋势[J].新闻与写作,2015(7)

特别是一些重大节日、重大事件期间这种管控尤其严格,尤其是标题或内容涉及一些敏感词汇的时候,延时审查情况更加常见:

> 十九大期间,我们推过一篇文章《国的五年和我的五年》,文章推送的时候后台提示我们因为涉及敏感词汇,需要审核,如果有严重问题可能会封号。因为稿子基调积极向上,等了几分钟就顺利发出去了。
>
> 有时候我们拍一些视频放在微信推文里,为了方便一般会先把视频上传到腾讯视频,然后再转发过来。这个审核时间比较长,有时候要几个小时。
>
> (杨女士,自媒体小编)

公众号兴起为自媒体人在微博之外提供了另外一个新的平台。最初的一批微信公众号中许多就是由经营微博账号的那些人架设,因此,两类自媒体在许多方面都很相似,只不过微信公众号在推文方面有数量限制,在内容审查与管控方面较微博更加严格一些,这也是腾讯一贯风格,QQ空间管控更严格。

对普通人而言,订阅号提供运营自媒体的新机会,服务号则为普通人利用公众号进行商业活动提供可能。2018年一群志趣相投的大学生创办道远科技有限公司,借助微信平台推出自己的微信公众账号"灯灯校园",详见图7-3-2。因为大学生面向学生群体搭建服务号,整个公众号内容都面向校园生活。虽然微信对服务号消息推送有严格控制,但在团队成员的共同努力下常常借助各种擦边球发送消息,几乎每周都可以推送1至2条。团队成员以公众号为依托,提供主要提供"校园跑腿""吃喝玩乐""教务体测"三项服务,其中"校园跑腿"类似美团,不同之处在于"外卖小哥"均为实名注册的在校学生,下单客户都是在校学生,服务内容不局限于送餐、拿快递、送东西等,只要"跑腿的活"都可以下单;"吃喝玩乐"提供美食、音乐、影视等众多购买链接;"校园体测"则直接利用Python等技术手段与学校教务相关系统挂钩,学生可以通过"灯灯校园"提供的界面登录查询相关信息。几个学生

图7-3-2 灯灯校园服务号界面

创业初期在没有资金、没有场地、没有"跑腿"人员的情况下，通过"灯灯校园"微信公众号逐渐吸引有需要的同学下单、吸引想兼职同学注册，通过人际间口耳相传，通过公众号的不断推广，一年多时间"灯灯校园"已经在校内颇有名气，初步实现盈利。"灯灯校园"作为大学生创新创业项目获得校级、省级多项奖励，服务号为普通人提供一个依托"传播"创业的机遇，公众号也因为众多成功案例而吸引更多人使用。

2. 微信支付推动微信在普通人日常消费生活中扮演重要角色

2013年8月腾讯与财付通合作，微信推出支付业务，3个月后用户便达到2000万人。2014年除夕至初八，微信借助"春晚"掀起一场"红包"运动，超800万用户参与抢红包、4000万个红包被领取，最高峰时1分钟内有2.5万个红包被领，有人用《沁园春·红包》描述当时场景：

　　望群内群外，人人兴奋，两眼放光，魂牵梦绕。手机之外，一片萧条，线下活动，统统推掉。到晚上，看绅士名媛，捧手机笑。为了块儿八毛，引无数土豪不睡觉。

为了领取红包,很多人节后申请绑定银行卡,手机支付获得进一步推广。[①] 2015年8月,微信团队提出"无现金生活理念",继续推进手机支付业务。值得一提的是,要完成手机支付必须先"扫码"。扫二维码最初功能是加好友,微信开始将这一功能应用于手机支付,除了二维码之外还增加条形码等,以保证微信支付便捷与安全。

三、小程序与卡包推动微信作为移动商业城池不断进化

从1.0到7.0,微信实现从通信工具→社交平台→移动互联网枢纽(开始成为一个生活方式)→移动商业城池的进化。[②]微信5.0版是转变中最为关键的一环,6.0版则发挥了重要补充作用。

2014年9月,微信6.0正式发布,相继推出微信卡包、小视频、小程序等功能,"小程序"不需要安装APP,点开就能用,"打开—使用—用完—关闭"不仅非常便捷,而且还可以嵌套如微信公众号,实现账号功能的拓展,如前面所提"灯灯校园"服务号便内嵌两个小程序,一个是Panda地图(类似共享单车地图),可以显示附近有多少接单的人,然后根据自己情况下单;一个是校园购,可以下单购买好以后由跑腿的人送东西至寝室楼下。两个小程序突破公众号的技术限制,给相关活动展开提供很多便利,进一步强化了微信作为移动商业平台的地位。卡包的出现则进一步使得无线支付变得更加便捷,从各种发票管理到酒店、餐饮等优惠卡,卡包的出现进一步丰富了手机支付功能,同样有助于巩固微信的商业化平台地位。

---

① 廖丰,李斌.800万用户春节抢微信红包[N].京华时报,2014-02-10
② 沈星佑.微信八年[EB/OL].[2019-01-02].https://www.ifanr.com/1155523

第八章 原生新媒体的创造性破坏影响

> 在19世纪,除了铁路之外,再没有什么东西能作为现代性更生动、更引人注目的标志了。科学家和资本家们携起手来,推动机车成为进步的引擎,作为一种对即将来临之乌托邦的许诺,直到19世纪末人们才认识到这是何其天真,尤其是在美国,在人们眼中,铁路公司就是残忍而不负责任的商业力量的象征,对经济和政治秩序稳定都构成了极大威胁。①
>
> ——特拉赫滕贝格

19世纪火车的引入、铁路的铺设不仅给我国物资运输带来革命性变化,而且扩大"新闻现场"、催生新的新闻书写,②作为工业革命时代杰作的铁路在国人信息传播中扮演了重要角色。类似的还有电报,晚清电报的引入被广泛应用于政治传播、赈灾防灾、新闻信息传递等诸多方面,③使得当时社会生活及其内在结构发生重大变化,出现新的社会关系和文化景观。④ 历史总是惊人的相似,从铁路、电报、报纸、电影、广播、电视到互联网,每一种源于西方的新媒介引入,总会创造一种新文化历史情境,人们一边憧憬着新媒介带来的新生活,一边又对其可能的负面影响忧心忡忡。

依照媒介技术哲学理解技术对人类社会具有巨大推动力以及破坏

---

① [德]特拉赫滕贝格.铁道之旅·序[M]//希弗尔布施.铁道之旅:19世纪空间与时间的工业化.金毅,译.上海:上海人民出版社,2018:1
② 陈李龙.火车通行与民国报业的发展[J].编辑之友,2019(1)
③ 夏维奇.晚清电脑建设与社会变迁:以有线电报为考察中心[M].北京:人民出版社,2012:324-365
④ 孙藜.晚清电报及其传播观念(1860—1911)[M].上海:上海书店出版社,2007:131

力,①只谈新媒体推动力或破坏力都难免失之偏颇,简单一分为二也不能尽如人意。技术决定论与社会决定论耦合提示我们跳出技术乌托邦和技术敌托邦二元取向,将技术的推动力(或者说创造力)与破坏力视为一个彼此联系的有机整体加以看待。"福兮祸之所倚,祸兮福之所伏",诚如芬伯格所说创造与破坏是同时共存的,而不是非此即彼的,我国原生新媒体形态演化就是一个极好例证。前面重点阐述了我国原生新媒体发展演化历程"是什么""为什么"两大问题,本章则集中讨论我国原生新媒体形态演化带来的影响是什么,以及如何看待这些影响的问题。

第一节 资本与技术重塑我国传媒格局

> 美利坚的成长史就是一部国家力量和资本力量协同促进、逐步扩张的历史,而信息传播网络正是这种在横向地理空间中不断延展的"强力意志"进行生产控制和社会控制的基础性工具。
>
> ——王维佳②

我国原生新媒体几乎所有的形态都源自美国:1998 年新浪模仿雅虎,2000 年百度模仿谷歌,2003 年淘宝模仿易趣,2009 年博客模仿 Twitter,2012 年滴滴模仿 Uber。有人甚至认为我国互联网发展史就是一部剽窃的历史。③ 即便 2017 年前后媒体鼓吹代表中国崛起、改变世界的"新四大发明"(高铁、支付宝、共享单车、网购),④后被证实并非我国原创:高铁可以追溯至 1964 年日本新干线,第三方支付始于 PayP-

---

① 王建设. 技术决定论与社会建构论关系解析[J]. 沈阳:东北大学出版社,2013:1
② 席勒. 信息资本主义的兴起与扩张:网络与尼克松时代[M]. 翟秀凤,译. 北京:北京大学出版社,2018:序言
③ Ella. 中国互联网史就是一部流氓史[EB/OL]. [2018-10-21]. http://www.woshipm.com/it/835118.html
④ 姚龙华. "新四大发明"是中国给世界的超级大礼[N]. 深圳特区报,2017-05-12

al、二维码在日韩两国于20世纪90年代已普遍使用,1965年荷兰"白色自行车计划"被视为共享单车师祖,1995年eBay开创电子商务模式,①等等。

卡斯特认为美国从事商业化写作的未来学家,从文化殖民主义立场出发将美国互联网等信息技术发展的经验与视角推至世界各地,中国人关于信息社会的许多认识源自这些人的著作或文章。② 正因如此,信息技术从美国单方向扩散、发展中国家日渐依附西方技术等真实面,被遮蔽在"全球化""数字化生存"之类西方语汇之下,没有得到应有重视。如从罗杰斯"创新—发展"过程模型出发解读,上述原生新媒体形态作为西方互联网应用创新扩散的产物,并没有什么特别值得关注之处。但如果将其置于西方信息资本主义扩张大背景下,从本土视角出发去思考这些现象,结论会有很大不同。创新扩散理论作为一种源于美国理论预设、框架与世界观的传播学理论,遮蔽了技术创新扩散背后以资本与技术为先导的西方信息资本主义全球扩张,无法很好地解释这种资本驱动下的技术创新扩散对我国产生怎样的影响,熊彼特创造性破坏理论更有助于回答上述问题。

一、传统媒体及其新媒体主导国内新闻传播格局

新中国成立后,传媒行业一直是一个必须经过严格审批方许进入的特殊行业,③政府高度关注国有资本控股以确保对传统媒体拥有完全控制权。④ 1957年前后,报刊、广播、电视等传统媒体被纳入事业单位范畴,商业性经营活动随之取消,改革开放后虽然广告等商业活动再

---

① 中关村在线.并不存在什么"中国新四大发明",我们仅是它的普及者[EB/OL].[2019-02-01]. http://baijiahao.baidu.com/s? id =1600072462493821802&wfr=spider&for=pc
② [美]曼纽尔·卡斯特.网络社会的崛起[M].夏铸九,等译.北京:社会科学文献出版社,2001:2
③ 魏永征.中国大陆传媒业吸纳业外资本的合法性研究[J].中国法律(香港),2001(2):18-21
④ 王慧.论国有资本在我国传媒业发展中的责任和作用[J].中州大学学报,2010(5):61-64

次活跃,但直到20世纪90年代初信息商品特性仍未得到有效开发,更遑论产业化。① 1992年党的十四大之后,新闻出版、广播电视被纳入传统信息服务业范畴,不再是单纯新闻宣传机构,②新闻作为信息产品商业属性日渐明朗,传统媒体产业属性逐渐为人们所重视,将企业推向市场成为社会新共识。③ 各家传统媒体积极响应政府号召,以体制改革为抓手、传媒集团建设为契机、新技术应用为突破点,相继推出一系列面向市场的运作。④

时间是创新成功的关键,没有比"适时"更为重要。⑤ 当传统媒体开始面向市场转型之际,正逢网络革命兴起之时。当彩印、激光照排等技术推动传统报纸纷纷扩版、彩印之际,电子报刊威胁已经悄然而至。⑥ 1993年9月《米德尔塞克斯新闻》率先推出Gopher版,1994年6月《纽约时报》依托美国在线推出电子版,等等。⑦ 1994年4月20日我国接入互联网;1995年1月《神州学人》率先推出电子版,同年4月《中国贸易报》推出电子版,年底《解放日报》等60余家报刊开通电子版,等等。截至1999年底,我国上网报纸已达700余家,另有100余家广播电台和电视开通网站。⑧

限于当时技术条件,人们无法直接通过网络域名访问,只能通过电子邮件、无记名文件传输系统等四种途径获取杂志内容,杂志界面也非常简单,图8-1-1呈现了《神州学人》最初形态和当前形态,颇具代表性。

---

① 王卉.商业化背景下的新闻伦理[M].上海:上海三联书店,2015:56-59
② 吴舜龄.中国的信息产业[M].北京:北京出版社,1994:25-36
③ 高尚全.进一步提高对计划与市场的认识,大胆地把企业推向市场[R]//王东明,王家全.当代中国信息观.北京:机械工业出版社,1993:4-7
④ 黄扬略,刘明.传媒上市指引[M].深圳:深圳报业集团出版社,2009:5-13
⑤ 方源福."时间"是创新的关键[J].科学管理研究,1991(2)
⑥ 成茹.电子报刊将冲击印刷报刊[J].现代通信,1995(2)
⑦ 马涛.中国报业数字化30年[M].北京:中国传媒大学出版社,2014:40
⑧ 国家互联网信息办公室.中国互联网20年·网络媒体篇[M]:北京:电子工业出版社,2014:30

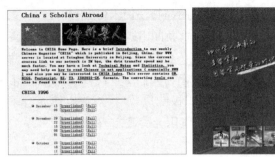 

图8-1-1 左:电子版初始形态,①右:电子版当前形态②

传统媒体互联网应用实践快速发展不断刷新人们认知,直接体现在新概念生成与演变。③ 几年之后又升级为各类新闻网站陆续开展各类多元化业务:人民网推出"即可搜索",新华社推出"盘古",《京华时报》开设家庭购物网站"京华亿家",《华西都市报》推出"8小时商城",湖南广电推出"芒果手机游戏平台",浙江广电投资推出社交网游《哈皮星球》等。④

20世纪90年代中叶以来,资本与互联网成为影响我国传媒生态的两大新变量,在政治、资本、互联网三大变量相互影响下,我国原生新媒体应时而生。⑤ 原生新媒体是"技术—资本—消费"驱动的产物,它与传统媒体新媒体"技术—政治—宣传"模式有很大不同。在1998年商业门户网站兴起之前,媒体几乎就是传统大众媒体及其新媒体同义词;随着1998年商业门户网站兴起,网络媒体与大众媒体逐渐平分秋色,商业门户网站作为网络媒体重要组成部分也被纳入媒体范畴;之后随着微博、微信等原生新媒体的发明,原生新媒体兴起彻底改变了传统媒体及其新媒体主导的信息传播格局。

---

① 1995年开通中国第一个电子杂志《神州学人》[EB/OL].[2017-09-02]. http://www.edu.cn/tsfzlc_12719/20141105/t20141105_1199003.shtml
② 神州学人官方网站 http://www.chisa.edu.cn/qikan/dzzz/, 2017-09-02
③ 陆征麟.概念[M].石家庄:河北人民出版社,1960:3-7
④ 唐凯.传统媒体如何抢占网络游戏市场[J].中国高新技术企业,2012(3);黄楚新."互联网+"背景下的新机遇:传统媒体电商化[J].传媒,2015(16)
⑤ 张洪忠.资本影响下的中国传媒业[M].北京:北京师范大学出版社,2014:154

二、原生新媒体对传统传媒格局的创造性破坏

20世纪90年代中叶以来,传统媒体新媒体与新兴原生新媒体几乎同时起步,数字技术、资本运作并非原生新媒体所独有,传统媒体新媒体在资本运作、技术创新方面也有过许多尝试与探索:研究者过去常将两者视为一个整体,探讨其共性特征。① 虽然人民网、新华网等传统媒体新媒体不断面向市场转型,但其市场化是手段,是为了减轻政府投入压力、获取市场利润,为了更好地贴近受众、做好意识形态宣传工作,其首先且始终是党报体系的延伸。② 原生新媒体则是民间资本、国外资本与新媒体技术结合催生的产物,配合政府做好宣传工作等是其手段,攫取最大的市场利润才是其生存的目的。两者在企业宗旨、资本构成、业务范畴、管理体制等方面存在诸多差异。

从1996年开始,个人计算机与因特网结合催生Web1.0时代BBS、门户网站、搜索引擎等新兴互联网企业主导的原生新媒体,智能手机与移动互联网融合催生微博、微信、APP等新型原生新媒体。与传统媒体及数字化传统媒体相比,新兴互联网企业主导的原生新媒体在门户网站、新闻客户端、虚拟社区、搜索引擎、电子商务、网络视频、网络出版、网络游戏、微博、微信等各类互联网应用中占据主导地位。③ 新兴互联网企业主办的各类原生新媒体20余年来由小到大、由弱到强,已经覆盖国人生活方方面面。仅仅20年余时间,逐渐与普通人日常生活融为一体,不仅深刻地影响普通人信息获取、休息娱乐乃至衣食住行等方方面面,而且对人类自身产生深远影响;不论是中国还是欧美发达国家,传统媒体(及其新媒体)在与原生新媒体竞争中屡战不胜,成就远远低于预期。④

原生新媒体兴起对传统媒体形成巨大冲击,以报纸为例,我国报纸数量在2000年前后达到顶峰以后逐年下降,报纸印数增长率、印张增

---

① 详见《新媒体导论》、宫承波《新媒体概论》等新媒体著作。
② 邓为.失衡与再平衡:中国新闻网站上市现象研究[M].北京:人民出版社,2017:6-8,42
③ 王松,王洁.移动互联网时代的新媒体概论[M].上海:上海交通大学出版社,2018
④ 孙坚华.新媒体革命:为什么传统媒体屡战不胜[M].北京:电子工业出版社,2016:15

长率、广告增长率等均呈逐年下降趋势,具体如表8－1－1所示。

表8－1－1 1978—2017年中国报业40年数据①

年份	种数（种）	平均期印数（亿份）	总印数（亿份）	印数增长率（％）	总印张（亿印张）	印张增长率（％）	新闻纸使用量（万吨）	广告经营额（万元）	广告增长率（％）	阅读率（％）	省级党报平均发行量（万份）
1978	186	4280.10	127.80		113.52						
1979	69	4761.50	130.80	2.35	123.00	8.35					
1980	188	6236.00	140.40	7.34	141.70	15.20					
1981	242	7152.20	140.70	0.21	133.60	−5.72					37.78
1982	277	8074.30	140.00	−0.50	129.10	−3.37					35.87
1983	340	9611.30	155.10	10.79	142.70	10.54		7300			37.29
1984	458	16246.20	180.80	16.57	162.30	13.74		11900	63.01		38.64
1985	1445	19107.00	246.80	36.50	202.81	24.96		22011	84.97		37.81
1986	791	14627.70	193.90	−21.43	172.20	−15.09		25600	16.31		37.18
1987	850	15524.40	204.90	5.67	183.20	6.39		33500	30.86		38.42
1988	829	15170.20	207.20	1.12	189.70	3.55		50100	49.55		38.24
1989	1576	15288.00	207.00	−0.09	179.50	−5.38		62900	25.55		30.05
1990	1444	14670.00	211.30	2.08	182.79	1.83		67711	7.65		31.49
1991	1524	16393.00	236.51	11.93	205.77	12.57		96200	42.07		32.14
1992	1657	18031.00	257.85	9.02	238.78	16.04		161800	68.19		34.29
1993	1788	18478.00	263.83	2.32	287.13	20.25	66.77	377100	133.06		30.75
1994	1953	17736.00	253.19	−4.03	310.75	8.25	72.26	339100	−10.08		28.66
1995	2089	17644.00	263.30	3.99	359.62	15.73	82.67	646768	90.73		27.78
1996	2163	17877.00	274.30	4.18	392.41	9.12	91.30	776891	20.11		25.71
1997	2149	18259.00	287.60	4.85	459.81	17.18	105.70	968265	24.63		25.03
1998	2053	18211.00	300.40	4.45	540.00	17.44	124.54	1043546	7.77		24.81
1999	2038	18632.00	318.40	5.99	636.68	17.90	146.36	1123700	7.63		23.91
2000	2007	17914.00	329.30	3.42	799.83	25.63	183.86	1464668	30.41		
2001	2111	18130.00	351.10	6.62	938.90	17.39	213.40	1576993	7.67	71.2	
2002	2137	18721.12	367.85	4.77	1067.40	13.69	242.59	1884758	19.52	70.2	

---

① 陈国权.2017中国报业发展报告[J].编辑之友,2018(2)

续表

年份	种数（种）	平均期印数（亿份）	总印数（亿份）	印数增长率（%）	总印张（亿印张）	印张增长率（%）	新闻纸使用量（万吨）	广告经营额（万元）	广告增长率（%）	阅读率（%）	省级党报平均发行量（万份）
2003	2119	19072.00	383.11	4.15	1235.60	15.76	280.82	2430113	28.94	70.2	
2004	1922	19522.00	402.40	5.04	1524.80	23.34	322.00	2307242	-5.06	69.1	
2005	1931	19549.00	412.60	2.54	1613.10	5.79	332.00	2560497	10.96	68.8	
2006	1938	19703.00	424.50	2.88	1658.9	2.84	342.00	3125894	22.08	65.5	
2007	1938	20545.37	438.00	3.18	1700.76	2.52	367.00	3221927	3.07	66.1	
2008	1943	21154.49	422.90	-3.45	1930.55	13.51	358.00	3426700	6.36	65.1	
2009	1937	20837.15	439.10	3.83	1969.40	2.01	344.00	3704600	8.11	65.8	
2010	1939	21437.68	452.10	2.96	2148.03	9.07	363.00	4390000	18.50	65.1	
2011	1928	21517.00	467.40	3.38	2272.00	5.77	377.00	4881680	11.20	65.7	
2012	1918	22762.00	482.30	3.19	2211.00	-2.69	366.00	4525317	-7.30	57.3	
2013	1915	23695.77	482.40	0.02	2097.84	-5.12	370.00	4158766	-8.40	52.3	
2014	1912		463.90	-3.61	1922.30	-8.37	270.00	3397711	-18.30	43.3	
2015	1906		430.09	-7.29	1554.90	-19.11	221.00	2194921	-35.40	38.4	
2016	1894		390.10	-9.30	1267.30	-18.50	190.10	1345486	-38.70	32.8	
2017							177.70			30.4	

越来越多人习惯通过门户网站或手机客户端阅读新闻,报纸读者快速流逝,广告客户随之减少广告投放金额,许多晚报、都市报纷纷关停,大部分报纸面临经济压力和影响力减弱的窘境。① 以商业新闻网站为代表的原生新媒体的出现改变了中国完全是官办媒体的格局,新浪、搜狐、网易等国内受众规模最大的网站都是商业网站,它们在公信力、受众数量方面都远远超出官办网站,②而这仅仅是冰山一角。

Web1.0时期传统媒体新闻网站及论坛、政府部门官方网站及论坛,与门户网站和垂直网站等商业网站、天涯等商业网络社区间边界还算清晰,双方处于不同轨道平行发展。国内学者多面向新华网、强国论坛等传统媒体新媒体实践开展研究,门户网站、垂直网站以及天涯、猫

---

① 任占文.移动互联网时代晚报都市报的转型[J].传媒观察,2016(6)
② 张洪忠.资本影响下的中国传媒业[M].北京:北京师范大学出版社,2014:41

扑等商业网络社区较少被关注,偶尔有一些研究针对两者差异展开讨论,对此前面已有论述不再赘述。

Web2.0时期随着国内新兴互联网企业相继推出博客、微博、微信等新的原生新媒体形态,①普通民众开始拥有面向公众喊话"麦克风",传统媒体也逐渐成为这类新媒体使用者、内容提供者,传统媒体官微多依托新浪微博,媒体公众号与腾讯微信密不可分。这些原生新媒体不仅成为个人、组织乃至媒体内容的推送平台,而且其背后组织开始扮演内容"把关人"角色,并由此引发一系列新的冲突:东方网总裁徐世平因旗下媒体公众号被封以公开信形式向马化腾表达不满,②崔永元不满新浪微博频繁删帖宣布离开微博,③普通自媒体(we media)因内容被删而抱怨更是司空见惯。经过20多年发展的原生新媒体已经重塑我国传媒格局并产生深刻而广泛的影响。

三、商业垄断对原生新媒体形态演化的双重影响

马克思认为垄断是资本主义高级形态,而市场垄断完成主要借由各类大公司完成,在这一过程中资本与技术发挥着至关重要作用:技术创新使得相关公司在竞争中获得夺取市场份额"武器",资本运作为自身技术创新提供坚实物质保障,同时也为他人技术创新设置极高门槛。以腾讯为例,腾讯公司内部有许多技术团队,每个团队都在开发自己的小项目,如果项目成功那么整个团队飞黄腾达;如果项目失败则直接宣告破产,原本的团队进行重组。④ 微信就是这一资本运作模式产物,微信能在同米聊等同时期软件竞争中取得优势也得益于上述资本运作。

信息商品化是现代社会发展的必然趋势,作为市场不完全和非对

---

① 莱文森.新媒介:第2版[M].何道宽,译.复旦大学出版社,2014:49
② 氧分子.东方网总裁徐世平因微信号被封致马化腾公开信 围观群众纷纷表态[EB/OL].[2016-11-04].https://www.yangfenzi.com/keji/media/66281.html?from=groupmessage
③ 八卦小影迷.崔永元:退出微博,转战头条自媒体 网友:我们支持你[EB/OL].[2018-10-13].https://baijiahao.baidu.com/s?id=1614177184407871103&wfr=spider&for=pc
④ 吉拥泽.在孤独中醒来:微信之父张小龙[M].武汉:华中科技大学出版社,2018:100

称产物,①其发展与市场需求、技术创新有着密不可分的关系。20 世纪90 年代初计算机普及、通信产业快速发展,推动软件开发、网络增值服务等新兴电子信息服务业崛起。② 1994 年通过与美国(Sprint)公司合作接入国际互联网,1995 年面向普通民众提供互联网接入服务,汪东兴、张朝阳、马云等国内互联网先驱及时抓住这一契机,20 世纪 90 年代中叶以来,以四大门户网站为代表的国内新兴互联网企业,借助互联网商业化东风,通过接受风险投资(VC)注资、美国纳斯达克或国内 A 股上市等途径吸收大量民间资本与国外资本,利用国外 ICT 产业向全球扩张契机将国外先进技术、理念、运营模式等引入国内。

从门户网站、网络论坛到微博、微信,我国原生新媒体 20 余年历史既是技术创新不断发展的 20 余年,也是垄断逐渐形成、技术创新日渐受迫于资本运作的 20 余年。一些富有创新精神的新发明、新技术,一经诞生便被以 BAT 为代表的垄断企业收购或复制,原创者常常经过一段时间"挣扎"终因市场分流、资金匮乏等原因,只能选择技术转移或者在竞争中被淘汰,随着垄断程度不断升级这种效应更加明显。

第二节 原生新媒体融入普通人日常生活

> 新媒体不再仅仅是"媒体",它作为一种新社会形态与经济形态,也在全面地影响着社会运行的各个层面。
>
> ——彭兰③

《冰与火之歌》中有一句著名台词:Winter is coming(长冬将至),④被人称媒体军师的范卫锋用来形容传统媒体未来。就原生新媒体而言,研究者多将其视为一种经济形态,从经济学、管理学、营销学等角度挖掘搜狐、新浪、百度、微信等的学术价值,其所肩负的社会功能——产

---

① 马费成.信息经济学[M].武汉:武汉大学出版社,2012:113
② 吴舜龄.中国的信息产业[M].北京:北京出版社,1994:25-36
③ 彭兰.新媒体导论[M].北京:高等教育出版社,2016:1
④ 范卫锋.新媒体十讲[M].北京:中信出版社,2015:3-4

出人、建构人与人之间的关系尚未得到充分挖掘,①其作为社会形态的一面没有得到应有重视。本节拟从修辞角度着手剥去商业化原生新媒体"新"的外衣,将其作为一种社会形态梳理其历史演进、厘清其内涵,阐明其在我国传媒格局生成中的重要作用。

一、作为社会形态的"新媒体"历史演化进程

纳塔莱认为不存在"旧媒介",与技术进步相关的神话和叙事将某些媒介贴上"新"标签,另一些则贴上"旧"标签,通过"新"与"旧"修辞呈现公共领域讨论的媒介与技术变革。② 换言之,"新"与"旧"是修辞学角度的主观赋魅行为,新技术作为一个历史的、相对的词汇,③不同时代其内涵外延均在变化之中,④电报、电话、报纸、广播、电视等"旧"媒介在其诞生之初也属于"新"媒介范畴,"新"与"旧"在很多时候是一种修辞学话术,方便人们指称新出现的媒介。一部文明史就是一部人类不断发明、掌握新媒介的历史,媒介发展演化就是人类文明发展过程。⑤ 特别是近代工业革命以来,每次大的技术革命都会催生新的媒介,新的媒介出现反过来又推动社会发展、技术创新,成为社会物质基础的重要组织部分。从社会发展角度审视"新媒介"概念,能够跳出"新"与"旧"的修辞学赋魅,更好地理解媒介历史演化与社会发展之间的交互作用,更好地理解今天原生新媒体历史渊源、基础架构与本质特征。

18世纪中叶,第一次工业革命将人类社会带入机器时代(又称蒸汽时代),工厂取代手工作坊、机器成为生产的核心。在这一大背景下,1814年弗里德里希·科尼希与安德里亚斯·鲍尔共同研制出新型蒸汽驱动双滚筒印刷机,这台印刷机每小时印刷量可达1100印张,相

---

① 白馥兰.技术、性别、历史:重新审视帝制中国的大转型[M].南京:江苏人民出版社,2017:324
② [美]西蒙尼·纳塔莱.不存在"旧媒介"[J].新闻记者,2018(12)
③ Marvin, Carolyn. When Old Technologies were New:Thinking about Electric Communication in the Late Nineteen Century [M]. New York:Oxford University Press,1988:3
④ 潘忠党,刘于思. 以何为"新"?"新媒体"话语中的权力陷阱与研究者的理论自省——潘忠党教授访谈录[J].新闻与传播评论,2017(1)
⑤ 熊澄宇.媒介史纲[M].北京:清华大学出版社,2011:1-9

比古腾堡手动印刷机的 240 印张,生产效率几乎提高了五倍之多。①由此蒸汽动力开始逐渐取代手工操作,印刷成本大幅降低。其后随着城市迅速崛起、工人阶级人数激增以及教育的普及,价格低廉的大众报纸崛起成为一种必然。19 世纪 30 年代,《纽约太阳报》率先掀起了"便士报运动",其他报刊纷纷效仿其成功经验,面向普通民众的通俗化报纸如雨后春笋般纷纷诞生,新闻逐渐成为报纸重心,广告成为维系报纸运营的主要经济来源,②从 1690 年到 1920 年广播发明之前,报纸是仅有的、传递新闻信息的唯一大众媒介,③从社会历史情境看,便士报等基于商业化运作的报刊在内容、运营、技术等层面均有不同程度创新,冠以新媒体之名也很恰当。

19 世纪 70 年代以后,以电灯、电话等为标识的第二次工业革命推动人类告别"蒸汽时代"进入"电气时代",电气、石化等新兴行业蓬勃发展,发电机、内燃机、人工燃料等新发明、新技术层出不穷,深刻地改变了人类生活。1906 年美国科学家德福雷特(Lee DeForest)研制成功了真空三极管,为无线电广播诞生打下了技术基础。随着相关发明与实验不断推进,1920 年世界第一家广播电台 KDKA 在美国匹兹堡正式开播,无线广播由此诞生,音乐剧、广播剧等通过广播走进普通人生活,④广播逐渐成为普通人日常生活的重要组成部分,火星人入侵地球就是广播影响的一个生动案例,⑤传播学诞生也与广播的普及密不可分。⑥1923 年美国科学家兹沃里金发明了光点摄像管,奠定了现代电视摄像基础。从 19 世纪末到 20 世纪 30 年代,现代大众传媒业(尤其

---

① 高宝.1814—2014 年:蒸汽驱动型滚筒印刷机诞生 200 周年[EB/OL].[2018 - 10 - 13]. http://www.bisenet.com/article/201412/144205.htm
② [美]舒德森.发掘新闻:美国报业的社会史[M].陈昌凤,常江,译.北京:北京大学出版社,2009:18
③ [美]比亚吉.媒介/影响:大众传播媒介概论[M].宋铁军,译.北京:中国人民大学出版社,2010:53
④ [美]希利亚德.美国广播电视史:第 5 版[M].秦珊,邱一江,译.北京:清华大学出版社,2012:35
⑤ [美]洛厄里,德弗勒.大众传播效果研究的里程碑:第 3 版[M].刘海龙,译.北京:中国人民大学出版社,2009:46
⑥ 黄旦.新闻传播学科化历程:媒介史角度[J].新闻与传播研究,2018(10)

是新闻传媒业)的报刊、广播、电视三足鼎立的格局基本形成,人类全面进入大众传播时代,①报纸、电台与电视台成为其中重要的组成部分,新媒体发展进入新阶段。

20世纪四五十年代,以空间技术、原子能、电子计算机等为代表的第三次工业革命推动了人类社会又一次飞跃,深刻改变了人类的生活方式和思维方式。其中具有里程碑意义的是1947年美国贝尔实验室的三个研究人员沃尔特·布拉坦(Walter Brattain)、杰克·巴丁(Jack Bardeen)和威廉·肖克利(William Schockley)发明晶体管,这一发明使得数据被分解为一系列0和1组成的编码,人类数字化时代由此开启,三人还因此项发明共同获得了1956年的诺贝尔奖。② 随着晶体管越做越小,研究人员尝试将众多晶体管放在一起,配合其他元件以实现特定功能,在这一思路引导下集成电路应运而生。随着集成工艺的提升,集成电路内可以安装越来越多的晶体管,1964年首款使用小规模集成电路的第三代计算机IBM 360下线,计算机正式进入集成电路时代。③随着1970年大规模集成电路技术的成熟,一方面微型计算机越来越普及,另一方面大型计算机功能越来越强大。④ 1990年伯纳斯-李在NeXT工作站编写了执行万维网项目细节的网页,世界上第一个万维网站由此诞生,现代意义的新媒体正式诞生。⑤

综上可见,"新"与"旧"用来形容媒体,主要是为了方便区分研究对象,为后续研究展开做好铺垫,⑥借助修辞手段彰显资本、技术、社会使用等因素交互作用及其复杂性。新媒体历史书写同互联网史书写一

---

① 张咏华.媒介分析:传播技术神话的解读[M].上海:复旦大学出版社,2002:11-12
② [美]维维安.大众传播媒介:第7版[M].顾宜凡.等译.北京:北京大学出版社,2010:264-265
③ 集成电路:从电子管、晶体管到CPU[EB/OL].[2014-04-25]. http://www.ic72.com/news/2014-04-25/216232.html
④ 计算机发展史[EB/OL].[2018-01-12]. http://www.360doc.com/content/14/0925/10/17799864_412192108.shtml
⑤ 万赞.万维网诞生[EB/OL]. http://book.51cto.com/art/201511/498332.htm
⑥ 李永健.传播研究方法[M].杭州:浙江大学出版社,2009:50

样,应具有历史深度,呈现对社会现实建构历史性。①

二、原生新媒体演化推动社会媒介化转型

信息技术革命正加速重造社会物质基础,美国学者卡斯特将这种正在形成中的新型社会结构称之为网络社会,②日本学者水越伸称之为数字媒介社会,并初步勾勒出信息技术、媒介与社会的关系,如图8-2-1所示。③ 正因如此,水越伸认为信息技术已经成为社会运转的新物质基础,社会各个方面都变得越来越依赖信息技术才能够得以续存发展。

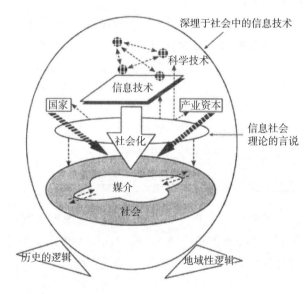

图8-2-1 数字化社会多维关系

---

① 杨国斌.中国互联网的深度研究[J].新闻与传播评论,2017(1)
② [美]卡斯特.网络社会的崛起[M].夏铸九,王志弘,译.北京:社会科学文献出版社,2006:3,1
③ [日]水越伸.数字媒介社会[M].冉华,于小川,译.武汉:武汉大学出版社,2009:12

工业社会以机器技术为基础,后工业社会以知识技术为基础,①原生新媒体因为承载社会各种各样的知识与技术,因而能够与社会有机结合在一起:从门户网站,到新浪微博和腾讯微信,再到头条新闻等,原生新媒体新闻生产与推送走出了一条与传统媒体及其新媒体大相径庭之路。国人生活正变得日益数字化、虚拟化、媒介化:网络游戏不仅颠覆了"游戏"的传统含义,出现了"偷菜"、寻找"精灵"等诸多社会现象,而且缔造了一个庞大的游戏产业;电子商务彻底改变人们的消费方式,人们更多的是在虚拟空间在线进行符号消费,购买、退货、更换等行为全部在各类新媒体虚拟平台进行;微信、QQ等各类即时通信工具更是对国人交往带来巨大改变。

今天人类已经进入一个高度媒介化的社会,②同时也是一个技术导向型社会。新技术所发明的各种装置、手段、规范、思维已深度地侵入生活世界的各个领域(量的层面),成为政府社会治理和公民日常生活不可或缺的手段(质的层面),社会发展趋势是越来越呈现显著技术导向(历史层面),改变了人与人以及人与技术的关系,人对技术的掌控和技术对人的宰制相互作用(关系层面)。技术赋予人类创造与毁灭的巨大力量,成为一把悬在人类头上的"双刃剑"。

三、原生新媒体形态演化重塑公共生活

据中国互联网信息中心发布的第 42 次《中国互联网络发展状况统计报告》可知,③截至 2018 年 8 月,我国网民人数达 8.02 亿,普及率 57.7%,手机网民 7.88 亿人,普及率 98.3%。就学历而言,大学(含大专)学历者占全部网民人数近八成;就职业而言,学生、个体化/自由职业者、企业/公司一般职员、无业/下岗/失业人员等构成网民主体;就收入而言,月收入在 5000 元以下的中低收入者占到全部网民人数近八

---

① [美]贝尔.后工业社会的来临:对社会预测的一种探索[M].高铦,王宏周,魏章玲,译.北京:新华出版社,1997:9
② 万蓉.国家与社会媒介化沟通的变化[J].当代传播,2018(6)
③ 中国互联网信息中心(CNNIC).第 42 次《中国互联网络发展状况统计报告》[R].2018-08-20

成,只有不到两成网民月收入在5000元以上。互联网已经渗透我国社会各个阶层且具有浓厚草根色彩,各类原生新媒体形态作为互联网应用随着互联网一同渗透社会方方面面,开始在公共生活中扮演重要的角色。

公共生活作为人类日常生活的重要组成部分,古希腊时代以广场为中心建构起独特的公共空间,中国古代则是以寺庙、祠堂、会馆等为依托形成公共生活空间。① 近代以来随着报刊、广播、电视等各类大众媒介的崛起,依托各类媒介演化生成新型的公共空间,②对公共政策制定、民众消费生活等方面形成重要影响。③ 互联网发明改变了社会物质结构,为普通人参与公共生活提供了新的平台与空间,王淑华将其归纳为八种形态:网络论坛(BBS)、博客(Blog)、视频网站、微博、社交网络(SNS)、即时通信平台(IM)、网络百科全书、新闻反馈板块。④

2003年孙志刚案经《南方都市报》等传统媒体披露后,新浪网等新媒体立即进行转载,几小时内便超过一万条回复,⑤并在天涯、新浪论坛等各类BBS引发广泛讨论。原生新媒体开始在社会公共事务中发挥重要作用,只不过那时传统媒体仍然占据主导位置,原生新媒体主要发挥"扩大器"作用。随着博客、微博等社会化媒介的普及,各类原生新媒体在社会公共生活中逐渐扭转与传统媒体的关系:传统"某家传统媒体报道→原生新媒体转载扩散→网民跟帖、BBS讨论形成热点舆情→其他传统媒体跟进报道"公共议题演化模式,逐渐演化为"微博热搜→传统媒体跟进"的新型公共议题生成模式,有些公共议题传统媒体虽然鲜有跟进,但依然在网络形成广泛讨论,导致相关事件被解

---

① 林翔.中林翔西方传统城市广场型公共空间比较研究[M].福州大学学报:自然科学版,2009(1)
② 朱清河.大众传媒公共性研究[M].北京:中国人民大学出版社,2017:19-21
③ 肖生福.公共性视角下的大众传媒与公共政策研究[M].北京:中国社会科学出版社,2013:66
④ 王淑华.互联网的公共性[M].北京:社会科学文献出版社,2014:76-81
⑤ 杨吉,张解放.在线革命:网络空间的表达权利与正义实现[M].北京:清华大学出版社,2013:27-28

决。微博在设置公共议题、生成公共舆论等方面发挥着越来越重要的作用。

除公共议题生成变化外,微博公共空间还表现在各类政务微博的兴起,2010年随着微博的兴起,同2月广东省肇庆市公安局开通"@平安肇庆"微博,同年6月成都市政府新闻办开通"@成都发布"。政务微博逐渐萌发,仅一年时间(截至2011年3月)我国共有实名认证的政务微博1708个,官员微博720个,[①]"微博问政""微博议政"成为社会公共生活的重要内容,这一年也被称为政务微博元年。[②] 随着微型公众号功能的推出,2012年广州市白云区率先推出"广州应急—白云"政务微信号,随后各级政府部门相继推出微信公众号,截至2013年底全国政务微信超过3500个,这一年也被称为政务微信元年。[③] 各类原生新媒体为政府部门与普通民众之间搭建起交流平台,催生出全新的政务管理模式:SoLoMo(Social、Local、Mobile)和O2O(Online To Offline)。[④]

原生新媒体本质是新兴互联网企业推出的商业化产品,商人趋利避害的本质属性决定了无论是各类论坛还是微博、微信,公共空间是其凝聚人气、扩大影响力的重要措施,功利性是本质,公益性是有条件的。以微博为例,近年来其对公共热搜议题的控制越来越严格,大量娱乐化议题充斥热搜,新浪已经充当了公共空间议题的把关人角色。再如互联网将网络虚拟空间和真实社会空间相重叠,为人们开启新的交往可能,但这种交往如局限于商业和政府交往这种小圈子中,就不符合民主的含意,不具备公共意义。[⑤]

[①] 张志安,贾佳.中国政务微博研究报告[J].新闻记者,2011(6)
[②] 张志安,曹艳辉.政务微博微信实用手册[M].广州:南方日报出版社,2014:198
[③] 张志安,曹艳辉.政务微博微信实用手册[M].广州:南方日报出版社,2014:198
[④] 朱海松,李晓程.微博微信政务:中国政务微博与政务微信的应用方法与原则[M].广州:南方日报出版社,2016:3
[⑤] [美]芬伯格.技术批判理论[M].韩连庆,曹观法,译.北京:北京大学出版社,2005:149-150

第三节　原生新媒体加速后人类时代来临

> 新技术引发的媒介融合，不仅止于媒介形态之融合，也不仅仅是社会形态的融合，而是技术与人的融合。这并非一种比喻性的说法，而是意味着，技术确实要嵌入人的身体，成为主体的一部分。
>
> ——孙玮[①]

微型计算机的发明使得人类身心分离成为可能，微型计算机的普及推动虚拟数字人的形成；因特网看似只是一种为普通民众使用互联网提供便利的技术创新，实质则是将无数虚拟数字人彼此相连，进而建构现实社会的数字形态——网络社会。原生新媒体作为互联网社会应用的重要组成部分，本质是实现这一过程的工具或路径，原生新媒体发展演进过程是普通民众逐渐数字化的过程，是整个社会不断网络化的过程。

一、技术创新对人的创造性破坏

技术的本质是人用来试探包括自己存在、事物改变乃至世界演化多种可能性的一种方式，如果没有技术，有人的世界和无人的世界几乎没有任何差别。[②] 技术赋予人类创造与毁灭双重可能，成为一柄悬于人类头顶的达摩克利斯之剑。如何看待技术创新带来的影响？哲学家们最早给出了自己的思考，并由此产生一门新的学科分支——科学技术哲学。

科学技术哲学（Philosophy of Science and Technology）在某些方面和传播学类似，作为一个研究领域漫无边际、研究视角多种多样的交叉

[①] 孙玮.赛博人：后人类时代的媒介融合[J].新闻记者，2018(6)
[②] 肖峰.人文语境中的技术：从技术哲学走向当代技术人学[M].北京：中国社会科学出版社，2011：3-4

学科,沿着哲学和社会学两个方向发展壮大,①孕育出科学学、未来学、科学社会学等众多研究领域与方向。② 进入20世纪70年代以后,以纽约州立大学石溪分校教授唐·伊德(Don Ihde)《技术与实践》(1979)出版为肇始,北美涌现出一批专注于技术研究的哲学家,除伊德外还有加拿大西蒙弗雷泽大学(Simon Fraser University)教授芬伯格(Andrew Feenberg)、美国蒙大拿大学(University of Montana)教授伯格曼(Albert Borgmann)、美国伦斯勒理工学院(Rensselaer Polytechnic Institute)教授温纳(Langdon Winner)等。在他们推动下,20世纪70年代后技术哲学研究的重心从德国转移到美国,开创了技术研究的经验主义方向。③ 他们摆脱了海德格尔、埃吕尔等经典技术哲学家从人文主义视角出发对技术进行批判的传统,试图通过解析技术的本质,超越技术乌托邦和敌托邦的局限,探索技术如何从物质和观念两方面影响人类生活,为技术时代人类发展寻找新方向。④

就原生新媒体而言,经过20余年发展,对社会结构、普通人日常生活产生深远影响,随着实践不断深入,原生新媒体许多本质性的内容得以逐步呈现,研究者开始从哲学层面思考信息技术及其商业化应用带给普通人的影响。芬伯格认为新媒体与新技术的社会影响取决于其如何被设计和使用,如计算机既不是有益的,也不是有害的,而是兼而有之,对于计算机的解读应超越乐观主义构想与敌托邦梦魇,寻找新切入点,⑤对于原生新媒体的理解也是这样。

二、原生新媒体正在嵌入人的身体

媒介作为人类用来交流思想、表达情感的手段(如声音、符号、文

---

① 吴国胜.《北京大学科技哲学丛书》总序[A]//[美]安德鲁·芬伯格.技术批判理论.韩连庆,曹观法,译.北京:北京大学出版社,2005:1-2
② 段联合,曹胜斌.科学技术哲学教程[M].北京:科学出版社,2003:8
③ 傅畅梅.伯格曼技术哲学思想探究[M].沈阳:东北大学出版社,2010:1
④ 韩连庆.技术批判理论·译后记:设计技术就是设计我们的存在方式[A]//[美]安德鲁·芬伯格.技术批判理论.韩连庆,曹观法,译.北京:北京大学出版社,2005:274-285
⑤ [美]芬伯格.技术批判理论[M].韩连庆,曹观法,译.北京:北京大学出版社,2005:113,146

字、图像等)及其物质载体(口耳等人体器官、竹简、书籍、报刊、广播等)统一体,①也是人类记忆的重要载体,②新媒体时代人即讯息(message),③作为承载信息重要载体的媒介更是成为人类生存的重要组成部分。1984年吉布森在小说《神经漫游者》(Neuromancer)中以电脑网络为原型提出赛博空间概念,吹响20世纪80年代中叶科幻小说领域声势颇为浩大的赛博朋克(Cyberpunk)运动号角,在其笔下许多朋克实际是人机合一的赛博人又称电子人,④标志着人类与媒介关系发展到一个全新阶段。孙玮借用上述概念,认为技术与人的融合将创造出新型主体,正在成为一个终极的媒介,这些为技术所穿透、数据所浸润的身体可称之为"赛博人"。⑤

长期以来,强调媒介技术特性的研究常被贴上技术决定论的污名化标签,针对这一现象,黄旦提出"有没有不是这么非此即彼的可能",⑥胡翼青则进一步指出媒介技术决定论不能简化为"媒介乌托邦"。⑦ 媒介技术特性差异导致人的感知和世界展示有很大不同,⑧具有浓厚的技术色彩的各类原生新媒体早已成为人类生存的重要组成部分,早已与普通人有机地融为一体,原生新媒体研究不仅重视其作为互联网应用的技术维度,还兼顾其作为普通人社会化生存载体的社会维度。原生新媒体研究不能局限于探索其经济属性,更应该应围绕人类如何展开传播、传播如何成为社会生成与发展的基本过程等大的理论前提展开,⑨探索原生新媒体深度融入普通人日常生活后,对普通人信息传播模式乃至社会信息传播结构产生的深远影响。从自20世纪90

---

① 王荔.从结绳记事到比特:人类心灵的表达[M].上海:同济大学出版社,2017:1
② [美]马龙.万物守护者:记忆的历史[M].程微,苑杰,译.重庆:重庆出版社,2017:56
③ 陈嬿如.新闻是匆忙中写就的历史[M].上海:上海交通大学出版社,2017:73
④ [美]吉布森.神经漫游者[M].姚向辉,译.南京:江苏文艺出版社,2013:22
⑤ 孙玮.赛博人:后人类时代的媒介融合[J].新闻记者,2018(6)
⑥ 黄旦,王辰瑶.如何重新理解新闻学——学术对话录[J].新闻记者,2016(7)
⑦ 胡翼青.为媒介技术决定论正名:兼论传播思想史的新视角[J].现代传播(中国传媒大学学报),2017(1)
⑧ 黄旦."千手观音":数字革命与中国场景[J].探索与争鸣,2006(11)
⑨ 潘忠党,刘于思.以何为"新"?"新媒体"话语中的权力陷阱与研究者的理论自省——潘忠党教授访谈录[J].新闻与传播评论,2017(1)

年代中叶诞生至今,虽仅20余年发展时间,许多曾经的新媒体形态已经走入历史,原生新媒体作为认识的对象已经适用哲学层面的思考,密涅瓦的猫头鹰应该起飞。

技术不仅使得人类能够更好地控制自然、改变社会,而且延伸人的器官与身体,使人类自身发生根本性转变,科学进步不再是"分裂"式的,而是"杂糅"式的,[①]应跳出"歌颂—批判"二元视角,认真观察、深入思考。随着传播技术的日新月异发展,技术哲学归根到底是技术人学,[②]特别各类原生新媒体与人们日常生活有着高度关联,学术研究应该回归到人,回归到人的日常生活,去观察、思考这些新技术、新媒体给人们带来怎样的影响,进而尝试探讨学术研究是否能够对其负面影响产生一定的干预作用。

三、原生新媒体开启符号化生存模式

曾经风行一时的人人网等SNS网站以及QQ、微信等即时通信工具的出现,使得人与人之间的交往日益符号化,火星文、表情包取代文字成为人际交流的重要形式,逢年过节微信"红包雨"更使群体交流、人际交流变得更加复杂化。1978年我国人均国内生产总值仅为381元人民币,[③]2017年我国人均国内生产总值达8827美元,略高于中等偏上收入国家(地区)平均水平,如图8-2-2所示[④]。

随着经济快速发展与普通民众收入不断提升,我国已经步入了消费社会:商品的使用价值与交换价值逐渐边缘化,符号价值成为商品主要价值;人与物的关系变成了人与符号关系。[⑤] 消费不仅是一个经济的、实用的过程,更是一个文化符号与象征意义表达的过程,是一个从

---

① 吴飞.媒介技术演进脉络的哲学考察[J].新闻记者,2018(12)
② 肖峰.人文语境中的技术:技术哲学走向当代技术人学[M].北京:中国社会科学出版社,2011:4
③ 费广胜.经济区域化背景下地方政府横向关系研究[M].北京:中国经济出版社,2013:134
④ 华尔街见闻.中国人均GDP接近1万美元 这在全球处于怎样的水平?[EB/OL].[2019-01-16].https://baijiahao.baidu.com/s?id=1622791174663032924&wfr=spider&for=pc
⑤ 吴翔.消费社会与中国[J].广西社会科学,2005(4)

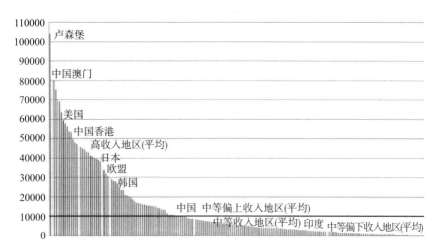

图 8-2-2 2017年世界各国及地区国内生产总值排名

"物的消费"过渡到"符号消费"的过程。① 以淘宝、京东、美团为代表的原生新媒体的蓬勃发展不仅严重冲击实体店铺,致使实体店销售业绩大幅下滑,而且深刻改变过去以纸币为中介的"人—物"消费模式,以微信、支付宝为依托的数字货币成为主要支付手段,普通消费者与所购物品不再发生直接关联,而是通过网站提供文字、图片、短视频完成消费活动,进而形成以数字货币为中介的"人—符号—物"的新型消费模式,从选购、支付到配送整个消费过程完全借由各类数字化符号完成。

从购物休闲、人际交流到信息获取等日常生活,数字技术衍生的各类符号正在深刻地改变着普通人生活的方方面面,人们在享受便利的同时也潜藏着诸多危机。

---

① 汪怀君.符号消费伦理研究[M].济南:山东人民出版社,2016:4

第九章　原生新媒体演进历史书写的反思

> 机器,正在生物化;而生物,正在工程化。
>
> 这种趋势正验证着某些古老的隐喻——将机器比喻为生物,将生物比喻为机器。那些比喻由来已久,古老到第一台机器诞生之时。如今,那些久远的隐喻不再只是诗意的遐想,它们正在变为现实——一种积极有益的现实。
>
> ……技术人员归纳总结了生命体和机器之间的逻辑规律,并一一应用于建造极度复杂的系统;他们正如魔法师一般召唤出制造物和生命体并存的新奇装置。
>
> ——凯文·凯利①

我国原生新媒体诞生至今仅 20 多年时间,BBS、网络社区、博客等曾经火热的原生新媒体形态正在走入历史,四大门户网站风光不再,共享模式陷入困境,网络大 V 日渐低调,娱乐明星成为微博热搜常客……现有原生新媒体形态作为互联网上半场的技术表征,对其历史的书写、影响的梳理条件基本成熟。随着互联网走向物互联网、人工智能、大数据为代表的下半场,②原生新媒体作为互联网社会应用重要组成部分,其形态随着网络技术创新正经历着新一轮转变,更加贴近普通人的生活,更具"智慧"色彩。

第一节　原生新媒体研究具有广阔空间

互联网是一种全球性的信息传播系统,它打破了地域和国家

---

① ［美］凯文·凯利. 失控［M］. 东西网,编译. 北京:新星出版社,2011:3
② zhaoly. 周鸿祎:互联网下半场是人工智能、大数据等核心技术的竞争［EB/OL］.［2018 - 12 - 03］. http://www.21ic.com/news/computer/201812/855231.htm

疆界,不但能统一处理文字、声音、图形、影像等各种数据形式,而且能包容从人际传播到群体乃至大众传播的各种层次、各种类型,成为涉及各个领域的传播活动。随着宽带发展和无线接入的普及,基于互联网的新媒体形态不断涌现,网上信息的获取、发布、利用会日益便捷。

——李淮芝 ①

1996年,我国微型计算机年产量已达100万台,②但全国网民数量只有10余万人,互联网内容少得可怜,更多人都将互联网视为西方人猎奇其心理作祟的产物。③两年之后尽管微型计算机产业依然蓬勃发展,但后PC时代的呼声已经非常响亮。④

鉴于互联网涵盖硬件、软件、应用等诸多层面,国人很长时间里没有弄清楚互联网到底是什么,随着其超强信息传播能力逐渐显现,互联网社会应用研究逐渐成为网络研究的核心内容。⑤原生新媒体作为互联网顶层社会应用的重要组成部分,围绕普通民众日常生活中各类信息传播活动展开,潜藏着巨大的研究空间与学术价值。

一、原生新媒体与民众日常生活融为一体

1995年我国开始面向普通人提供互联网服务时,网上中文内容与服务极度稀缺。与传统媒体推出数字报刊、延续新闻信息传播的传统不同,我国原生新媒体从人际交流起家:丁磊看到互联网蕴藏的巨大商机借钱创办网易,为普通民众提供电子邮件等服务;同样看到网络商机的汪东兴、汪延等人则主攻网络论坛,为普通民众打造在线交流空间,

---

① 李淮芝,蔡元.新媒体的数字化生存与发展[M].北京:测绘出版社,2011:11
② 刘益动,李根群.中国计算机产业发展研究[M].济南:山东教育出版社,2006:124
③ 凌志军.联想风云:关于一个人、一个企业和一个时代的记录[M].北京:人民日报出版社,2011:307-308
④ 国辉.迎接后PC时代[J].互联网周刊,1998(7)
⑤ 彭兰.新媒体导论[M].北京:高等教育出版社,2016;宫承波.新媒体概论:第4版[M].北京:中国广播电视出版社,2012

等等。1998年新浪、网易、搜狐等转型为门户网站,开始通过资源整合方式为普通民众提供新闻信息服务,逐渐成为人们获取信息的重要渠道,被纳入"网络媒体"范畴。

新闻业务帮助门户网站聚集人气、增加社会知名度,但当时网络广告收入很少,不足以维持日常运营,各家门户网站积极筹建电子商务、网络游戏等新板块,为普通民众提供更加多元的信息服务。几乎同一时期,携程网(1999)、盛大(1999)、百度(2000)等垂直网站开始涌现,原生新媒体不再囿于门户网站,不再囿于新闻业务,在各类原生新媒体产品推动下,互联网中文内容与服务得到极大丰富,越来越多的人开始在网上"冲浪",寻找自己需要的东西。

2000年全球互联网泡沫破裂带来剧烈冲击,但普通民众"上网"步伐丝毫没有减慢:1997年我国网民人数仅67万人,1998年117.5万人,1999年400万人,2000年1690万人,2001年2650万人,2002年4580万人。2003年我国网民人数达6800万人,就在这一年,网易、新浪等原生新媒体产品开始实现盈利;就在这一年,木子美性爱日记推动博客走进普通人视野,UGC(用户内容生产)开始兴起;就在这一年,移动终端上网用户达到180万人,预示着原生新媒体即将进入一个全新发展阶段,其后随着微博、微信等原生新媒体快速崛起,原生新媒体深度融入普通人日常生活。

普通民众日常生活正变得日益数字化、网络化:门户网站、微信、微博打破传统媒体对新闻信息传播的垄断;网络游戏不仅引发"偷菜"、寻找"精灵"等社会文化现象,而且在技术手段打造的精美游戏空间内,游戏玩家可借由角色扮演等形式体验另类人生;电子商务彻底改变普通人日常消费方式,从获取商品信息、购买商品、支付货款、查询物流,直至商品评价、退换货等整个流程,人们更多的是在线上进行符号消费,而不是在线下与商品、货币直接相连;电子邮件、微信、QQ等原生新媒体用时间压缩空间,给普通人日常生活交流带来极大便利,严重冲击邮政、电信相关业务;有些原生新媒体甚至连同相关硬件嵌入人的身体,成为人的一部分。原生新媒体如何演变,继而如何影响普通人日常生活,乃至整个社会的信息传播结构等,相关问题研究才刚刚开始,未来具有很大研究空间。

二、原生新媒体仅是互联网社会应用的冰山一角

1969年9月2日,克兰罗克教授将两部电脑主机相连,标志着阿帕网正式诞生;10月29日22点30分,阿帕网加州大学洛杉矶分校(UCLA)第一节点与斯坦福研究院(SRI)第二节点连通,标志着互联网正式诞生。① 之后很长一段时间内,互联网应用一直局限在教育科研、国防军事等少数领域。直到1990伯纳斯-李推出世界上第一个万维网站,互联网才得以进入普通人生活。② 仅仅十几年时间互联网打破报刊、广播、电视三足鼎立的传媒格局,推动传统媒体数字化、网络化转型,媒介融合大幕徐徐拉开。

1997年,智能手机正式推向市场,短短几年间智能手机便取代传统手机,诺基亚执牛耳的地位轰然倒塌。随之而来,微软光环不再,Facebook、Twitter等社交媒体成为ICT行业新宠,十年时间基于PC互联网的原生新媒体形态受到基于移动互联网的新的原生新媒体形态冲击,UGC、OGC颠覆传统信息生产模式。"人"成为网络中心、内容退居其次;交互成为网络传播最大特色,用户不仅参与内容生产(User Generated Content, UGC),而且参与整体"生态系统"建设中。

2007年以苹果iPhone的推出为标志,互联网与手机开始走向深度融合,特别是2008年国际电信联盟正式公布第三代移动通信(3G)标准之后,3G技术迎来了一个快速发展的新阶段。随着通信资费不断下降和传输效率不断提升,微博、微信等原生新媒体快速崛起。手机在线直播等新传播形式不断涌现,2016年更被称为网络直播元年,手机也被称为四大媒介之外的第五媒介。不到十年时间,作为技术挑战者的移动互联网便遭遇了人工智能的强大挑战,未来的机会就在人工智能。③

---

① 网易科技报道. 1969年10月29日22点30分互联网诞生[EB/OL]. [2009-10-28]. http://tech.163.com/09/1028/23/5MOGHHUJ000915BF.html
② 万赟. 万维网诞生[EB/OL]. http://book.51cto.com/art/201511/498332.htm
③ 李彦宏互联网大会致辞 称即将迎来人工智能时代[EB/OL]. [2016-11-17]. http://www.50cnnet.com/show-74-127057-1.html

而 AI 机器人已经早已渗透到媒体新闻业务生产之中。4G 时代刚刚来临,5G 标准已经正式确立,①媒介技术变革引发的变化已在酝酿之中。随着基于大数据、人工智能、语意网等技术的 Web3.0 的讨论逐渐升温,未来互联网还会发生更加深刻的变化。

互联网作为 ICT 技术创新产物由明网(又称表层网络,Surface Web)和暗网(又称深层网络,Deep Web)两大部分构成:明网可以简单理解为那些能够为谷歌、百度等搜索引擎检索到的网络资源,为普通人生产、生活带来诸多便利;暗网则是那些搜索引擎无法检索到的内容,里面包含大量严重扰乱社会秩序甚至威胁人类生存的内容,②两者相互依存,共同构成互联网信息海洋,UFO 中文网对此绘制过一张颇为形象的结构图,详见图 9-1-1。

图 9-1-1　UFO 中文网关于明网与暗网等网络资源构成图③

---

① 今天,全中国沸腾了! 华为碾压高通,拿下 5G 时代[EB/OL]. http://tech.ifeng.com/a/20161119/44496783_0.shtml

② 明网是指能被搜索引擎检索到的网络资源;暗网分为广义和狭义两者:广义暗网是指搜索引擎无法检索到的网络资源,狭义暗网指故意隐匿身份,涉及色情、暴力、走私等大多数国家明令禁止内容的网络资源。详见:猎奇酱. 暗网,我劝你不要碰[EB/OL]. [2018-10-18]. http://www.jinciwei.cn/b483925.html

③ 伤我心太深. 暗网,深网这也许是你们最不该进去的地方[EB/OL]. [2018-07-29]. https://www.ufochn.com/article-205-1.html

当人们谈及互联网带来的种种便利时,却常常忽略这类信息所占比例只不过是整个互联网信息海洋的冰山一角;当人们享受各类原生新媒体提供的便利时,各种风险与危险如影相随,很难用简单"好"或者"坏"评价,也很难用原生新媒体发展进化去评论整个互联网给人类带来的是"福"还是"祸"。互联网使用社会史研究是一个非常庞大的课题,原生新媒体作为互联网社会应用的重要组成部分,仅仅呈现了"明网"对普通民众日常生活的影响,后续还有大量研究可以继续深入探讨。

第二节　原生新媒体推动研究范式创新

> 任何社会都混合了各种不同的经济、技术、政治和文化体系,要根据人民心中的问题,从不同的有利点加以分析。我的重点在于技术的影响,我并不把它作为一种独立的因素,而是作为一种分析的因素,以观察新技术出现以后会产生什么样的社会变迁,以及社会及其政治制度必须解决什么样的问题。
>
> ——丹尼尔·贝尔[①]

原生新媒体作为互联网技术创新扩散催生的新兴媒体,不仅对普通人日常生活、对社会"媒介化"转型产生了创造性破坏影响,也给传播学研究(特别是新媒体研究)带来全新的挑战与机遇。

一、"新媒体"演进推动传播学孕育与发展

新媒体作为一个时间性的技术新概念,内涵与外延都在不停变化中,报纸、广播、电视等传统媒体在诞生伊始也属于"新"媒体范畴,只不过随着时间推移,技术进步逐步被纳入"传统"媒体范畴。传播学的孕育与诞生与报刊、广播、电视等"新媒体"有着密不可分关系,正是20

---

① [美]丹尼尔·贝尔.后工业社会的来临:对社会预测的一项探索[M].高铦,王宏周,魏章玲,译.北京:新华出版社,1997:8

世纪初期大众报业的蓬勃发展,帕克才能拥有丰富的记者经历,继而写出《移民报刊及其控制》等著作与论文,开创大众传播学这一全新的研究领域。① 正是19世纪二三十年代广播开始在美国人日常生活中扮演着举足轻重的作用,才会出现"火星人入侵地球"这一今天看起来非常不可思议的媒介事件,普林斯顿大学广播研究中心针对这一事件的研究成为传播学效果研究经典之一。② 20世纪50年代以后,电视普及引发研究者对其社会影响(特别是儿童影响)的关注,施拉姆等学者于1958—1960年间,对美国和北美10个不同社区进行细致的量化研究。③ 它与稍后的《卫生局长报告》(1969—1970)、《电视与行为:10年的进展》(1979)等,共同构成电视效果研究的重要里程碑。经过几十年积累,施拉姆等学者在总结前人研究成果的基础上创建传播学。

传播学是大众媒介时代产物,其研究对象、研究方法和研究思维都与大众媒介息息相关。④ 20世纪六七十年代兴起的政治经济学派、文化研究学派等批判学派虽然在研究理论和方法方面与美国传播学结构功能主义范式有所不同,但其研究对象仍为报纸、广播等大众媒介,都属于大众时代的理论范式。20世纪90年代以后,以计算机和互联网为代表的数字媒体技术快速发展,推动新媒体研究成为研究热点,传统媒体的数字化转型(如开通网站、数字广播、数字电视、数字出版等)也成为学界、业界热议的话题。虽然数字化传统媒体的崛起给传播研究带来许多新材料、新观点、新方法,但传统结构功能主义的理论范式仍然能够适用于这一阶段的新媒体研究,传播学研究还没有发生质的变化。

二、原生新媒体为传播学研究注入新动力

美国20世纪重要的哲学家,同时也是传播学先驱的杜威认为大众

---

① 吴飞.如何理解"生活在别处"的"边际人"[M]//帕克.移民报刊及其控制.陈静静,译.北京:中国人民大学出版社,2011:19
② [美]洛里厄,德弗勒.大众传播效果研究的里程碑:第3版[M].刘海龙,等译.北京:中国人民大学出版社,2009:29-43
③ [美]洛里厄,德弗勒.大众传播效果研究的里程碑:第3版[M].刘海龙,等译.北京:中国人民大学出版社,2009:140-166
④ 宫承波,管璘.传播学史[M].北京:中国广播影视出版社,2014:120-131.

传播是变革社会的重要工具,新的传播技术将会导致社会价值体系的重构。① 2004 年以来,在 Web2.0、移动互联网、机器人与人工智能、数据挖掘等各类数字媒体技术推动下,微博、微信等社交媒体异军突起,进而形成新浪微博、腾讯微信等原生新媒体新产品。

我国传播学研究几乎都是围绕结构功能主义展开的,②极端而言,结构功能主义对"技术"要么视而不见,要么局限于"手段—工具论"单一路径越来越狭窄僵化,无法解释复杂的现象,显得越来越无力。③ 随着社交媒体、VR 技术、可穿戴设备、无人机、智能机器人、数据可视化、大数据挖掘等各种新的数字技术手段被应用,众媒体时代呼之欲出。④ 当前以互联网、数字媒体、移动终端为核心的原生新媒体崛起,为打破既有范式提供了绝佳契机。⑤ 媒介技术并非单纯的技术,总是与特定文化相连:文字打破年长者对知识的垄断,印刷术催生理性主义,电子媒介粉碎传统的时空观念,彻底改变人们对世界的认知方式。⑥ 原生新媒体的崛起,对于探索传播学研究的新范式,打破结构功能主义的学术垄断具有十分重要的意义。

三、原生新媒体推动新媒体研究范式创新

杜骏飞认为随着互联网及其他类型的信息技术的依次发明引发质的裂变,狭义信息传播与广义商务、政治、教育等传播一起,共同描绘新传播时代泛传播(pan-communication)图景。⑦ 目前许多新媒体研究仍

---

① 郭庆光.传播学教程:第 2 版[M].北京:中国人民大学出版社,2011:247
② 孙玮,黄旦.超越结构功能主义:中国传播学的前世、今生与未来[J].新闻大学,2012(2):1-4
③ 孙玮.从新媒介通达新传播:基于技术哲学的传播研究思考[J].暨南学报:哲学社会科学版,2016(1):66-75
④ 腾讯传媒研究院.众媒时代[M].北京:中信出版社,2016:1-281
⑤ [丹麦]延森.媒介融合:网络传播、大众传播和人际传播的三重维度[M].刘君,译.上海:复旦大学出版社 2012:21
⑥ 孙玮.超越技术与传媒业:媒体融合与新闻传播学学术创新[J].国际新闻界,2010(12):10-11
⑦ 杜骏飞.泛传播的观念——基于传播趋向分析的理论模型[J].新闻与传播研究,2001(4):2-13

然局限在传统信息传播范畴内,如国家互联网信息办公室和北京市互联网信息办公室2014年联合出品的"中国互联网20年"丛书将新媒体相关内容用网络媒体篇、网络产业篇两本专著分开讨论。本书从泛传播视角出发,将网络游戏、电子商务等与信息传播一同纳入研究范围,以期更好地反映我国原生新媒体发展的实际情况。这种"泛新媒体"探索虽然在研究中面临许多挑战,但更符合我国新媒体发展的实际情况,具有积极理论意义与实践价值。

郑永年认为我国新媒体研究直接跳过宏观研究进入微观研究,只见树木不见森林。① 原生新媒体研究也是如此,受美国社会科学研究影响,相关研究多采用实证方法围绕具体对象展开,②新浪、网易、搜狐等个案研究,手机、微博、微信等媒介研究较为常见,彭兰教授《中国网络媒体的第一个十年》(2005)、闵大洪教授《中国网络媒体20年(1994—2014)》(2016)那样视野开阔的宏观研究在原生新媒体研究中寥寥无几。米尔斯《社会学的想象力》认为"社会科学家彼此间正儿八经的区别并不是出现于那些只观察而不思考和只思考却不观察的人之间;他们的区别更与思考什么、观察什么以及——如果存在的话——思考与观察的联结是什么有关"。③ 对于原生新媒体中观视角研究的匮乏,一方面是由于重视微观的量化研究范式盛行,另一方面是由于研究对象数量庞大、种类繁多,涉及内容广,研究者观察与思考没有找到合适角度或切入点。

研究对象外延的拓展、中观研究视角的选择,给本书带来巨大压力与挑战。20世纪90年代以来,资本与互联网成为影响我国传媒生态的两大新变量,在政治、资本、互联网三大变量的相互影响下,我国原生新媒体应时而生。④ 资本与技术构成原生新媒体的两大支柱,同时也

---

① 郑永年.技术赋权:中国的互联网、国家与社会[M].北京:东方出版社,2014:125
② 吴小坤.大数据时代新闻传播学研究的重构与进路[J].南京社会科学,2016(11):94 – 102
③ [美]米尔斯.社会学的想象力:第2版[M].陈强,张永强,译.北京:生活·读书·新知三联书店出版社,2005:35
④ 张洪忠.资本影响下的中国传媒业[M].北京:北京师范大学出版社,2014:154

成为研究原生新媒体的两个重要视角。张洪忠等学者已从资本角度切入对原生新媒体做过一些研究，但资本具有极强隐蔽性，除上市公司财务报表、媒介研究机构研究报告披露的公开数据外，研究者很难拿到权威可信的数据资料。进入媒体内部进行田野调查虽然能够了解更多内幕，接触到更多数据资料，但因涉及企业商业机密等法律与研究伦理问题，许多调查所得最终难以写入论文或著作中。问卷调查、访谈等如果涉及商业性较强的内容，调查对象通常会直接拒绝或随意回答，相关研究大多停留在描述层面，根据所获得有限资料做初步分析总结。①

从创新扩散(尤其是技术创新扩散)角度切入为我国原生新媒体研究提供了另外一种可能。② 从创新扩散(尤其是技术创新扩散)角度分析原生新媒体不仅能够克服资本视角诸多局限，而且还能突破传统结构功能主义忽视技术，以至于在解释复杂新现象时越来越无力的窘境。③ 从创新扩散切入不仅仅可以看到全球化背景下国外技术、资金等对我国的深刻影响，而且可以看到这些新事物在我国演变发展及再次创新的过程，有助于将西方与中国、媒介与社会等方方面面有机结合在一起，从更宽广视野分析原生新媒体带来的深刻影响。

第三节　对原生新媒体研究的若干思考

直到现实成熟了，理想的东西才会对实在的东西显现出来，并在把握了这同一个实在世界的实体之后，才把它建成为一个理智王国的形态。

——黑格尔④

新技术、新发明推动经济增长、社会发展的同时，也常常带来种种

---

① 张洪忠.资本影响下的中国传媒业[M].北京：北京师范大学出版社，2014：154
② 郭庆光.传播学教程：第2版[M].北京：中国人民大学出版社，2011：247
③ 孙玮.从新媒介通达新传播：基于技术哲学的传播研究思考[J].暨南学报：哲学社会科学版，2016(1)：66-75
④ [德]黑格尔.法哲学原理[M].范扬，张企泰，译.北京：商务印书馆，1961：14

"破坏性"影响,以工业时代技术创新产物——铁路为例,作为一种全新的媒介在为普通人提供诸多便利、引发社会结构变化的同时,也引发疾病传播、交谈没落等问题。就原生新媒体研究而言,自20世纪90年代中叶诞生以来,经过20多年的发展演进已经"成熟",许多"理想"的东西正在逐渐显现,如何"建构理智王国"成为所有研究者必须思考的问题。

一、对原生新媒体研究对象与视角的思考

胡翼青认为我国传播学脱胎于新闻学,传播学研究因而带有浓厚的新闻学色彩。① 新媒体研究作为传播学研究的重要组成部分,早期同样带有浓厚的新闻学色彩。蒋亚平较早对我国新媒体类型做了探索,他将其归纳为传统媒体办的网站,民间网站(网站新闻频道),电信部门办的信息服务网站,政府办的网站,由政府部门、新闻单位、相关公司联办的股份制网站五种类型。②这五类新媒体中有三类与新闻直接相关,另外两类也与新闻有紧密联系。彭兰《中国网络媒体的第一个十年》将前三类视为一个整体,冠以"中国网络媒体"之名加以研究。所谓中国网络媒体,指具有一定资质、利用网络这样一种媒介从事新闻与信息传播的机构(文中有时也称其为新闻网站,包括有传统媒体背景的网站和有新闻登载资格的商业网站)。③ 虽然该书也注意到有媒体背景网站和纯商业网站的区别,但研究着眼点在于探讨两者共性而非各自特性,因此许多研究结论并不符合原生新媒体实际。以内容产品开发为例,该书局限于新闻产品的开发问题,媒体新闻网站主要内容产品是新闻和资讯,但搜狐、新浪等综合门户网站新闻只是其一个频道,文化、体育、理财、科技、娱乐等众多频道内容生产并没有纳入研究范畴。将内容产品开发局限在新闻和资讯范畴之内,不足以说明商业网站内容产品建设全貌。仅就新闻和资讯产品而言,媒体网站的新闻资讯多来源于网站的母体,部分网站甚至有采访权;而商业网站新闻资

---

① 王怡红,胡翼青.中国传播学30年[M].北京:中国大百科全书出版社,2010:9
② 蒋亚平.中国新媒体形势分析[J].中国记者,2000(10)
③ 彭兰.中国网络新媒体的第一个十年[M].北京:清华大学出版社,2005:4

讯来自于不同媒体,且不具有采访权,所以两者内容产品开发存在很多不同,该书对于这些不同之处也没有展开充分讨论。① 这种情况并非特例,而是大量存在。

随着我国学者对新媒体研究逐步走向深入,研究对象进一步细分,传播学主体色彩更加浓厚,如孙光海《体制内@中国网络媒体纪事》(2014)聚焦传统媒体新闻网站,认为盛大、携程、前程无忧等网站没有新闻,不在网络媒体序列中,属于非主流的网络公司;②而谭天《媒介平台论》(2016)则选择谷歌、脸书、百度、新浪国内外新兴媒体为研究对象,他认为这些新兴媒体涵盖新闻、娱乐、消费、人际交往等人类生活方方面面,过去通常被视为ICP互联网企业而不是媒体;宫承波《新媒体概论》(2007)从媒介技术角度出发,对新媒体的含义、种类、各类新媒体特性等进行了全面梳理与研究③。

本书认为传播的本质是人们通过各种媒介发送、接受各种信息以满足自己的生存需要。新媒体研究应着力于探索新媒体是如何满足人的生存需要,进而对人的生活乃至社会格局造成冲击与改变。从门户网站到网络游戏、电商、搜索引擎等,与人们生活紧密相关的新媒体都应该纳入其研究范畴。彭兰等学者将新媒体研究局限在新闻网站与门户网站新闻频道范畴内,没有从人的多元需求角度将更多类型的新媒体纳入研究范畴。宫承波、谭天等学者对谷歌、脸书、百度等新兴媒介的媒介特征做了大胆探索,提出新媒体不是媒体、媒介平台论等颇为新颖的观点与论述,但对新媒体、新技术背后的经济因素、政治因素等社会因素没有给予足够关注。

这些新媒体、新技术都掌握在特定传媒组织手中,比如微博背后是新浪,微信背后是腾讯,搜索引擎背后是百度、360等,当我们研究微博、微信传播效应时实际研究的是新浪微博如何产生影响,腾讯微信正在扮演者什么样角色。宫承波、谭天等学者的研究充分挖掘了这些新

---

① 彭兰.中国网络新媒体的第一个十年[M].北京:清华大学出版社,2005:238,245-246
② 孙光海.体制内@中国网络媒体纪念事[M].上海:上海三联书店,2014:2
③ 宫承波《新媒体概论》于2007年推出第1版,目前已经更新到第5版。

媒体的技术特性,但却没有充分挖掘经济因素等社会因素的作用。这些社会因素与技术因素是同时存在、密不可分的,正因如此,本书提出原生新媒体概念,而没有沿用他们提出的新兴媒体概念,目的就是要将技术因素与经济等社会因素有机结合在一起,将其作为一个整体加以研究。

今天我国已经进入一个高度媒介化的社会,原生新媒体深度嵌入人们日常生活中。我国原生新媒体发展历史轨迹如何,有怎样的特殊属性与发展规律,对国人生活产生哪些影响,对我国原有传媒结构和传统社会结构有何影响,这些都是研究者必须认真思考的问题。

二、对原生新媒体研究理论工具的思考

资本与技术是研究原生新媒体的两个重要视角,孙华坚《新媒体革命》对新媒体微笑曲线中 BAT、脸书、谷歌等占据营销、分发的有利位置,进而取得丰厚利润的分析就是一个极好例证。[①] 从资本视角展开研究,有助于厘清新媒体发展带来的经济层面影响,但无法深度揭示新媒体作为一种技术创新,其发展给人、给社会方方面面带来的深入影响,无法彰显原生新媒体作为技术革新带来的重要影响,陷入"社会建构论"(也称社会塑造论)的窠臼。[②] 正因如此,近年来许多研究正尝试从媒介技术角度对原生新媒体展开研究,如夏德元《电子媒介人的崛起:社会的媒介化及人与媒介关系的嬗变》(2011)等著作和文章从传播本意出发,从媒介与人、媒介与社会关系给新媒体研究带来全新的思路。

麦克卢汉、莱文森等媒介环境学派的著作、德布雷关于媒介的观点等在国内产生广泛影响,但诚如技术哲学家所激辩的那样,技术与社会的关系是一个古老而常新话题,过度重视社会因素会陷入社会建构论的窠臼,过度重视技术因素又可能陷入技术决定论的陷阱。如何摆脱

---

① 孙坚华. 新媒体革命[M]. 北京:电子工业出版社,2016:11-20
② 丁方舟. 社会塑造中[M]//丁方舟. 中国网络行动十年:动因、过程与影响. 北京:中国广播影视出版社,2016:131-175

社会决定论与技术决定论非此即彼的理论困境、如何在两者间求得某种平衡的成为原生新媒体研究的又一理论难题。

技术哲学领域的研究给出了许多有益的思路,有研究者提出技术决定论指向技术对社会影响的向度,社会建构论指向社会对技术影响的向度,从技术决定论到社会建构论是一个连续的观点图谱,如图9-3-1所示。①

图9-3-1　连续观点图谱

极端的技术决定论观点倾向社会完全受制于技术,技术变迁决定社会变迁;温和的技术决定论观点倾向社会受制于技术是有条件的,技术变迁不一定决定社会变迁。极端的社会建构论观点倾向技术完全受制于社会,技术没有任何的自主性;温和的社会建构论观点倾向技术在很大程度上受制于社会,技术具有一定的自主性。

技术决定论与社会建构论关系走向耦合是指在研究、分析技术与社会关系问题时,技术决定论、社会建构论各自发挥对技术与社会关系恰当的优势解释,彼此尊重对方的研究路线和方法,相互借鉴、相互促进,争论、竞争是应该的、正常的,但不是彼此指责、贬斥;相关研究对技术决定论和社会建构论两种理论同等重视,不采取重视一方、忽视一方或强调一方、贬低一方的策略,达到技术决定论与社会建构论对技术与社会关系问题研究的一种整合、融通,实现技术与社会关系解释的多面性、全面性。技术决定论与社会建构论的耦合解释,既不是技术决定论与社会建构论的折中解释,也不是技术决定论与社会建构论的折中论。

---

① 王建设.技术决定论与社会建构论关系解析[M].沈阳:东北大学出版社,2013:155-156

耦合的技术决定论与社会建构论,既不是全盘接纳技术决定论的思想,也不是全盘接纳社会建构论的思想,而是吸纳两种理论的合理思想并将其作为构成技术决定论与社会建构论耦合论的组成成分。

如何实现技术决定论与社会建构论的耦合?创新扩散理论是一个非常好的理论工具。根据罗杰斯的创新扩散理论可知,创新的扩散是一场社会变革,涉及社会的结构与功能发生改变,[①]技术创新扩散涉及"技术—社会"两个方面互动,不仅体现了技术创新重要性,而且也能够吸纳传媒经济学等传播学其他研究,实现技术决定论与社会建构论的耦合。虽然该理论一直保持着旺盛的理论生命力,罗杰斯曾先后五次更新理论内容,令人惋惜的是随着罗杰斯在21世纪初去世,该理论没有加入社会化媒体蓬勃发展带来的新元素。

三、对原生新媒体研究价值取向的思考

媒介技术研究一直存在技术乌托邦与技术敌托邦两种截然相反的价值取向或者说研究立场,研究者从不同学术立场出发,对新媒体常常给出截然相反的评价。如夏德元认为社会化媒体崛起打破了大众传播机构一统天下的局面,统治阶层、强权国家、跨国利益集团对媒体实施控制难度加大,人类有希望进入一个自由传播的新时代;[②]樊葵则认为人们在使用媒体(包括社会化媒体)过程中产生的过分依赖、认同和盲从心理状态,人与媒体关系的不断异化,由此带来种种不利影响。[③] 不仅国内如此,国外情况也非常类似,莱文森、波兹曼、尼葛洛庞帝、卡斯特等知名学者或贬或褒,常常各执一端。

媒介技术哲学研究认为技术对人类社会产生了巨大的推动力与破

---

① [美]罗杰斯.创新的扩散:第5版[M].唐兴通,郑常青,张延臣,译.北京:电子工业出版社,2016:8
② 夏德元.电子媒介人的崛起:社会媒介化及人与媒介关系的嬗变[M].上海:复旦大学出版社,2011:9
③ 樊葵.媒介崇拜论:现代人与大众媒介的异态关系[M].北京:中国传媒大学出版社,2008:10

坏力,①只谈新媒体的推动力或破坏力都难免失之偏颇,简单一分为二的讨论也不能尽如人意。技术决定论与社会决定论耦合启示我们应跳出技术乌托邦和技术敌托邦二元取向,将技术的推动力(或者说创造力)与破坏力视为一个彼此联系的有机整体,如老子所说"福兮祸之所倚,祸兮福之所伏",抑或芬伯格的媒介理论,创造与破坏同时共存,而不是非此即彼。

原生新媒体带来的新气象、新变化,不断改变着人们的信息消费习惯,不断重塑着传媒结构乃至社会管理模式,这个过程是一个不断创造的过程,也是一个不断破坏的过程,这个过程可能是一个向前推动的过程,也可能是走向歧途的过程。如何描述创新扩散带来的这种机遇与挑战?

熊彼特创造性破坏概念可以从两个层面解读:从性质看,技术创新产生的创造性破坏在带来好处的同时损失也如影相随,创新在推动社会发展的同时也会付出相应的代价,两者是一个有机体,不同社会、不同人对于得失的评判不尽相同;从内容看,技术创新引发的创造性破坏可能导致新事物完全取代旧事物,也可能导致新旧事物彼此共存甚至形成融合发展、相互依赖的新格局。引入熊彼特"创造性破坏"概念,并加以适当引申发展,希望借助这一概念表达技术创新驱动下的原生新媒体影响的复杂性。

以百度为例,高度搜索的出现为人们获取所需信息提供了极大便利,大大减少了人们的信息检索时间。随着百度文库、百度知道、百度贴吧、百度翻译、百度地图等系列新产品的推出,百度为国人提供了越来越多的信息服务,人们获取简单知识可以不再翻阅书籍,查找单词可以不再借助纸质或电子词典,去某省某个地方不再需要找人打探或者翻阅地图……我们正在享受着越来越多的便利,以往的许多习惯正在慢慢被改变。

百度作为一个媒体平台,盈利是存在的根本目的,提供各类免费服务是手段,人们在享受各种便利的同时也在无偿贡献着各类信息,面临

---

① 王建设.技术决定论与社会建构论关系解析[M].沈阳:东北大学出版社,2013:1

着各种各样的风险与损失。"魏则西事件"告诉人们百度竞价排名的可怕、百度翻译存在的错误、百度地图诱导人们多走的弯路等,这些是我们在每一次搜索、每一次使用百度相关产品时都必须面对的。

四、对原生新媒体研究跨学科方法的思考

邓正来认为学术研究不但要关注理论的细节与结论,更要关注理论研究的方法。① 我国学界从资本角度对原生新媒体的研究还很薄弱,有限的研究以田野调查、问卷调查等量化研究方法为主。目前我国原生新媒体资本研究远滞后于原生新媒体发展实践,并非因为原生新媒体资本研究不重要,而是由于现有研究方法存在获取合法数据资料困难、研究可能触及法律和伦理问题等诸多困难。

张洪忠长期关注我国原生新媒体资本研究,其《资本影响下的中国传媒业》(2014)一书在国家社科基金支持下采用走访调研方式耗时数年完成,但最终只完成为数不多的案例访谈。这主要是由于研究采用的田野调查、深度访谈方法一旦涉及商业机密,不仅自身面临法律和伦理问题,也会遭遇调查对象回避或抵触。国外相关研究也面临同样问题,加拿大卡尔顿大学 Dwane Winseck 教授 2016 年 11 月在复旦大学讲座中谈到这一问题时,介绍了国外学者的解决办法通常是购买机构研究报告,如他本人 2016 年成功申请资助后花费 6 万加元(约 30 万元人民币)购买研究报告用于课题研究,不仅可从中引用大量数据资料,而且能够规避法律和伦理陷阱。② 国内也有研究机构提供类似报告,比如"艾瑞咨询"既提供免费研究报告,也提供付费研究报告,价格从 1 万元到 3 万元不等。

对普通研究者而言,上述研究方法虽然切实可能但成本过高,如何在有限资金范围内完成研究? 跨学科的混合研究方法是一条切实可行的研究路径。从传播学、哲学、经济学、社会学等多种视角切入,采用跨

---

① 邓正来.法学研究中的学术传统、学术批判、问题意识与学术研究的层面[J].厦门大学法律评论,2007(7)

② Dwane Winseck 教授那次讲座,笔者全程旁听。

学科的研究方法对"原生新媒体"展开研究,扬长避短,充分发挥不同研究视角与方法的优势,能够帮助研究者更好地获取研究所需材料,更好地推进自己的研究。

五、对原生新媒体研究学术脉络的思考

我国商业化运营的"新媒体"可以追溯到19世纪。19世纪初西方商人跟随传教士的步伐来到中国,他们在广州、香港、澳门等地创办的《广州记录报》(1827)、《香港船头货价纸》(1857)等报刊可视为我国商业报刊的滥觞。[1] 1873年艾小梅创办的《昭文新版》(汉字木刻、手工白鹿纸印刷)不仅是国人创办的第一份中文报刊,同时也开启近代商业化报刊先河,在某种意义上也是我国原生"新媒体"的滥觞。

1884年上海机器造纸局投产,我国开始自行生产现代纸张,但之后20多年由于缺乏商业资本的支持,我国造纸业发展缓慢,直到20世纪20年代才得以快速发展。[2] 与造纸技术扩散几乎同步,现代铅印技术也开始传入我国,当时大报纸通常采用铅印,小报则采用价格较为低廉的石印。[3] 廉价纸张和机器印刷大大降低了报纸的发行成本,经过清末孕育、发展期后,20世纪20年代民营商业报刊进入了繁荣发展期。[4]《申报》一类实力雄厚的私营商业报刊更是直接从美国购买印报机、纸板机、铜板机等设备,屯买国外进口纸张,[5] 力求为读者提供价廉物美的报纸。其后商业报刊曾经繁盛一时,仅上海一地在半个多世纪里,出版报纸多达1786种(小报1266种),[6] 商业报刊占据绝对主体。

---

[1] 许正林.中国新闻史[M].上海:上海交通大学出版社,2008:117-118
[2] 上海社会科学院经济研究所轻工业发展战略研究中心.中国近代造纸工业史[M].上海:上海社会科学院出版社,1989:50-54
[3] 贵州省地方志编纂委员会.贵州省志·报纸志[M].贵阳:贵州人民出版社,2003:330
[4] 李昕言.近现代民营商业报刊的发展轨迹[J].青年记者,2010(11)中:79-80
[5] 邱志华.裂缝与夹缝:中国近代企业家的生存智慧[M].上海:立信会计出版社,1996:233-236
[6] 剑箫,祝均宙.旧上海的小报世界[EB/OL].[2020-04-05].http://shshzx.eastday.com/node2/node4810/node4851/node4864/u1ai58923.html

1926年刘翰主持建成我国第一座广播电台,标志着国人自办广播由此肇始。20世纪20年代末到30年代初,国内涌现出一批商业化民营广播电台,其中半数集中在上海,天津次之。上海商业化民营广播出现较早,设在上海南京路新新公司6楼的新新广播(1927)主要播放各类商品信息,亚美无线电公司自办的亚美广播(1929)则主打学术与娱乐内容,元昌广告公司创办的元昌广播(1932)内容以教育及知识讲座为主。天津商业化民营广播集中出现在20世纪30年代,仁昌绸缎庄创办的仁昌广播部电台(1934)播发唱片、商业介绍乃至相声等节目,每天播放曲艺节目的时间超过10小时,①东方贸易工程公司的东方广播电台(1935)播放内容包含唱片、股票金融行市、音乐作品、曲艺节目等。虽然我国商业化"新媒体"虽然也有过《申报》《大公报》等少数成功个案,但大多发展坎坷。据统计,建国初期我国仅存私营商业报纸55家,私营广播电台34座。经过近四年时间的思想改造、人事调整、产权更迭、新闻规范转换等,②1953年底私营商业媒体全部转为国营媒体,③商业化"新媒体"由此走入历史。

1992年8月30日,央视《新闻联播》按照惯例提前播发了《人民日报》题为"一切为了改革开放"的社论,但《人民日报》第二天正式刊发的社论中"在改革开放中一定要问姓'社'姓'资'"一句却被删去了。这句话的去留背后释放出一个重要信号,关于姓"社"姓"资"历时两年多的争论和探讨终于有了眉目。④ 同年10月12日至18日召开的中国共产党第十四次全国代表大会正式明确提出我国经济体制改革的目标是建立社会主义市场经济体制,从1992年底到1993年下半年,中共中央和国务院先后又召开了一系列会议,以落实党的十四大精神。

---

① 赵玉明,艾红红,刘书峰.新修地方志早期广播史料汇编[M].北京:中国广播影视出版社,2016:58-61,379-381
② 贺碧霄.新闻范式更替:从民间报人到党的干部——以上海私营报业改造为中心的考察(1949—1952)[D].上海:复旦大学,2011:40-96
③ 吴廷俊.中国新闻事业史新修[M].上海:复旦大学出版社,2013:394-397
④ 孙文晔.十四大首提社会主义市场经济[EB/OL]. http://dangshi.people.com.cn/GB/15017568.html

由计划经济体制向市场经济体制转变,实现了改革开放的历史性突破,开创了中国经济、政治和文化发展的新局面。①

随着社会主义市场经济体制的建立,20世纪90年代中期以后民营资本、国际资本、国有资本等业外商业资本开始进入传统媒体和新兴的互联网媒体。②1997年搜狐、网易、四方利通(新浪前身)等一批互联网门户的前身开始出现在大众视野,面向大众提供互联网应用服务,迎来了互联网商业化元年。③次年这些新兴互联网公司纷纷转型为门户网站,打破了1953年代以来形成的党媒垄断格局,商业化运作新媒体再次走入国人日常生活。

我国传媒发展大致呈现出两条清晰的脉络:一是传统传媒以直接或间接方式全面与互联网对接,如数字出版、数字广播、IPTV等传统媒体的数字化转型,以及媒介融合、新闻门户网站、微信公众号、新闻客户端等新媒体尝试;二是缘于互联网的私营商业媒体从门户网站到社会化媒体,从信息传播到电子商务、网络游戏等,不断拓展疆域,开辟新的传播领域,④经过20多年的发展,目前腾讯等商业新媒体公司、阿里等原生新媒体公司每年收入超过1000亿元,市值超过2000亿元。⑤

现有的原生新媒体(甚至新媒体)历史研究多以数字技术为限,聚焦20世纪90年代以来新媒体(形态)的发展演变,割裂了20世纪以来资本与技术驱动下各类商业化公司主导的报纸、广播等"新媒体"与原生新媒体之间的学术连接,上海的商业小报内容繁杂,各种商业化广播更不以"新闻"为主业,它们的出现在当时也曾经引发过革命性的影响,在许多地方与今天的原生新媒体有许多相似之处,只不过时间太过久远,很多研究者没有充分关注这类"新媒体"在当时历史语境下的重

---

① 王涛.党的十四大:建立社会主义市场经济体制[N].宁夏日报,2015-05-13
② 张洪忠.资本影响下的中国传媒业[M].北京:北京师范大学出版社,2014:1-2
③ 国家互联网信息办公室,北京市互联网信息办公室.中国互联网20年:网络大事记篇[M].北京:电子工业出版社,2014:41-47
④ 杜骏飞.弥漫的传播[M].北京:中国社会科学出版社,2002:35
⑤ 2500亿+750亿 VS 2900亿:马云和马化腾的王者对决[EB/OL].http://www.sanwen.net/mp/phsitif.html

要意义,原生新媒体研究被人为地割断了与历史的连接。如能以资本与技术创新扩散为线索,将原生新媒体历史书写置于20世纪以来商业公司主导的我国"新媒体"演进发展历史之中,有利于从更开阔历史视野、更深入的层次认知原生新媒体。

六、对原生新媒体研究的遗珠之憾

方汉奇先生主张新闻传播史研究应该"多打深井、多做个案研究",加大资料搜集工作,力求能够有新的发现与突破,①代表当前史学研究潮流。宏观史因体系庞大、书写非常困难逐渐被冷落,贴近生活、具体细致的微观史研究正成为国内外史学研究主流。② 虽然微观史研究能与宏大历史间形成互补关系,但也推动史学研究的碎化进程。③ 杨国斌认为倡导"小题大做"的微观史研究虽然做得细、做得深,但许多时候没有特别重大的社会意义,中观史(mid-picture)研究正逐渐受到学界重视。④

现有新媒体史研究多遵循新闻学(新闻史)研究范式,如彭兰《中国网络媒体的第一个十年》(2005)、国家互联网信息办公室《中国互联网20年:网络媒体篇》(2014)、闵大洪《中国网络媒体20年(1994—2014)》(2016)聚焦数字化传统媒体与门户网站新闻业务,虽有极高史料价值与新闻学意义,但重"新闻"轻"传播"、重"史料"轻"理论"、重梳理"是什么"轻研究"为什么"和"怎么样"。虽然能够呈现数字化传统媒体与门户网站新闻业务发展演化过程,但研究对象与研究内容有一定局限、研究方法囿于史料整理,没有呈现新媒体作为新的社会结构性元素给普通民众日常生活带来的广泛而深刻影响。

原生新媒体作为互联网应用的重要组成部分,其发展进化的历史

---

① 方汉奇,曹立新.多打深井多作个案研究——与方汉奇教授谈新闻史研究[J].新闻大学,2007(3)
② 俞金尧.微观史研究:以小见大[J].史学理论研究,1999(1)
③ 俞金尧.微观史研究与史学的碎化[J].历史教学,2011(12)
④ 吴世文.互联网历史学的前沿问题、理论面向与研究路径——宾夕法尼亚大学杨国斌教授访谈[J].国际新闻界,2018(8)

在某种程度就是一部我国互联网发展的历史。本书聚焦原生新媒体演进及影响,尝试从中观史角度对原生新媒体展开较为系统的研究,但在写作中还是留下许多遗憾。从理论角度看,中观史兼具宏观史整体性考察与微观史具体分析两大优点,但相较于"打深井"个案研究,原生新媒体史研究涉及面广,很多内容无法做到个案研究那样深度挖掘。以微型研究为例,微信从1.0版升级到7.0版(最新版本为7.0.3),其间经历几十次升级、每一次升级都有一些新特征,但就"传播"而言,有意义的仅有"添加附件的人""朋友圈""微信红包"等几次重要升级,其他升级并未带来根本性影响,相关文章与书籍对于微信版本升级已有较为详细梳理,①本书没有再做重复性梳理,因此相较于专题研究中研究微信版本的《微信八年:从1.0到7.0版本,一个通信工具的进化史》等专文,或内容涉及微信版本升级《在孤独中醒来:微信之父张小龙》等书籍,显得史料有些单薄。相较于《中国互联网20年》等宏观史研究,原生新媒体历史书写强调技术创新对社会的影响,重点围绕普通人日常生活中的"使用"活动展开,视野显得不够开阔、不够多元。

  黄旦在提出新报刊史书写范式时指出,新报刊史的书写不是要颠覆,而是要创新、要补充。原生新媒体演进的书写依托于互联网史、网络媒体史,以及各类新媒体研究,从中汲取养分与材料,不是要颠覆以往研究,而是要揭示一种新的视角,做已有研究补充。

---

① 吉拥泽.在孤独中醒来:微信之父张小龙[M].武汉:华中科技大学出版社,2018;微信八年:从1.0到7.0版本,一个通信工具的进化史[EB/OL].[2019-01-01].https://www.ifanr.com/1155523

参 考 文 献

一、中文专著

[1] 安娜.日新月异的信息科学[M].北京:北京工业大学出版社,2012

[2] 白利鹏.历史复杂性的观念[M].北京:中国社会科学出版社,2009

[3] 北京市信息化工作办公室.信息技术与电子政务[M].北京:清华大学出版社,2001

[4] 毕克允.微电子技术:信息装备的精灵[M].北京:国防工业出版社,2000

[5] 卞冬磊.古典心灵的现实转向[M].北京:社会科学文献出版社,2015

[6] 曾静平.广电网站产业[M].北京:北京邮电大学出版社,2014

[7] 常建华.新时期中国社会史研究概述[M].天津:天津古籍出版社,2009

[8] 陈更生,洪韵珊,冯良勤,等.后冷战时代的世界[M].成都:四川人民出版社,1996

[9] 陈静茜.表演的狂欢:网络社会的个体自我呈现与交往行为[M].北京:北京交通大学出版社,2014

[10] 陈彤.新浪之道[M].福州:福建人民出版社,2005

[11] 陈嬿如.新闻是匆忙中写就的历史[M].上海:上海交通大学出版社,2017

[12] 崔丕.美国的冷战战略与巴黎统筹委员会、中国委员会(1945—1994)[M].长春:东北师范大学出版社,2000

[13] 《当代北京工业丛书》编辑部.当代北京电子计算机[M].北京:北京日报出版社,1989

[14] 《当代中国》丛书编辑部.当代中国电子工业[M].北京:中国社会科学出版社,1987

[15] 邓为.失衡与再平衡:中国新闻网站上市现象研究[M].北京:人民出版社,2017

[16] 丁方舟.中国网络行动十年[M].北京:中国广播影视出版社,2016

[17] 丁西坡.百度那些人和事[M].北京:中国人民大学出版社,2009

[18] 丁玉兰,程国萍.人因工程学[M].北京:北京理工大学出版社,2013

[19] 董国用.没有不可能——并不陌生的张朝阳[M].北京:中信出版社,2011
[20] 董建明.人机交互:以用户为中心的设计和评估[M].北京:清华大学出版社,2003
[21] 杜骏飞.弥漫的传播[M].北京:中国社会科学出版社,2002
[22] 段联合,曹胜斌.科学技术哲学教程[M].北京:科学出版社,2003
[23] 樊葵.媒介崇拜论[M].北京:中国传媒大学出版社,2008
[24] 范卫锋.新媒体十讲[M].北京:中信出版社,2015
[25] 方兴东,刘伟.阿里巴巴正传[M].南京:江苏凤凰文艺出版社,2015
[26] 方兴东,王俊秀.博客——e时代的盗火者[M].北京:中国方正出版社,2003
[27] 冯尔康.中国社会史研究[M].天津:天津人民出版社,2010
[28] 傅畅梅.伯格曼技术哲学思想探究[M].沈阳:东北大学出版社,2010
[29] 庚寅.人脑:自然界最伟大的奇迹[M].石家庄:河北科学技术出版社,2012
[30] 工业和信息化部软件与集成电路促进中心.中国集成电路黄金十年[M].北京:电子工业出版社,2011
[31] 宫承波.新媒体概论:第4版[M].北京:中国广播电视出版社,2012
[32] 郭良.网络创世纪——从阿帕网到互联网[M].北京:中国人民大学出版社,1998
[33] 郭平欣.中国计算机工业概览[M].北京:电子工业出版社,1985
[34] 国家互联网信息办公室,北京市互联网信息办公室.中国互联网20年·网络大事记[M].北京:电子工业出版社,2014
[35] 何华征.新媒体时代人的生存问题的现代性解读[M].北京:中国文史出版社,2016
[36] 何西.雅虎创世纪[M].北京:当代世界出版社,1999
[37] 胡春阳.寂静的喧嚣 永恒的联系:手机传播与人际互动[M].上海:上海三联书店,2012
[38] 胡守仁.计算机技术发展史(一)[M].长沙:国防科学技术大学出版社,2006
[39] 黄河.手机媒体商业模式研究[M].北京:中国传媒大学出版社,2011
[40] 吉拥泽.在孤独中醒来:微信之父张小龙[M].武汉:华中科技大学出版社,2018
[41] 贾玢,赵志运.信息社会[M].呼和浩特:内蒙古教育出版社,2004
[42] 姜奇平,刘韧.知本家风暴:中国新知识分子宣言[M].北京:中国友谊出版公司,1999
[43] 蒋林涛.多媒体通信网[M].北京:人民邮电出版社,1998

[44] 景俊海.硅谷模式的发展、模仿与创新[M].西安:西安电子科技大学出版社,2001
[45] 匡文波.手机媒体:新媒体中的新革命[M].北京:华夏出版社,2010
[46] 莱文森.手机:挡不住的呼唤[M].何道宽,译.北京:清华大学出版社,2004
[47] 李彬.中国新闻社会史(1815—2005)[M].上海:上海交通大学出版社,2007
[48] 李建会,符征.计算主义:一种新的世界观[M].北京:中国社会科学出版社,2012
[49] 李建会,赵小军.计算主义及其理论难题研究[M].北京:中国社会科学出版社,2016
[50] 李开复.微博:改变一切[M].上海:上海财经大学出版社,2011
[51] 李良忠.网易玩主丁磊[M].北京:经济日报出版社,2008
[52] 李苗.新网民的赛博空间[M].北京:经济日报出版社,2015
[53] 李卫东.网络与新媒体应用模式[M].北京:高等教育出版社,2015
[54] 李彦宏.硅谷商战[M].北京:清华大学出版社,1999
[55] 梁波,陈凡,包国光.科学技术社会史——帝国主义研究视阈中的科学技术[M].沈阳:辽宁科学技术出版社,2008
[56] 梁晓涛,汪文斌.搜索[M].武汉:武汉大学出版社,2013
[57] 梁晓涛.微博[M].武汉:武汉大学出版社,2013
[58] 林军.沸腾十五年:中国互联网(1995—2009)[M].北京:中信出版社,2009
[59] 刘二灿.信息化建设与社会发展[M].长春:吉林科学技术出版社,2006
[60] 刘锋.互联网进化论[M].北京:清华大学出版社,2012
[61] 刘少文.1872—2008:中国的媒介嬗变与日常生活[M].北京:中国社会科学出版社,2010
[62] 刘益东,李根群.中国计算机产业发展之研究[M].济南:山东教育出版社,2005
[63] 刘寅.当代中国的电子工业[M].北京:中国社会科学出版社,1987
[64] 刘英杰.作为意识形态的科学技术[M].北京:商务印书馆,2011
[65] 吕锡生.历史认识的理论与方法[M].南京:南京出版社,1990
[66] 马费成.信息经济学[M].武汉:武汉大学出版社,2012
[67] 马涛.中国报业数字化30年[M].北京:中国传媒大学出版社,2014
[68] 闵大洪.中国网络媒体20年(1994—2014)[M].北京:电子工业出版社,2016
[69] 庞慧萍.信息检索与利用[M].北京:北京理工大学出版社,2017
[70] 庞卓恒.西方新史学述评[M].北京:高等教育出版社,1992

[71] 逄锦聚.政治经济学:第5版[M].北京:高等教育出版社,2014
[72] 彭兰.社会化媒体:理论与实践解析[M].北京:中国人民大学出版社,2015
[73] 彭兰.新媒体导论[M].北京:高等教育出版社,2016
[74] 彭兰.中国网络媒体的第一个十年[M].北京:清华大学出版社,2005
[75] 强荧,吕鹏.新闻与传播学国际理论前沿[M].上海:上海社会科学院出版社,2017
[76] 秦福祥.上海电子仪表工业志[M].上海:上海社会科学院出版社,1999
[77] 上海市仪表电讯工业局,《当代上海电子工业》编辑部.当代电子工业[M].上海:上海人民出版社,1988
[78] 上海市仪表电讯工业局,等.上海经济区工业概貌[M].上海:学林出版社,1986
[79] 沈祖恩.中国计算机概览[G].北京:华北计算技术研究所情报软科学研究室,1990
[80] 司占军.新媒体技术[M].北京:高等教育出版社,2017
[81] 搜狐IT频道.搜狐IT史记[M].北京:世界图书出版公司,2006
[82] 孙光海.体制内@中国网络媒体纪事[M].上海:上海三联书店,2014
[83] 孙坚华.新媒体革命:为什么传统媒体屡战不胜[M].北京:电子工业出版社,2016
[84] 孙藜.晚清电报及其传播观念(1860—1911)[M].上海:上海书店出版社,2007
[85] 孙燕君.报业中国数字化30年[M].北京:中国三峡出版社,2002
[86] 孙翌.IM即时通信技术在图书馆中的应用[M].上海:上海交通大学出版社,2010
[87] 孙翌.学科化服务技术与应用[M].上海:上海交通大学出版社,2013
[88] 谭慧.张培刚经济论文选集(下卷)[M].长沙:湖南出版社,1992
[89] 谭天.媒介平台论[M].北京:中国人民大学出版社,2016
[90] 唐飞.IT企业竞争战略研究[M].北京:中国政法大学出版社,2013
[91] 腾讯传媒研究院.众媒时代[M].北京:中信出版社,2016
[92] 天宇.搜索张朝阳[M].北京:世界知识出版社,2006
[93] 童兵.新闻传播学大辞典[Z].北京:中国大百科全书出版社,2014
[94] 汪怀君.符号消费伦理研究[M].济南:山东人民出版社,2016
[95] 王宏,陈小申.数字技术与新媒体传播[M].北京:中国传媒大学出版社,2010
[96] 王荔.从结绳记事到比特:人类心灵的表达[M].上海:同济大学出版社,2017

[97] 王华英.芬伯格技术批判理论的深度解读[M].上海:上海交通大学出版社,2012

[98] 王卉.商业化背景下的新闻伦理[M].上海:上海三联书店,2015

[99] 王荔.从结绳记事到比特:人类心灵的表达[M].上海:同济大学出版社,2017

[100] 王淑华.互联网的公共性[M].北京:社会科学文献出版社,2014

[101] 王松,王洁.移动互联网时代的新媒体概论[M].上海:上海交通大学出版社,2018

[102] 王巍.隐式人机交互[M].西安:西安电子科技大学出版社,2015

[103] 王怡红,胡翼青.中国传播学30年[M].北京:中国大百科全书出版社,2010

[104] 王永顺,沈炯.战略性新兴产业[M].南京:东南大学出版社,2012

[105] 王中生.新媒体技术与应用[M].北京:清华大学出版社,2017

[106] 王子恺.北京有线电厂[M].北京:当代中国出版社,1994

[107] 吴军.浪潮之巅(上):第3版[M].北京:人民邮电出版社,2016

[108] 吴舜龄.中国的信息产业[M].北京:北京出版社,1994

[109] 吴小坤,吴信训.美国新媒体产业:修订版[M].北京:中国国际广播出版社,2012

[100] 武春友.技术创新扩散[M].北京:化学工业出版社,1997

[101] 夏德元.电子媒介人的崛起[M].上海:复旦大学出版社,2011

[102] 夏德元.传播的焦虑[M].上海:上海科学技术出版社,2016

[103] 夏维奇.晚清电报建设与社会变迁[M].北京:人民出版社,2012

[104] 肖峰.人文语境中的技术[M].北京:中国社会科学出版社,2011

[105] 肖生福.公共性视角下的大众传媒与公共政策研究[M].北京:中国社会科学出版社,2013

[106] 徐正,夏德元.突发公共事件与微博治理研究[M].杭州:浙江大学出版社,2014

[107] 徐祖哲.溯源中国计算机[M].北京:生活·读书·新知三联书店,2015

[108] 薛可.新媒体:传播新生态建构[M].上海:上海交通大学出版社,2017

[109] 阳光.新浪模式[M].沈阳:辽宁人民出版社,2000

[110] 杨伯溆.因特网与社会[M].武汉:华中科技大学出版社,2002

[111] 杨吉,张解放.在线革命:网络空间的表达权利与正义实现[M].北京:清华大学出版社,2013

[112] 叶连松,董云鹏,罗勇.中国特色工业化[M].石家庄:河北人民出版社,2005

[113] 易兰.兰克史学研究[M].上海:复旦大学出版社,2006

[114] 易庆召.大学生的休闲时光:上网·旅游·娱情[M].武汉:武汉大学出版社,2006

[115] 于雷霆.微信公众号营销实战[M].北京:北京理工大学出版社,2016

[116] 余红.网络时政论坛舆论领袖研究:以强国社区"中日论坛"为例[M].武汉:华中科技大学出版社,2010

[117] 余文森.教育博客:教师专业成长的航程[M].福州:福建教育出版社,2007

[118] 岳剑波.信息环境论[M].北京:书目文献出版社,1996

[119] 云晓光.电脑金童:比尔·盖茨[M].上海:上海人民出版社,1997

[120] 张骋.传媒本体论:新媒体时代的理论转向.[M].北京:中国社会科学出版社,2016

[121] 张传玲,王洛国.电子商务技术[M].北京:中国经济出版社,2008

[122] 张春柏,姚芳.苏联技术向中国的转移[M].济南:山东教育出版社,2005

[123] 张洪忠.资本影响下的中国传媒业[M].北京:北京师范大学出版社,2014

[124] 张俊林.这就是搜索引擎:核心技术详解[M].北京:电子工业出版社,2012

[125] 张涛甫.大时代的旁白[M].上海:复旦大学出版社,2013

[126] 张向宏.互联网新技术在媒体传播中的应用[M].北京:清华大学出版社,2010

[127] 张燕.Web2.0时代的网络民意表达与限制[M].上海:复旦大学出版社,2014

[128] 张咏华.媒介分析:传播技术神话的解读[M].上海:复旦大学出版社,2002

[129] 张志伟.YAHOO!雅虎称霸互联网精彩传奇[M].北京:生活·读书·新知三联书店,2000

[130] 章群,冯晖.全球互联网络使用指南[M].北京:中国铁道出版社,1996

[131] 赵维双.技术创新扩散的环境与机制[M].北京:社会科学出版社,2007

[132] 郑永年.技术赋权:中国的互联网、国家与社会[M].北京:东方出版社,2014

[133] 《中国集成电路大全》编委会.超级微型计算机集成电路[M].北京:国防工业出版社,1995

[134] 《中国计算机工业概览》编委会.中国计算机工业概览[M].北京:电子工业出版社,1985:153

[135] 钟春平.创造性破坏及其动态效应研究[M].北京:北京大学出版社,2016

[136] 钟以谦.媒介传播理论[M].北京:中国传媒大学出版社,2017

[137] 周志平.微博舆论影响力研究——基于突发公共事件视域[M].杭州:浙江

工商大学出版社,2013

[138] 朱海松,李晓程.微博微信政务[M].广州:南方日报出版社,2016

[139] 朱清河.大众传媒公共性研究[M].北京:中国人民大学出版社,2017

[140] 朱艳婷,丁当.微信来了[M].北京:北京理工大学出版社,2014

二、中文译作

[1] 埃利亚斯.文明的进程I[M].袁志英,译.北京:生活·读书·新知三联书店,1998

[2] 艾伦.媒介、风险与科学[M].陈开和,译.北京:北京大学出版社,2014

[3] 芬伯格.技术批判理论[M].韩连庆,译.北京:北京大学出版社,2005

[4] 安德森.约瑟夫·熊彼特[M].苏军,译.北京:华夏出版社,2013

[5] 巴勒克拉夫.当代史学主要趋势[M].杨豫,译.上海:上海译文出版社,1987

[6] 贝尔.后工业社会的来临:对社会预测的一种探索[M].高铦,王宏周,魏章玲,译.北京:新华出版社,1997

[7] 仓乔重史.技术社会学[M].王秋菊,译.沈阳:辽宁人民出版社,2008

[8] 道蒂.电信技术入门[M].马震晗,等译.北京:机械工业出版社,2001

[9] 德布雷.媒介宣言学[M].黄柳春,译.南京:南京大学出版社,2016

[10] 凡登伯格.生活在技术迷宫中[M].尹文娟,陈凡,译.沈阳:辽宁人民出版社,2015

[11] 芬伯格.技术批判理论[M].韩连庆,曹观法,译.北京:北京大学出版社,2005

[12] 弗赖伯格.硅谷之火:个人计算机的故事[M].郑德芳,等译.北京:中国对外翻译出版公司,1985

[13] 福柯.知识考古学[M].谢强,马月,译.北京:生活·读书·新知三联书店,2003

[14] 福斯特.创造性破坏[M].唐锦超,译.北京:中国人民大学出版社,2007

[15] 冈特利特.网络研究:数字化时代媒介研究的重新定向[C].彭兰,等译.北京:新华出版社,2004

[16] 海德格尔.演讲与论文集[C].孙周兴,译.北京:生活·读书·新知三联书店,2005

[17] 黑格尔.法哲学原理[M].范扬,张企泰,译.北京:商务印书馆,1961

[18] 黑格尔.精神现象学(上卷)[M].贺麟,王玖兴,译.商务印书馆,1983

[19] 吉布森.神经漫游者[M].姚向辉,译.南京:江苏文艺出版社,2013

[20] 加丰凯尔.Web安全与电子商务[M].何建辉,译.北京:中国电力出版

社,2001

[21] 卡尔.玻璃笼子:自动化时代和我们的未来[M].杨柳,译.北京:中信出版社,2015

[22] 卡尔.浅薄:互联网如何毒害我们的大脑[M].刘纯毅,译.北京:中信出版社,2015

[23] 卡尔.浅薄:你是互联网的奴隶还是主宰者:第2版[M].刘纯毅,译.北京:中信出版社,2015

[24] 卡斯特.千年终结[M].夏铸九,译.北京:社会科学文献出版社,2006

[25] 卡斯特.网络社会的崛起:第3版[M].夏铸九,王志弘,译.北京:社会科学文献出版社,2006

[26] 克莱默尔.传媒、计算机、实在性[M].孙和平,译.北京:中国社会科学出版社,2008

[27] 克里斯塔斯基.大连接:社会网络是如何形成的以及对人类现实行为的影响[M].简学,译.北京:中国人民大学出版社,2012

[28] 莱文森.新新媒介:第2版[M].何道宽,译.上海:复旦大学出版社,2014

[29] 李特约翰.人类传播理论:第9版[M].史安彬,译.北京:清华大学出版社,2008

[30] 罗杰斯.创新的扩散:第5版[M].唐兴通,郑常青,张延,译.北京:电子工业出版社,2016

[31] 洛根.理解新媒介[M].何道宽,译.上海:复旦大学出版社,2012

[32] 马科夫.睡鼠说:个人电脑之迷幻往事[M].黄园园,译.北京:电子工业出版社,2015

[33] 马龙.万物守护者:记忆的历史[M].程微,苑杰,译.重庆:重庆出版社,2017:56

[34] 梅耶.创新增长:硅谷的启示[M].梁淑玲,译.长春:吉林人民出版社,1999

[35] 米尔斯.社会学的想象力:第2版[M].陈强,张永强,译.北京:生活·读书·新知三联书店,2005

[36] 诺依曼.计算机与大脑[M].甘子玉,译.北京:商务印书馆,2011

[37] 皮特.技术思考:技术哲学的基础:第2版[M].马瑞会,陈凡,译.沈阳:辽宁人民出版社,2012

[38] 舍尔佛.熊彼特传[M].刘斌,黄莎莉,译.北京:机械工业出版社,2010

[39] 舒德森.发掘新闻:美国报业的社会史[M].陈昌凤,常江,译.北京:北京大学出版社,2009

[40] 水越伸.数字媒介社会[M].冉华,于小川,译.武汉:武汉大学出版社,2009

[41] 斯特林.媒介即生活[M].王家全,崔元磊,译.北京:中国人民大学出版社,2014

[42] 唐・伊德.技术与生活世界[M].韩连庆,译.北京:北京大学出版社,2002

[43] 特纳.普通人与媒介:民众化转向[M].许静,译.北京:北京大学出版社,2011

[44] 希弗尔布施.铁道之旅:19世纪空间与时间的工业化[M].金毅,译.上海:上海人民出版社,2018

[45] 席勒.大众传播与美利坚帝国[M].刘晓红,译.上海:上海译文出版社,2006

[46] 席勒.新兴资本主义的兴起与扩张:网络与尼克松时代[M].王维佳,译.北京:北京大学出版社,2018

[47] 延森.媒介融合:网络传播、大众传播和人际传播的三重维度[M].刘君,译.上海:复旦大学出版社,2012

三、中文论文

[1] 陈红兵,马兆俐.解析"敌托邦"[J].东北大学学报:社会科学版,2004(5)

[2] 陈凯,刘柏煊.美国社区报:近五年里的"创造性破坏"[J].新闻记者,2015(5)

[3] 陈禹安.UGC语境下传统媒体的被渠道化[J].新闻实践,2010(5)

[4] 程青.个人电脑在中国[J].瞭望周刊,1993(2)

[5] 邓线平.消费社会与技术创新主体建设[J].科学技术与辩证法,2004(6)

[6] 电子技术推广应用研究所.微型计算机应用展望[J].电子技术应用,1997(2)

[7] 杜骏飞.泛传播的观念[J].新闻与传播研究,2001(4)

[8] 段昌林.浅谈国内BBS论坛的现状、发展与管理[J].电脑迷,2018(6)

[9] 方汉奇,曹立新.多打深井多作个案研究——与方汉奇教授谈新闻史研究[J].新闻大学,2007(3)

[10] 冯尔康.开展社会史研究[J].历史研究,1987(1)

[11] 冯义昆.试论电脑与人脑的关系[J].延边大学学报:哲学社会科学版,1980(2)

[12] 付松聚,周立顺.传统媒体网站与商业网站之比较——以人民网和新浪网为样本[J].青年记者,2007(2)

[13] 耿庆鹏.创新扩散理论在3G新业务预测中的应用[J].邮电设计技术,2007(1)

［14］郭建斌.民族志方法:一种值得提倡的传播学研究方法[J].新闻大学,2003(3)

［15］韩连庆.超越乌托邦与敌托邦[J].自然辩证法通讯,2005(5)

［16］行龙.走向田野与社会:社会史研究的追求与实践[J].读书,2012(9)

［17］郝雨,李晶.品牌商业化新媒体的社会责任论[J].新闻爱好者,2017(10)

［18］郝雨,李晶.商业化新媒体平台:如何强化自律意识、履行社会责任[J].中国记者,2017(8)

［19］何华征.论"新媒体"概念的基本内涵[J].武汉科技大学学报:社会科学版,2016(1)

［20］胡菡菡."反学科"的传播学:告别"范式"想象,回归研究问题——从对两篇优秀硕士论文的学术论争谈起[J].新闻记者,2017(1)

［21］胡翼青.为媒介技术决定论正名:兼论传播思想史的新视角[J].现代传播(中国传媒大学学报),2017(1)

［22］黄楚新,王丹合.微信公众号现状、类型及发展趋势[J].新闻与写作,2015(7)

［23］黄楚新."互联网+"背景下的新机遇:传统媒体电商化[J].传媒,2015(16)

［24］黄旦,王辰瑶.如何重新理解新闻学——学术对谈录[J].新闻记者,2016(7)

［25］黄旦."千手观音":数字革命与中国场景[J].探索与争鸣,2006(11)

［26］黄旦.媒介变革事业中的近代中国知识转型[J].中国社会科学,2019(1)

［27］黄旦.新报刊媒介史书写范式的变更[J].新闻与传播研究,2015(12)

［28］黄旦.新闻传播学科化历程:媒介史角度[J].新闻与传播研究,2018(10)

［29］黄昭谋.分享的创造性破坏:从使用者自制内容到策展[J].现代传播,2014(5)

［30］纪莉.论麦克卢汉传播观念的"技术乌托邦主义":理解麦克卢汉的新视角[J].新闻与传播研究,2003(1)

［31］贾新民.基于个人行为层面的管理信息系统效能研究[J].商业现代化,2009(15)

［32］匡文波.到底什么是新媒体[J].新闻与写作,2012(7)

［33］李彬."新新闻史":关于新闻史研究的一点设想[J].新闻大学,2007(1)

［34］李惠民,李金桃.为中国"媒体"正名分——对国内"泛媒体论"的认知性反思[J].兰州大学学报:社会科学版,2017(2)

［35］李金铨.社会科学丰富新闻史研究的问题意识[J].新闻春秋,2015(1)

［36］李南君.中国接入互联网的早期工作回顾[J].中国网络传播研究,2007(1)

[37] 利奥纳德·中村.经济与新经济:创造性破坏模式的兴起[J].马克思主义与现实,2001(4)

[38] 梁孝.从乌托邦到意识形态:西方技术统治论的文化本质及其趋势[J].自然辩证法研究,2004(1)

[39] 鲁品越,王珊.论资本逻辑的基本内涵[J].上海财经大学学报,2013(10)

[40] 马凌,张琳.基于创新扩散理论的手机杂志发展策略[J].出版发行研究,2010(2)

[41] 闵大洪.从边缘媒体到主流媒体——中国网络媒体20年发展回顾[J].新闻与写作,2014(3)

[42] 纳塔莱.不存在"旧媒介"[J].新闻记者,2018(12)

[43] 潘忠党,刘于思.以何为"新"?"新媒体"话语中的权力陷阱与研究者的理论自省——潘忠党教授访谈录[J].新闻与传播评论,2017(1)

[44] 彭兰.新媒体:大有可为的公共信息平台[J].中国记者,2006(2)

[45] 宋双峰.什么是博客[J].中国记者,2004(10)

[46] 孙玮.超越技术与传媒业:媒体融合与新闻传播学学术创新[J].国际新闻界,2010(12)

[47] 孙玮.从新媒介通达新传播:基于技术哲学的传播研究思考[J].暨南学报:哲学社会科学版,2016(1)

[48] 孙玮.赛博人:后人类时代的媒介融合[J].新闻记者,2018(6)

[49] 孙玮.微信:中国人的"在世存有"[J].学术月刊,2015(12)

[50] 谭天,苏一洲.论社交媒体的关系转换[J].现代传播,2013(11)

[51] 谭天."互联网思维"深受推崇背后[J].人民论坛,2014(16)

[52] 谭天.基于关系视角的媒介平台[J].国际新闻界,2011(9)

[53] 谭天.新媒体不是"媒体":基于媒介组织形态的分析[J].新闻爱好者,2014(6)

[54] 唐魁玉,王德新.微信作为一种生活方式——兼论微生活的理念及其媒介社会导向[J].哈尔滨工业大学学报:社会科学版,2016(5)

[55] 彤宇.BBS:一种新的信息与文化交流形式[J].中国计算机用户,1996(16)

[56] 万蓉.国家与社会媒介化沟通的变化[J].当代传播,2018(6)

[57] 汪寅,黄翠瑶.博客文化现象探析[J].云南社会科学,2006(3)

[58] 王慧.论国有资本在我国传媒业发展中的责任和作用[J].中州大学学报,2010(5)

[59] 魏永征.中国传媒业利用业外资本合法性研究[J].新闻与传播研究,2001

[60] 魏永征.中国大陆传媒业吸纳业外资本的合法性研究[J].中国法律,2001(2)
[61] 邬贺铨.中国全功能接入互联网的20年[J].中国科技奖励,2014(10)
[62] 吴飞.媒介技术演进脉络的哲学考察[J].新闻记者,2018(12)
[63] 吴世文,杨国斌.追忆消逝的网站:互联网记忆、媒介传记与网站历史[J].国际新闻界,2018(4)
[64] 吴世文.互联网历史学的前沿问题、理论面向与研究路径——宾夕法尼亚大学杨国斌教授访谈[J].国际新闻界,2018(8)
[65] 吴向东.人脑与电脑之争[J].探索与争鸣,1997(8)
[66] 吴小坤.大数据时代新闻传播学研究的重构与进路[J].南京社会科学,2016(11)
[67] 夏德元.联网时代的泛在生存与在场的缺席[J].新闻大学,2016(5)
[68] 夏德元.民众传播的兴起与微博文化的若干思考[J].东吴学术,2012(1)
[69] 谢金文,邹霞.媒介、媒体、传媒及其关联概念[J].新闻与传播研究,2017(3)
[70] 徐涌.博客与BBS的差异研究[J].现代情报,2005(5)
[71] 杨国斌.中国互联网的深度研究[J].新闻与传播评论,2017(1)
[72] 佚名.发明E-mail的Ray Tomlinson[J].外语电化教学,1999(2)
[73] 余彦君.谁将主宰未来的网络新闻传播?——传统媒体网站和商业网站比较[J].新闻与传播研究,2000(4)
[74] 俞金尧.微观史研究:以小见大[J].史学理论研究,1999(1)
[75] 俞金尧.微观史研究与史学的碎化[J].历史教学,2011(12)
[76] 张保明.BBS—大众化的信息交流工具[J].科技与经济,1995(1)
[77] 张大为.社交网游:媒体创收的新引爆点——以开心农场为例[J].新闻世界,2009
[78] 张珂珂.移动互联业务使用意愿的影响因素研究[J].价值工程,2009(8)
[79] 张树新,方兴东,何远琼.中国互联网口述历史:中国互联网"黄埔军校"和"第一代织网人"[J].汕头大学学报:人文社会科学版,2016(8)
[80] 张志安,贾佳.中国政务微博研究报告[J].新闻记者,2011(6)
[81] 周海英.博客的传播学分析[J].江西社会科学,2004(7)
[82] 周立方.国外新闻技术的现代化[J].新闻战线,1979(1)
[83] 周宪.技术导向型社会的批判理性建构[J].南海学刊,2016(3)
[84] 周小力.瀛海威启动世纪之门[J].科技潮,1996(3)

[85] 朱鹏举.最新一代信使——电子邮件[J].今日电子,1994(1)

四、英文文献

[1] Martin Lister, Jon Dovey. New Media: A Critical Introduction [M]. New York: Routledge, 2009

[2] Jaap Bloem, Menno van Doorn. Me the Media[M]. O'Reilly Media, 2004

[3] James Curran, Natalie Fenton. Misunderstanding the Internet [M]. New York: Routledge, 2012

[4] Abbate, Janet. Inventing the Internet [M]. Cambridge: The MIT Press, 1999

[5] Archibald D. Hart, Sylvia Hart Frejd. The Digital Invasion: How Technology is Shaping You and Your Relationships [M]. Hartford: Baker Books, 2013

[6] Askew Kelly, Wilk R. Richard. The Anthropology of Media: A Reader [M]. Malden: Blackwell Publisher, 2008

[7] Balbi, Gabriele. Magaudda, Paolo. A History of Digital Media: An Intermedia and Global Perspective [M]. New York: Routledge, 2018

[8] Balbi, Gabriele. A History of Digital Media: An Intermedia and Global Perspective [M]. New York: Routledge, 2018

[9] Donald MacKenzie, Judy Wajcman. The Social Shaping of Technology (2 edition) [M]. Buckingham: Open University Press, 1999

[10] Electric Communication in the Late Nineteen Century [M]. New York: Oxford University Press, 1988

[11] R. K. Merton. Social theory and Social Structure [M]. New York: Free Press, 1968

[12] Niels Brügger, Ralph Schroeder. The Web as History: Using Web Archives to Understand the Past and the Present [M]. London: UCL Press, 2017

[13] J. A. Schumpeter. Capitalism, Socialism and Democracy[M]. New York: Harper Perennial, 1942

[14] Vishwan, Arun. The Diffusion of Innovations: A Communication Science Perspective [M]. San Bernardino: International Academic Publishers, 2011

[15] Ellul, Jacques. The Technological Society[M]. New York: Vintage Books, 1964

[16] Goggin, Gerard. McLelland, Mark. The Routledge Companion to Global Internet Histories[C]. New York: Routledge, 2017

[17] Leah A Lievrouw, Sonia Livingstone. Handbook of New Media: Social Shaping

and Consequences of ICTs[C]. SAGE, 2002
[18] Meinolf Dierkes, Ute Hoffmann. New Technology at the Outset: Social Forces In the Shaping of Technological Innovation [M]. Boulder: Westview Press, 1992
[19] Naughton, John. A Brief History of the Future: The Origins of the Internet [M]. London: Phoenix, 2000
[20] Herbert Giersch. The Age of Schumpeter[J]. American Economic Review, 1984
[21] Licklider. Man-Computer Symbiosis [J]. IRE Transactions on Human Factors in Electronics, 1960(1)
[22] V. Schafer. Memories and Testimonies: Tell Us about... [J]. Internet Histories: Digital Technology, Culture and Society, 2017(1 -2)
[23] J. Abbate. What and Where is the Internet? (Re) defining Internet Histories [J]. Internet Histories, 2007(1)

后　　记

2019年是全球互联网50年,也是中国互联网25年。2020年汹涌而至的新冠疫情不仅强行按下强行"暂停键"——阻断交通、影响生活,将数亿人困足在限定区域内无法自由流动,更深刻影响20世纪90年代以来以原生新媒体为代表的信息通信技术(ICT)全球化浪潮。后疫情时代地缘政治已悄然发生质变,ICT产业重新上升到国家安全与国防支柱层面,不论是侧重硬件生产的中芯国际、华为,还是偏重提供软件服务的TikTok,我国各类ICT企业均面临前所未有挑战与困难。

国家力量始终主导ICT技术创新,从计算机到互联网,受国家资助的高校、研究所在技术发明阶段占据绝对主体。随着ICT从"发明"走向"创新"走向"扩散",以资本运作、技术创新为驱动的高科技公司逐渐成为市场主体,国家角色从"台前"转向"幕后",侧重顶层设计、方向规划、资助前沿探索。如果说20世纪90年代以来,技术创新使得英特尔、华为、雅虎、谷歌成为行业骄子,技术创新扩散催生中芯国际、华为、BAT等一大批植根本土的ICT跨国企业,进而推动原生新媒体发展演进;那么本次疫情之后,上述致力于ICT二次创新的高科技公司,必须直面来自国家力量的全新挑战。

互联网已经开启下半场,如何理解过去25年原生新媒体发展轨迹,如何研判原生新媒体未来走向,从历史梳理中我们可能有所收获!本书出版得益于中北大学2020年第一批高层次人才科研启动费"创新扩散视阈下中国原生新媒体演进研究"、中北大学人文社会科学研究培养发展基金"创新扩散视阈下中国原生新媒体演进研究"(项目编号:2YRW201906)、中北大学省级课题配套基金"网络人士统战研究"资助,在此一并致谢!

作为一次探索性尝试,本书还存在许多不足之处,恳请方家、同行多指正批评。

任占文

2020年仲夏